U1069683

中国证券投资基金业年报（2014）

2014 CHINA SECURITIES INVESTMENT FUND FACT BOOK

中国证券投资基金业协会　编

中国财政经济出版社

图书在版编目（CIP）数据

中国证券投资基金业年报．2014／中国证券投资基金业协会编．—北京：中国财政经济出版社，2015.6

ISBN 978－7－5095－6271－0

Ⅰ．①中…　Ⅱ．①中…　Ⅲ．①证券投资－基金－中国－2014－年报
Ⅳ．①F832.51－54

中国版本图书馆 CIP 数据核字（2015）第 132083 号

责任编辑：蔺红英　　　　责任校对：徐艳丽
封面设计：李运平　　　　版式设计：董生平

中国财政经济出版社 出版

URL：http：//www.cfeph.cn

E－mail：cfeph @ cfeph.cn

社址：北京市海淀区阜成路甲 28 号　邮政编码：100142

营销中心电话：88190406　北京财经书店电话：64033436　84041336

北京时捷印刷有限公司印刷　各地新华书店经销

787×1092 毫米　16 开　20.5 印张　279 000 字

2015 年 6 月第 1 版　2015 年 6 月北京第 1 次印刷

定价：68.00 元

ISBN 978－7－5095－6271－0/F·5051

编 委 会

图 1　1 月 6 日，中国证券投资基金业协会在京成立自律监察专业委员会，并召开委员会成立暨第一次工作会议。

图 2　1 月 7 日，中国证券投资基金业协会在京召开第一届理事会第四次会议暨第一届监事会第三次会议，中国证监会主席助理张育军出席。

图 3　1 月 17 日，中国证券投资基金业协会发布《私募投资基金管理人登记和基金备案办法（试行）》，自 2 月 7 日起施行。

图 4　2 月 20 日，中国证券投资基金业协会私募证券投资基金专业委员会在京成立，并召开第一次工作会议，中国证监会主席助理张育军出席。

图 5　3 月 17 日，中国证券投资基金业协会在京举行私募基金管理人颁证仪式，中国证监会主席助理张育军为首批 50 家私募基金管理人颁发登记证书，指出私募基金要恪守“三条底线”。

图 6　4 月 10 日，中国证券投资基金业协会国际业务专业委员会召开 2014 年一季度工作会议。

图7　5月20日，中国证券投资基金业协会与布朗兄弟哈里曼银行（Brown Brothers Harriman & Co.）在京以“全球跨境投资税务”为主题，共同举办专题研讨会。

图8　5月21日，中国证券投资基金业协会举办第十八期“专家讲坛”，邀请道富环球投资管理(SSgA)总裁兼CEO斯考特•鲍尔斯（Scott Powers）就“从提供解决方案的角度重塑商业模式”进行演讲。

图 9　5 月 28 日，中国证券投资基金业协会创新与战略发展专业委员会在京召开工作会议，中国证监会主席助理张育军出席。

图 10　6 月 9 日，全国人大财经委副主任委员吴晓灵莅临中国证券投资基金业协会调研工作，中国证监会主席助理张育军出席。

图 11 6 月 15 日，中国证券投资基金业协会国际会员委员会在北京钓鱼台国宾馆召开成立大会和第一次工作会议，中国证监会主席助理张育军出席。

图 12 6 月 16 日，中国证券投资基金业协会在北京举办 2014 年会，年会主题为“加快建设现代资产管理行业”，中国证监会副主席庄心一出席并做重要讲话。

图 13 6 月 16 日，中国证券投资基金业协会在北京举办 2014 年会，年会主题为“加快建设现代资产管理行业”，中国证监会主席助理张育军出席并做重要讲话。

图 14 6 月 18 日，中国证券投资基金业协会在京与另类投资管理协会（AIMA）签署合作谅解备忘录。

图 15　6 月 30 日，中国证券投资基金业协会在京与卢森堡基金业协会（ALFI）签署合作谅解备忘录。

图 16　7 月 10 日，经中国证券投资基金业协会提议，20 家基金行业协会在京共同启动中国基金行业协会联席会机制，签订《中国基金行业协会联席会多边合作谅解备忘录》。

图 17　8 月 1 日，中国证券投资基金业协会与英国贸易投资总署在京共同举办中英资产管理圆桌论坛。

图 18　8 月 20 日，中国证券投资基金业协会举办第二十二期“专家讲坛”暨《国际动态简报》100 期发布会。

图 19　9 月 4 日，中国证券投资基金业协会在京召开公司治理专业委员会工作会议。

图 20 9 月 12 日，中国证券投资基金业协会于郑州召开资产管理行业业务情况通报会，中国证监会主席助理张育军指出，资产管理行业要恪守“八条底线”。

图 21　9 月 12 日，中国证券投资基金业协会成立特定客户资产管理业务子公司联席会，并在河南郑州召开联席会成立暨第一次会议。

图 22　9 月 18 日 -19 日，中国证券投资基金业协会在京举办“沪港通”业务培训班。

图 23　9 月 19 日，中国证券投资基金业协会信息技术专业委员会代表协会在杭州与恒生电子、上海大智慧、胜科金仕达、金证科技及赢时胜公司签署战略合作备忘录。

图 24　9 月 25 日，中国证券投资基金业协会在伦敦主办中国资产管理行业推荐会，并与英国投资管理协会（IMA）签署了合作谅解备忘录（MOU）。

图 25 9 月 25 日，中国证券投资基金业协会在京与证监会私募基金监管部联合举办私募基金专题培训暨监管座谈会，中国证监会主席助理张育军出席。

图 26 10 月 14 日，中国证券投资基金业协会与欧洲基金与资产管理协会（EFAMA）、法国资产管理协会（AFG）、爱尔兰基金业协会（IFIA）分别在京签署双边合作谅解备忘录。

图 27　10 月 15 日，中国证券投资基金业协会召开会议，中国证监会主席助理张育军宣布协会领导班子调整，任命洪磊同志任基金业协会党委书记，委派为协会非会员理事，提名为协会副会长（主持工作）人选。经协会第一届理事会表决，全票通过洪磊同志担任协会副会长（主持工作）的议案。

图 28　10 月 15 日，中国证券投资基金业协会党委书记、副会长（主持工作）洪磊会见欧洲基金与资产管理协会总干事 Peter De Proft 先生、法国资产管理协会国际业务主管 Stephane Janin 先生、卢森堡基金业协会秘书长 Camille Thommes 先生、爱尔兰基金业协会首席执行官 Pat Lardner 先生。

图 29　10 月 24-26 日，中国证券投资基金业协会在京举办养老金业务高级管理培训班。

图 30　11 月 4 日，中国证券投资基金业协会举办第二十六期“专家讲坛”，邀请威灵顿资产管理公司主席 Traquina 先生就“资产管理行业中的投资人才管理”进行演讲。

图 31　11 月 10 日 -14 日，中国证券投资基金业协会党委书记、副会长（主持工作）洪磊一行在北京、上海、深圳等地先后开展公募基金行业发展调研。

图 32　11 月 25 日，中国证券投资基金业协会召开中层干部会议，中国证监会党委委员、主席助理张育军宣布张小艾同志任协会党委委员，委派为协会非会员理事，提名为协会副会长人选；贾红波同志任协会党委委员，推荐为协会秘书长人选。经协会第一届理事会表决，全票通过张小艾同志担任协会副会长、贾红波同志担任协会秘书长的议案。

图 33　12 月 4 日，中国证券投资基金业协会国际会员委员会在京召开工作会议。

图 34　12 月 4 日，中国证券投资基金业协会党委书记、副会长（主持工作）洪磊会见东方汇理基金管理有限公司副首席执行官 Bernard Carayon 先生。

图 35　12 月 6 日，中国证券投资基金业协会贾红波秘书长参加“第六届全球 PE 北京论坛”并讲话。

图 36　12 月 11 日，中国证券投资基金业协会党委书记、副会长（主持工作）洪磊会见台湾投信投顾公会理事长林弘立、秘书长黄良瑞。

图 37　12 月 16 日，中国证券投资基金业协会举办第二十九期“专家讲坛”，邀请人领航集团（Vanguard Group）董事总经理兼国际业务总裁 James M. Norris 先生就“2015 年全球资产管理瞭望”进行演讲。

图 38　12 月 25 日，张育军主席助理莅临中国证券投资基金业协会，听取协会 2014 年工作情况的汇报。

前　言

2014年，世界经济缓慢复苏但发展分化，国际贸易投资格局和多边规则发生深刻调整。从长周期视角看，世界经济必须经由新一轮产业革命和科技革命才能真正实现完全复苏。2014年，中国踏上“新常态”发展之路，围绕国家治理能力和治理体系这一总目标，对内提出“使市场在资源配置中起决定性作用和更好发挥政府作用”，全力推进简政放权、依法治理和社会自治，激发大众创业和万众创新；对外提出“以开放促改革”，加快培育参与和引领国际经济合作竞争新优势，积极推动“一带一路”战略，中国（上海）自由贸易试验区、金砖国家开发银行、亚洲基础设施投资银行由构想变成现实。金融改革和资本市场开放稳步推进，人民币利率汇率自由化、“沪港通”、QDIE试点、内地—香港基金互认等取得重要成果。

“改革红利”开启了中国资产管理行业大发展的新思维、新方向。经济去杠杆、支持和培育创新经济增长点，要求资产管理在改善融资结构、促进储蓄向投资转化、加快资本形成方面发挥更大作用；社会财富增长和社会保障“安全网”建设需要资产管理深度参与其中；大数据和移动互联为资产管理提供丰富场景和发展空间；《证券法》等基础法规的系统修订将为资产管理行业迈向统一市场提供更加坚实的制度保障。

无论经济社会如何变迁、科学技术如何发达，资产管理的本质不会改变。一是服务实体经济的本质不会改变，资产管理必须以实体经济为价值创造的源泉；二是信托关系的本质不会改变，资产管理者必须专业地践行受托人义务，忠诚于投资人利益。为客观认识基金行业现状，把握未来发展方向，我们编辑撰写了《中国证券投资基金业年报（2014）》，从行业发展、政策环境、行业数据三个维度，阐述了资产管理、公私募基金发展、公募基金管理人、公募基金持有人、政策法规环境以及行业自律等发展情况，进一步丰富了行业国际业务内容，试图客观、清晰地展现资产管理行业发展全景。

由于编写时间紧迫，难免有疏漏之处，望业内同仁和广大读者指正。

中国证券投资基金业协会

2015 年 6 月

目　录

第一篇　行业发展篇

第三篇　行业数据篇

第一篇

行业发展篇

第一章

“新常态”下的资产管理业

第一节　资产管理业概览

一、资产管理概述

“资产管理”（Asset Management）并没有一个得到广泛认可的明确定义。根据国内外行业共识，资产管理是资产管理人受投资者委托，为实现投资者的特定目标和利益，进行证券和其他金融产品投资管理服务，并收取费用的行为。从参与方来看，资产管理包括委托人和受托人。委托人为投资者，是资产所有人和受益人。受托人为资产管理人。在公募私募证券投资基金等资产管理形态中，受托人还包括托管机构，形成双受托人制度。从受托资产来看，主要为货币等金融资产，一般不包括房地产、固定资产等实物资产。从管理方式来看，资产管理主要通过投资于证券、期货、基金、保险、银行存款等金融资产、未上市公司股权以及其他可被证券化的资产实现增值。根据以上定义，境内资产管理行业主要包括公募基金、私募投资基金、资金信托计划、券商资产管理、保险资产管理、期货资产管理、银行理财等。

二、资产管理的本质

资产管理的本质是基于信任而履行受托职责，实现委托人利益最大化。

通俗地讲，是“受人之托，代人理财”。资产管理人必须尽到“诚实信用，勤勉尽责”的信托责任，恪守忠诚与专业义务。忠诚义务要求管理人应当以实现投资人利益为最高目的，将自身的利益妥善置于投资人利益之下，不得与投资人利益发生冲突。专业义务要求管理人应当具备专业的投资管理和运作能力，充分发挥专业投资管理价值。

资产管理的本质具体表现为以下几点：

（一）一切资产管理活动都要求风险与收益相匹配

资产管理提供的是代客理财服务，与储蓄产品有本质区别。第一，对储蓄而言，存款人与银行是债权人和债务人关系，银行必须按照约定到期偿还本金、支付利息。而对资产管理而言，投资人与管理人是委托人和受托人关系，投资人自担风险、自享收益，管理机构只作为管理顾问收取一定比例的管理费。第二，资产管理人对于投资人的根本效用价值在于通过集合资金，组合投资，有效管理风险，获取更合理的风险回报，所获取的收益与其承担的风险相匹配。

（二）管理人必须坚持“卖者有责”

卖者有责，是指管理人受人之托，必须忠人之事，在产品设计、投资管理和产品销售全链条做到诚实守信、勤勉尽责，严格兑现对持有人的法律承诺，始终坚持“持有人利益至上”原则，不能与持有人利益发生冲突，更不能利用自身优势为他人图利，损害投资人的利益。“卖者有责”还要求，管理机构在销售产品时，要实事求是，不弄虚作假，充分履行风险告知，做好信息披露，严格保护投资者利益。

（三）投资人必须做到“买者自负”

买者自负，是指投资人承担最终的收益和风险，不存在保底保收益等“刚性兑付”。投资人要清醒、切实地意识到，如果不承担市场波动带来的风险，就不可能获取投资的收益。作为委托人，投资人要根据自身风险承受能力选择合适的产品，获取与所承担风险相一致的收益。

三、资产管理的外延

从资产管理的外延来看，我国资产管理广泛涉及银行、保险、证券、基金、信托、期货等行业机构。从资产管理的本质特征出发，可以将我国资产管理行业的外延从机构类型和业务两个维度作出如表1－1的界定。

表1－1　我国资产管理行业外延

机构类型	资产管理业务
基金管理公司及子公司	公募基金和各类非公募资产管理计划
私募机构	私募证券投资基金、私募股权投资基金、创业投资基金等
信托公司	单一资金信托、集合资金信托
证券资产管理公司	集合资产管理计划、定向资产管理计划、专项资产管理计划
期货资产管理公司	期货资产管理业务
保险公司、保险资产管理公司	保险资产管理计划、第三方资产管理计划、投资连结保险账户管理
商业银行	银行理财产品、私人银行业务

资料来源：中国证券投资基金业协会（AMAC）整理

四、资产管理业构成

从资产管理的外延出发，我国资产管理业构成大致如下：截至2014年底，中国（除港澳台地区）共有公募基金管理人101家，其中基金管理公司95家，取得公募基金管理资格的证券公司6家，管理资产合计66 654亿元（包括公募基金和专户资产）；有证券公司120家，证券公司资产管理规模79 463亿元；信托公司68家，信托公司单一/集合信托计划规模130 405亿元；保险资产管理公司18家，管理规模约1.1万亿元；期货资产管理公司30家，管理规模125亿元；已在中国证券投资基金业协会完成登记的私募投资基金管理人5 052家，管理资产规模20 506亿元①，其中私募证券投

① 由于私募投资基金管理人登记和产品备案在持续进行中，《中国证券监督管理委员会年报》为2014年末节点数据，2014年末后10个工作日内私募机构进行了2014年第4季度数据更新，故本文报告的私募投资基金数据与《中国证券监督管理委员会年报》中使用的数据略有出入。

资基金管理人 1 471 家，管理资产规模 4 881. 8 亿元，私募股权投资基金管理人 2 953 家，管理资产规模 13 549. 3 亿元，创业投资基金管理人 474 家，管理资产规模 1 393. 6 亿元，其他私募投资基金管理人 154 家，管理资产规模 681. 3 亿元。

考虑到保险业资金的运用无法区分保险属性和投资属性，因此图 1 – 1 计算资产管理业构成时暂未将其计算在内。统计表明，公募基金、私募投资基金和各类私募资产管理计划合计资产管理规模达 20. 42 万亿元，占可统计资产管理规模总量的 42. 1%。

图 1 – 1　资产管理行业规模构成

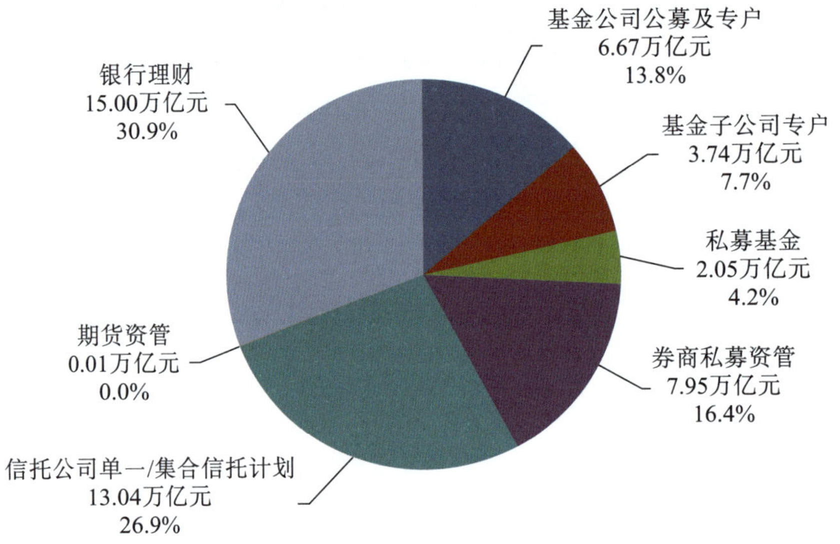

资料来源：中国证券投资基金业协会（AMAC）、中国信托业协会、中国理财网

第二节　公募基金概览

一、公募基金的发展

截至 2014 年底，共有公募基金产品 1 897 只，较 2013 年末增加 22. 3%；公募基金份额 42 011. 99 亿份，较 2013 年末增长 34. 8%；公募基金资产规模 45 353. 61 亿元，较 2013 年末增长 51. 1%。

图 1-2　公募基金发展

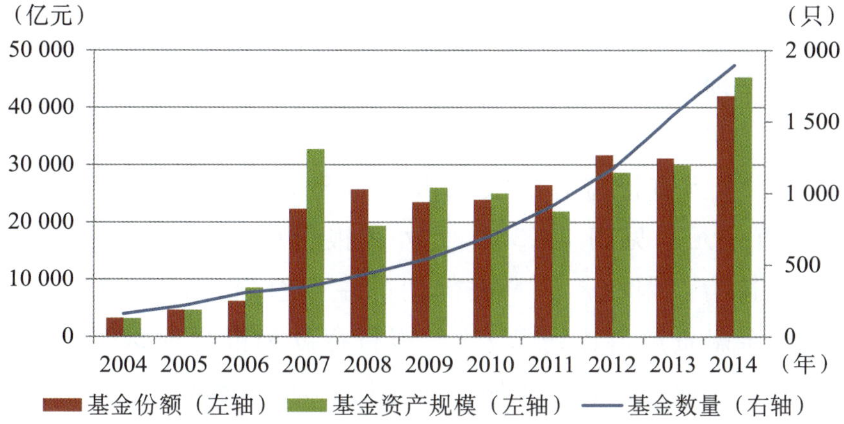

资料来源：中国证券投资基金业协会（AMAC）

二、在宏观经济金融中的地位

公募基金是宏观经济、金融和资本市场的重要组成部分。2014 年，公募基金业在经济、金融和资本市场中的规模占比稳步上升。

截至 2014 年底，公募基金资产规模为 4.54 万亿元，占 GDP 比重为 7.13%，占 M2 的比重为 3.70%，占金融机构存款余额的比重为 3.87%，占金融业总资产的比重为 1.93%，占股市总市值的比重为 12.23%，占各类债券余额的比重为 15.44%（见表 1-2）。

表 1-2　公募基金在宏观经济金融部门中的规模占比

年份	项目	公募基金	宏观经济	货币金融			资本市场	
			GDP	M2	金融机构存款余额	金融业总资产	股市总市值	债券余额
2014	资产（万亿元）	4.54	63.64	122.84	117.37	235.13	37.11	29.41
	占比（%）	100.00	7.13	3.70	3.87	1.93	12.23	15.44
2013	资产（万亿元）	3.00	58.80	110.70	107.10	203.75	23.91	30.00
	占比（%）	100.00	5.10	2.71	2.80	1.47	12.55	10.00

注：金融业总资产包括银行业金融机构总资产 172.34 万亿元，证券公司总资产 4.09 万亿元，资产管理业总规模 48.54 万亿元，保险公司总资产 10.16 万亿元

资料来源：中国银行业监督管理委员会、中国证券业协会、中国证券投资基金业协会、中国信托业协会、中国保险监督管理委员会

三、在家庭金融资产中的地位

基金是家庭理财的重要投资工具，家庭部门投资于基金的水平在一定程度上反映了金融业的发展水平。至 2014 年末，家庭部门银行存款为 50.69 万亿元，个人直接持有的股票市值为 8.13 万亿元，个人持有的基金净值为 2.86 万亿元（见图 1－3）。此外，银行理财产品余额 15.0 万亿元，大部分由个人持有。因此，从家庭部门的主要金融资产构成看，由公募基金管理的家庭金融资产占比约 3.7%，银行存款和银行理财两项合计则达到 85.7%，基金等专业化投资管理服务远未符合居民财富增长需要，未来有待进一步发展。

图 1－3　2014 年末家庭主要金融资产投资结构

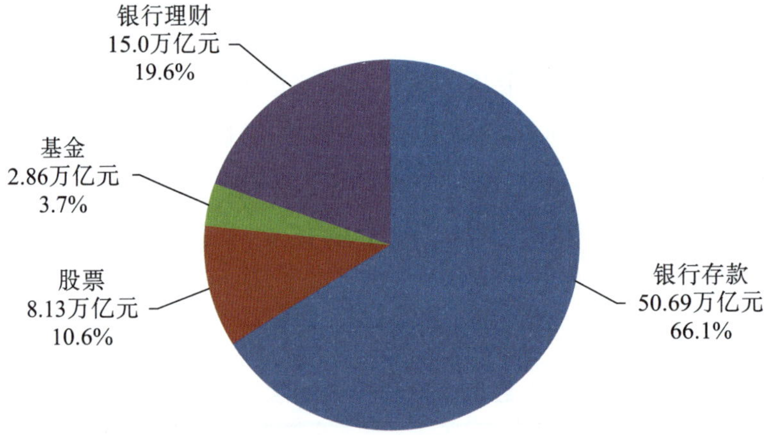

资料来源：银行理财来自全国银行业理财信息登记系统，银行存款来自中国人民银行“金融机构本外币信贷收支统计表”，个人持有股票、基金数据来自中国证券监督管理委员会

四、在世界的地位

2014 年末，我国开放式基金资产规模排在全球第 10 位，占全球共同基金总规模的比重为 2.3%，较 2013 年末提升 0.7 个百分点（见图 1－4）；占亚太地区共同基金规模的比重为 19.4%，较 2013 年末提升 5.2 个百分点。美国共同基金资产规模占到全球总规模的 50.5%，卢森堡为 10.2%。与我

国世界第二的经济总量相比，共同基金发展仍处于较低水平，发展潜力巨大。

图 1-4　2014 年共同基金资产规模全球排名前十位的国家

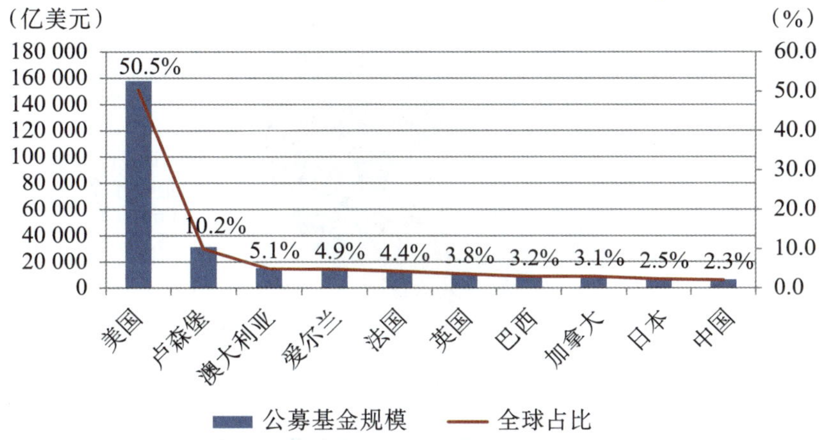

资料来源：美国投资公司协会（ICI）

第三节　非公募资产管理业务概览

一、规模构成

截至 2014 年底，各类非公募资产管理业务发展迅猛，总规模达到 15.88 万亿元。其中，基金管理公司普通专户规模 12 240 亿元，基金管理公司管理全国社保基金和企业年金规模 9 060 亿元，基金子公司特定客户资产管理业务规模 37 390 亿元，证券公司私募资产管理计划规模 79 463 亿元，已在中国证券投资基金业协会备案的私募证券投资基金规模 4 772 亿元，私募股权投资基金、创业投资基金（PE&VC）和另类私募投资基金合计 15 734亿元。

图1-5 非公募业务发展

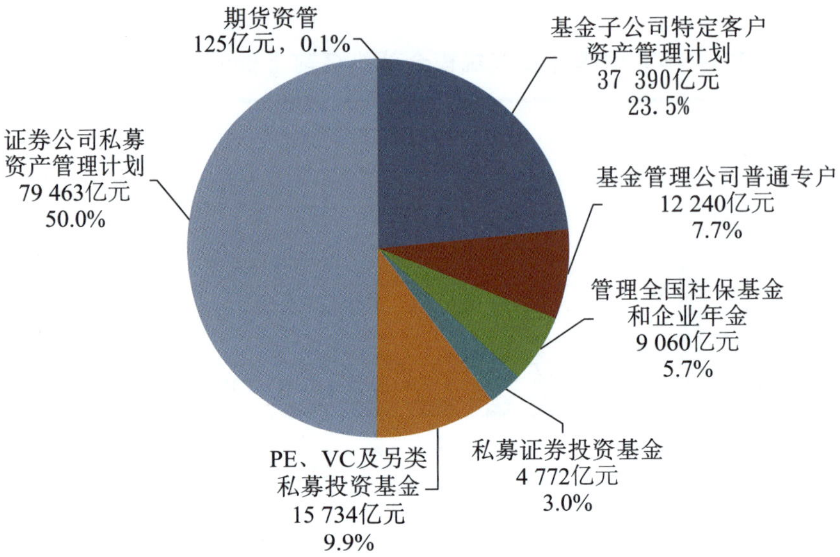

注：由于数据统计时四舍五入，图中占比合计为99.9%。后面部分图表可能也存在类似现象，特此说明。

资料来源：中国证券投资基金协会（AMAC）

二、在宏观经济金融中的地位

私募投资基金和各类非公募资产管理是现代资产管理业的重要组成部分。2013年以来，私募投资基金和各类非公募资产管理业务发展迅猛，已经成为资产配置和实体经济发展的重要支持性力量。截至2014年底，私募投资基金和各类非公募资产管理业务规模达15.88万亿元，相当于当年GDP比重的24.95%，相当于当年广义货币M2的12.93%，相当于当年金融机构存款余额的13.53%，占金融业总资产的比重为6.75%，相当于当年股市总市值的42.79%，相当于各类债券余额的54.00%（见表1-3）。

表 1-3 私募投资基金和各类非公募资产管理业务在宏观经济金融部门中的规模占比

年份	项目	公募基金	宏观经济	货币金融			资本市场	
			GDP	M2	金融机构存款余额	金融业总资产	股市总市值	债券余额
2014	资产（万亿元）	15.88	63.64	122.84	117.37	235.13	37.11	29.41
	占比（%）	100.00	24.95	12.93	13.53	6.75	42.79	54.00
2013	资产（万亿元）	8.40	58.80	110.70	107.10	203.75	23.91	30.00
	占比（%）	100.00	14.34	7.62	7.87	4.14	35.26	28.10

资料来源：中国银行业监督管理委员会、中国证券业协会、中国证券投资基金业协会、中国信托业协会、中国保险监督管理委员会

三、在养老金管理中的地位

养老金是资本市场重要的机构投资者，基金是养老金资产保值、增值的重要工具。全国社保理事会于 2002 年、2004 年和 2010 年进行过三次社保基金委托投资管理人资格公开征选，共有 16 家基金管理公司和 2 家证券公司获得该资格。人力资源和社会保障部发布的企业年金基金投资管理人共计 20 家，其中基金管理公司 11 家，保险公司 5 家，其他金融机构 4 家。

截至 2014 年底，全国社保基金管理资产总额 15 289.6 亿元。其中，基金管理公司管理的全国社保基金规模为 6 085.17 亿元，占 39.8%，规模比 2013 年底增长 1 565.92 亿元，占比上升 3.4 个百分点。

截至 2014 年底，外部专业机构管理的企业年金组合数共计 2 740 个，管理的企业年金资产为 7 402.86 亿元。其中，基金管理公司管理的企业年金组合数 869 个，管理的企业年金资产为 2 972.75 亿元，占比从 2013 年的 35.0% 和 42.3% 分别下降到 2014 年的 31.7% 和 40.2%；保险公司管理的企业年金资产为 3 689.01 亿元，占比从 2013 年的 48.2% 上升到 49.8%；证券公司管理的企业年金资产为 741.09 亿元，占比从 2013 年的 9.5% 上升到 10.0%（见表 1-4 和表 1-5）。

表1-4 企业年金委托投资管理情况

受托机构类别	2013年		2014年	
	组合数	资产管理规模（亿元）	组合数	资产管理规模（亿元）
基金管理公司	881	2 444.96	869	2 972.75
保险公司	1442	2 788.77	1 648	3 689.01
证券公司	196	549.86	223	741.09
合计	2519	5 783.60	2 740	7 402.86

资料来源：人力资源和社会保障部

表1-5 企业年金委托投资管理情况 （单位：%）

受托机构类别	2013年		2014年	
	组合数占比	资产管理规模占比	组合数占比	资产管理规模占比
基金管理公司	35.0	42.3	31.7	40.2
保险公司	57.2	48.2	60.1	49.8
证券公司	7.8	9.5	8.1	10.0
合计	100.0	100.0	100.0	100.0

资料来源：人力资源和社会保障部

第二章

公开募集证券投资基金

第一节 概　况

一、封闭式基金和开放式基金

2014 年，公开募集证券投资基金产品数量达到 1 899 只，比 2013 年增加了 22.44%（见图 2－1）。其中，封闭式基金 135 只，比 2013 年增加了 3.85%；开放式基金 1 764 只，比 2013 年增加了 24.14%。公开募集证券投资基金总规模达到 45 374.30 亿元，比 2013 年增加了 51.19%，其中封闭式基金和开放式基金资产规模分别为 1 366.81 亿元和 44 007.49 亿元，比 2013 年分别下降了 31.23% 和增长了 57.04%（见图 2－2）。2014 年公开募集证券基金产品数量和规模双双大幅增长，大众投资需求上升、资本市场投资收益率上行是主要原因。

2014 年，封闭式基金数量略有增长，但规模显著下降。与 2013 年相比，封闭式基金数量从 130 只增加到 135 只，增长了 3.85%；基金份额从 1 953.94亿份减少到 1 256.71 亿份，基金资产规模从1 987.56亿元减少到 1 366.81亿元，分别降低了 35.68% 和 31.23%（见图 2－3）。

图 2－1　公开募集基金产品数量

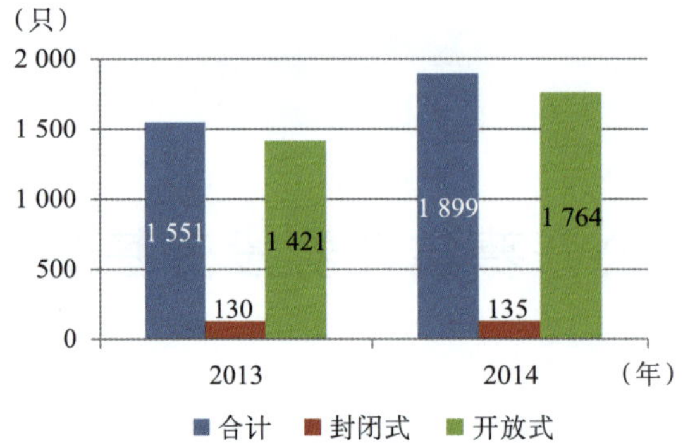

资料来源：中国证券投资基金业协会（AMAC）

图 2－2　公开募集基金管理规模

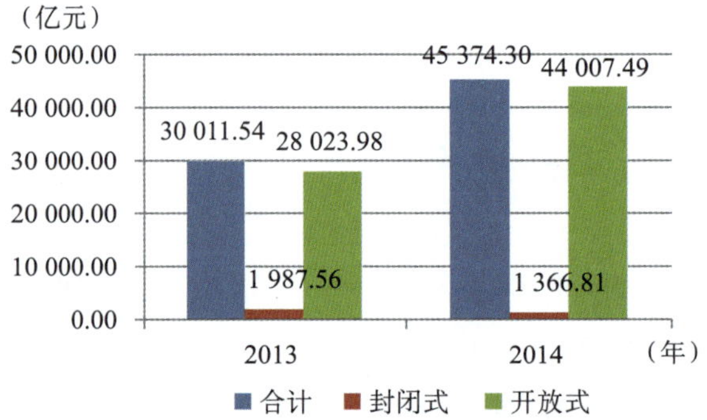

资料来源：中国证券投资基金业协会（AMAC）

图 2－3　封闭式基金发展情况

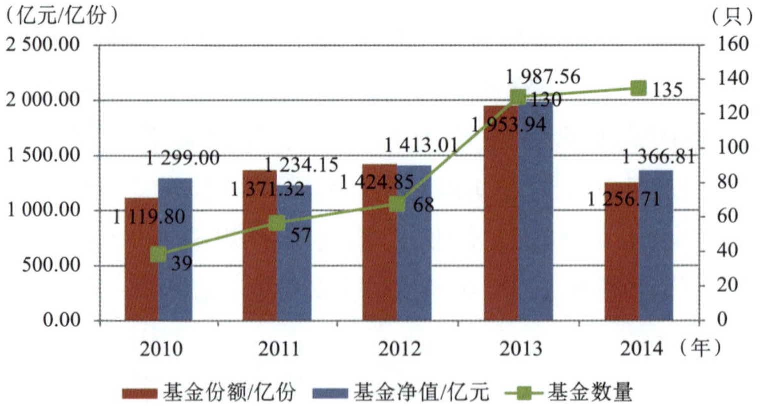

资料来源：中国证券投资基金业协会（AMAC）

2014 年，开放式基金数量、规模增长较快，达到历史新高。与 2013 年相比，开放式基金数量从 1 421 只增加到 1 764 只，基金份额从 29 213. 24 亿份增加到 40 776. 00 亿份，基金资产规模从 28 023. 98 亿元增加到 44 007. 49 亿元，分别增长 24. 14%、39. 58% 和 57. 04%（见图 2 -4）。

图 2 -4　开放式基金发展情况

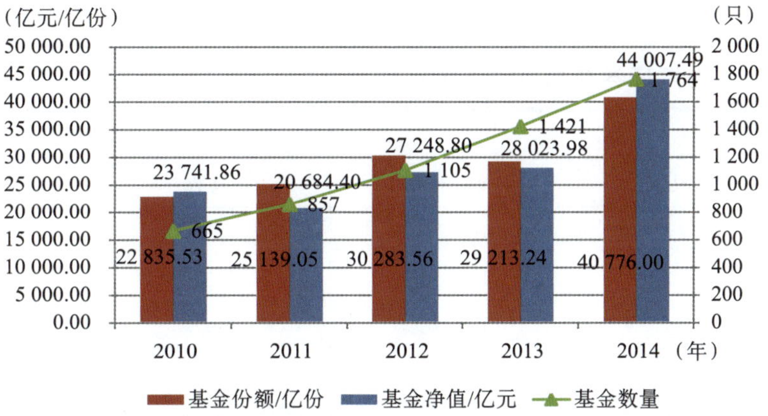

资料来源：中国证券投资基金业协会（AMAC）

与 2013 年相比，2014 年公募基金管理公司管理的各类基金资产净值中，货币市场型基金净值增长一枝独秀，达 13 386. 74 亿元，其次是股票型基金和混合型基金，分别为 2 115. 78 亿元和 400. 46 亿元；QDII 基金净值继续出现负增长，资产规模缩水 92. 48 亿元（见图 2 -5）。2014 年混合型基金和货币市场型基金新发产品增长较快，货币市场型基金资金净流入超万亿元，推动了公募基金资产规模大幅增长。

图 2 -5　2014 年各类公募基金净值同比增长

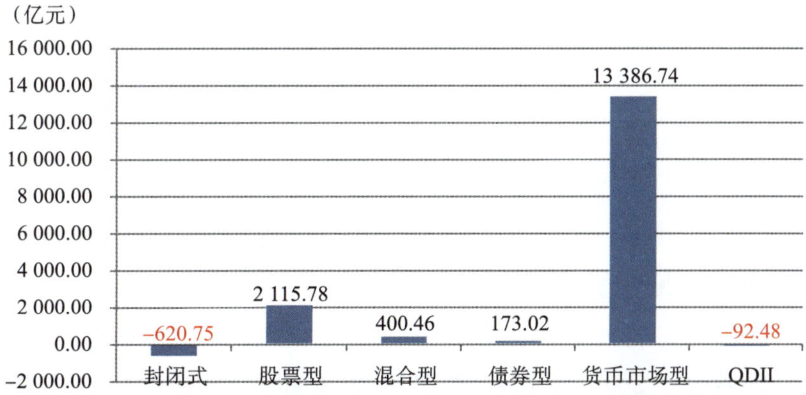

资料来源：中国证券投资基金业协会（AMAC）

二、交易型开放式指数基金（ETF）和上市开放式基金（LOF）

在 ETF 和 LOF 方面，截至2014 年底，共有 105 只 ETF 和 121 只 LOF 成立，资产份额规模分别为 1 082.55 亿份和 1 818.37 亿份（见表 2－1）。2014 年新成立的 ETF 共 17 只，平均募集规模 8.6 亿元。

表 2－1 上海证券交易所、深圳证券交易所 ETF、LOF 概览

	ETF		LOF	
年份	只数	份额（亿份）	只数	份额（亿份）
2004	1	101.56	1	10.91
2005	1	101.56	13	672.87
2006	5	185.86	17	875.41
2007	5	185.86	26	1 240.51
2008	5	185.86	28	1 252.46
2009	9	228.46	37	1 397.28
2010	20	270.14	55	1 443.55
2011	37	301.32	80	1 525.31
2012	50	817.06	94	1 582.40
2013	87	1 031.95	106	1 671.49
2014	105	1 082.55	121	1 818.37

资料来源：上海证券基金评价研究中心、Wind 资讯

第二节 开放式基金

一、数量与规模：按产品类型

按产品类型分，2014 年包括股票型基金和混合型基金在内的偏股型基金的数量占全部开放式基金的比例基本稳定，但净值和规模占比显著下降

（见图2－6）。与2013年相比，股票型基金和混合型基金数量分别增长了14.6%和37.2%，合计占全部开放式基金数量的62.0%；份额分别下降8.7%和6.6%，合计占全部开放式基金份额的40.0%；净值分别增长19.2%和7.1%，合计占全部开放式基金净值的43.6%。债券型基金数量、份额和净值变动率分别为17.9%、－6.5%和5.2%，占全部开放式基金的比例分别为23.1%、7.5%和7.9%。QDII基金数量增长8.4%，但份额和净值分别下降18.2%和15.7%，占全部开放式基金的比例仅为5.1%、1.5%和1.1%。货币市场型基金一枝独秀，基金数量、份额和资产规模分别增长了83.0%、178.3%和179.1%，占全部开放式基金的比例分别达到9.8%、51.0%和47.4%。与2013年相比，货币市场型基金进一步改变了基金市场格局，在份额和净值上成为第一大类基金。

图2－6　开放式基金数量与规模：按产品类型

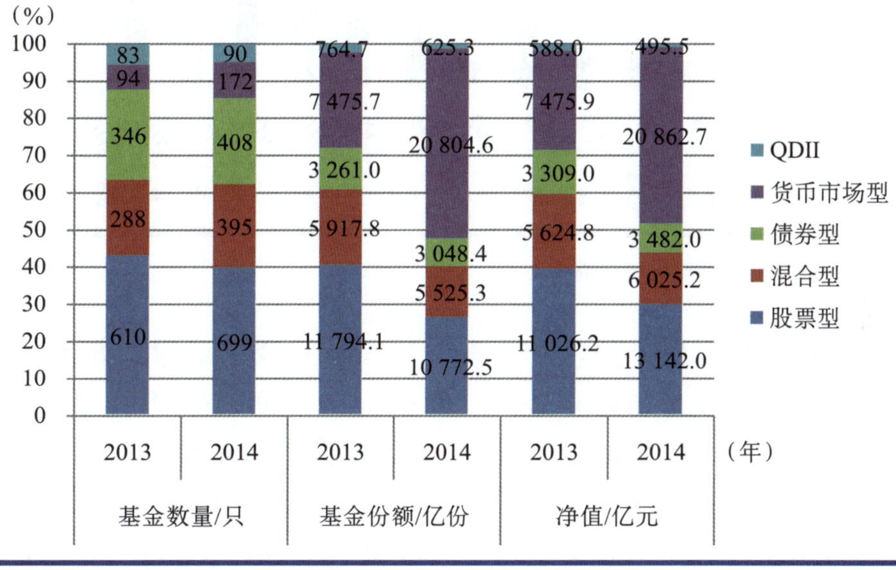

资料来源：中国证券投资基金业协会（AMAC）

二、新发基金数量与规模

2014年新基金发行数量略有下降，股票型、混合型、货币市场型基金有较大增长。2014年新设立基金366只，其中，混合型基金109只，占比近三成；股票型和货币市场型基金分别为87只和85只；债券型基金萎缩较多，新设78只，约为2013年的一半；QDII基金新发数量继续低迷，仅为7只。

2009年以前，每年新基金数量增长较为稳定。2010年后，基金设立门槛降低，新基金分类审批制度开始实施，新基金发行成立节奏大大加快，2013年常规产品实行报备制后，新基金设立数量增长更快（见图2-7）。

图2-7　2001~2014年各类型基金成立数量

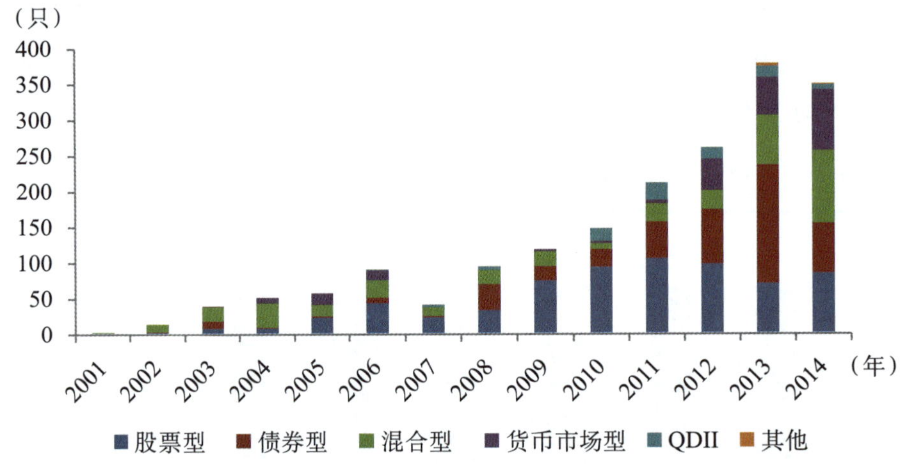

资料来源：上海证券基金评价研究中心

在新基金募集规模方面，基金首发规模与基金数量增长并不同步，受市场行情、渠道等多方面因素影响。新基金发行份额在2012年达到高峰，为6 643亿份；2014年相较于2013年再度下降，新基金发行份额为4 440亿份。分类型看，混合型和货币市场型基金分别发行1 422亿份和1 315亿份，合计占比超过六成；股票型基金首发规模为954亿份；2013年表现突出的债券型基金2014年首发规模仅为700亿份，缩水幅度较大；QDII和其他类型占比较少，合计不足50亿份（见图2-8）。

从单只基金的平均募集规模看，低风险的货币市场型基金依旧最受投资者青睐，2014年平均募集份额15.47亿份，居各类型之首，但较2013年下降明显；同样为低风险的债券型基金平均每只产品募集份额不足9亿份；股票型和混合型等高风险权益类产品的平均募集份额超过10亿份，较2013年有较大提升，投资者风险偏好上升。

图 2－8　2001～2014 年新成立基金规模情况

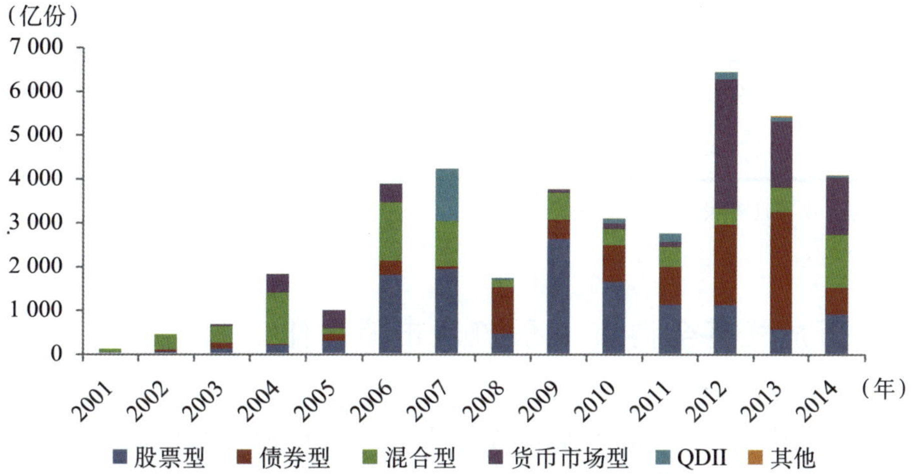

资料来源：上海证券基金评价研究中心

三、开放式基金持有人结构

2014 年，开放式基金持有人按有效账户数计，个人有效账户占到有效账户总数的 99.94%，与 2013 年末持平；机构有效账户数占比仅为 0.06%。按持有净值计，个人有效账户持有净值占比为 70.27%，较 2013 年末下降 2.5 个百分点，机构账户持有净值占比为 29.73%，较 2013 年末上升 2.5 个百分点（见图 2－9 及表 2－2）。

图 2－9　开放式基金持有人结构

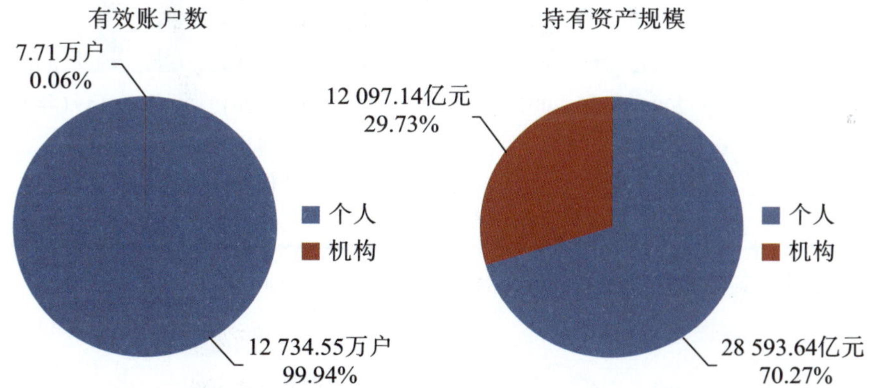

资料来源：中国证券投资基金业协会（AMAC）

表 2－2 开放式基金持有人结构（2013～2014 年）

年份	有效账户数（万户）		持有资产规模（亿元）	
	个人	机构	个人	机构
2013	8 691. 34	5. 38	21 031. 95	7 858. 26
2014	12 734. 55	7. 71	28 593. 64	12 097. 14

资料来源：中国证券投资基金业协会（AMAC）

四、开放式基金持有 A 股流通市值占比

2007 至 2014 年，开放式基金持有 A 股流通市值占比持续下降，从 2007 年的 25. 7% 跌至 2013 年末的 6. 4% ，2014 年进一步跌到 4. 8% 。基金持股规模占比不断下降的主要原因是，2008 年之后基金净值贬损未得到根本恢复，基金对投资者的吸引力降低，资金净流入缓慢；2009 年 A 股迎来限售股解禁高峰；2014 年行情好转，资金净流入推动 A 股市值大涨（见图 2－10）。

图 2－10 各类投资者持有 A 股流通市值情况（2004～2014 年）

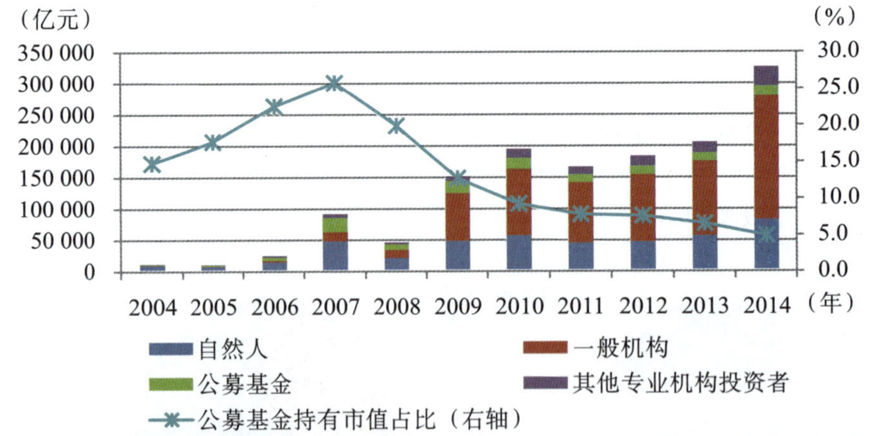

资料来源：中国证券投资基金业协会（AMAC）

五、基金 A 股覆盖率和单只基金平均持股数量

基金 A 股覆盖率指基金持有的 A 股数量除以沪深两市 A 股总数量，可以看出基金关注/投资了多大比例的 A 股股票。2005～2014 年，基金 A 股覆盖率从 31.44% 上升到 89.58%，单只基金平均持股数量从 44.57 只上升到 57.23 只。在基金 A 股覆盖率稳步提升的情况下，单只基金平均持股数量有较大波动，经过 2008 年、2009 年两年调整，2010 年以来持续下降（见表 2－3）。将基金 A 股覆盖率和单只基金平均持股数量结合起来看，单只基金平均持股数量缩小表明基金有更强的主动择股行为，而不是被动分散投资；与此同时，基金整体上有更高的 A 股覆盖率表明基金关注/投资了更加广泛的行业领域，行业细分能力提高，表现出个性化、差异化发展趋势。

表 2－3　基金 A 股覆盖率和单只基金平均持股数量

时间	持有股票基金数量（只）	基金覆盖 A 股数量（只）	沪深两市 A 股数量（只）	单只基金平均持股数量（只）	基金 A 股覆盖率（%）
2005 年中报	113	427	1 358	47.34	31.44
2005 年年报	127	495	1 355	44.57	36.53
2006 年中报	147	578	1 339	40.72	43.17
2006 年年报	178	603	1 398	49.68	43.13
2007 年中报	213	788	1 434	65.30	54.95
2007 年年报	230	846	1 507	78.00	56.14
2008 年中报	236	859	1 563	74.32	54.96
2008 年年报	272	857	1 581	65.37	54.21
2009 年中报	300	972	1 580	64.49	61.52
2009 年年报	331	1 207	1 678	74.38	71.93
2010 年中报	360	1 422	1 869	68.60	76.08
2010 年年报	388	1 532	2 041	65.47	75.06
2011 年中报	420	1 671	2 207	60.34	75.71
2011 年年报	456	1 956	2 320	61.70	84.31
2012 年中报	491	1 967	2 422	63.65	81.21
2012 年年报	517	1 878	2 472	60.80	75.97
2013 年中报	539	1 866	2 469	54.73	75.58
2013 年年报	570	1 902	2 468	54.25	77.07
2014 年中报	668	2 091	2 520	53.17	82.98
2014 年年报	728	2 322	2 592	57.23	89.58

资料来源：海通证券研究所

六、(认) 申购与赎回

2014 年各季度，开放式基金均出现资金净流入，全年资金净流入达 10 302亿元。而在 2011 年和 2012 年，资金净流入分别达到 2 253 亿元和 5 645亿元。分别来看，股票型基金净流出 574. 88 亿元，混合型基金净流出 448. 25 亿元，偏股型基金净流出 1 023. 12 亿元，债券型基金净流入 208. 75 亿元，货币市场型基金净流入 11 215. 99 亿元，QDII 基金净流出 99. 51 亿元（见图 2 –11）。货币市场型基金仍是推动公募基金规模增长的最重要原因。

图 2 –11 开放式基金认申购与赎回（季度）

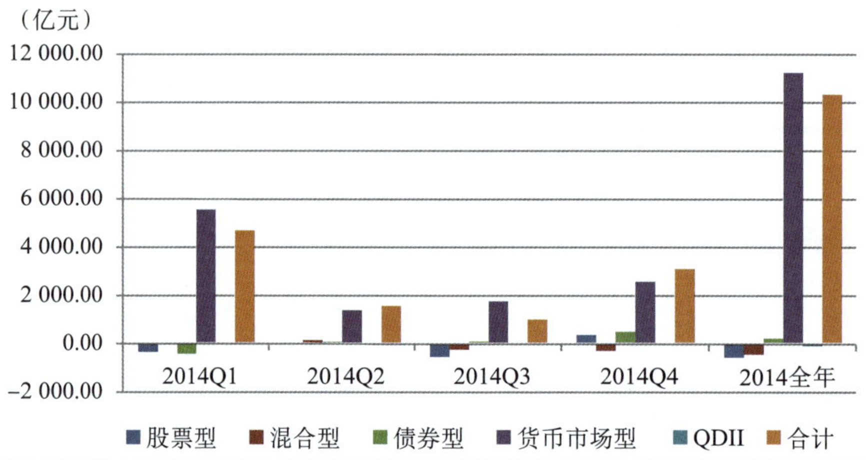

资料来源：中国证券投资基金业协会（AMAC）

值得指出的是，2014 年货币市场型基金的超常发展得益于互联网金融在基金领域的成功实践，以余额宝为代表的货币市场型基金极大地拓展了公募基金服务人群，激活了数以亿计的互联网场景下潜在客户资源，为公募基金提供普惠金融服务树立了典范。

七、资产配置：按行业类别

2005 ~2014 年，根据基金分行业持仓量占基金持股市值的比重，可以得到每个报告期基金前三大重仓行业（见表 2 –4）。可以发现，基金在过去 10 年间对于行业板块的偏好发生了明显偏移，从交通运输、银行等传统蓝筹价值板块转向到医药生物、计算机等成长性较高的板块。

表 2－4　基金前三大重仓行业变化趋势（2005～2014 年）

时间	第一大重仓行业	第二大重仓行业	第三大重仓行业
2005 年中报	交通运输	公用事业	食品饮料
2005 年年报	交通运输	化工	房地产
2006 年中报	食品饮料	商业贸易	化工
2006 年年报	银行	房地产	食品饮料
2007 年中报	银行	房地产	非银金融
2007 年年报	银行	房地产	非银金融
2008 年中报	银行	采掘	化工
2008 年年报	银行	房地产	医药生物
2009 年中报	银行	房地产	非银金融
2009 年年报	银行	非银金融	采掘
2010 年中报	医药生物	银行	食品饮料
2010 年年报	医药生物	食品饮料	商业贸易
2011 年中报	食品饮料	医药生物	银行
2011 年年报	食品饮料	医药生物	银行
2012 年中报	食品饮料	医药生物	房地产
2012 年年报	医药生物	房地产	食品饮料
2013 年中报	医药生物	食品饮料	房地产
2013 年年报	医药生物	计算机	食品饮料
2014 年中报	医药生物	计算机	电子
2014 年年报	医药生物	非银金融	计算机

资料来源：Wind、海通证券研究所金融产品研究中心

2005～2014 年，基金持仓占基金总持股市值比最高的前十大行业在过去 10 年发生了很大变化。2013 年基金重仓前十大行业比 2004 年时多出近 30 个百分点。就细化行业来看，金融行业上市公司在 2007～2009 年间一度成为基金最青睐的投资标的，在 2010 年后急剧萎缩，取而代之的是医药生物、TMT、食品饮料等成长性行业（见图 2－12）。

图 2-12 基金投资行业变化趋势（2005~2014 年）

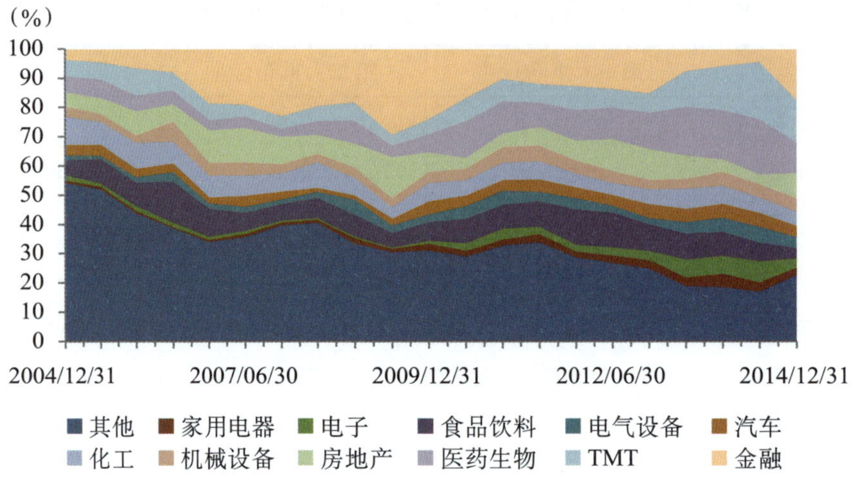

资料来源：海通证券研究所金融产品研究中心、Wind

从另外一个维度——基金对某一行业持股市值占该行业总流通市值比来看，同样能体现基金对行业价值的独立判断（见图 2-13）。2014 年，计算机、医药生物继续成为一级行业中基金占比最高的板块，这反映了基金经理对行业未来空间大、业绩增速快的行业最为青睐。另外，对于代表未

图 2-13 基金行业相对行业流通市值变化趋势（2004~2014 年）

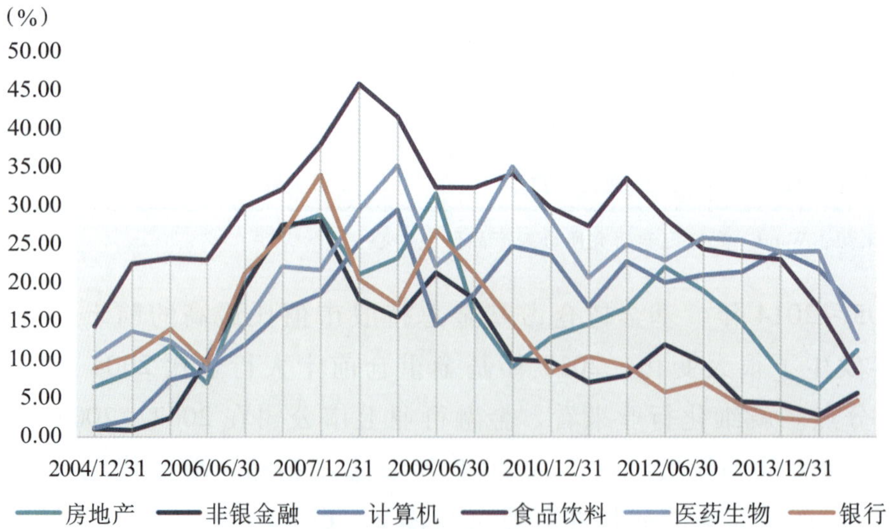

资料来源：Wind、海通证券研究所金融产品研究中心

来发展方向或创新空间巨大的行业如TMT，基金经理有一个明显的认知过程。例如基金在2004年所有计算机行业持仓金额仅为计算机行业流通市值的1%，到2013年已经上升为25%。相反，对于一些容易出现泡沫的行业，比如金融、地产等，基金在2008年之后选择逐步退出。2014年，随着大盘蓝筹出现低估值优势，基金对银行和非银金融板块的持仓量有明显上升。

八、资产配置：按市场类别

2014年末，开放式基金配置到主板的资金占基金持股市值的66.6%，与2013年相比上升了5.2个百分点。配置到创业板的资产占基金持股市值的14.3%，与2013年相比下降了1.3个百分点。配置到中小板的基金资产占基金持股市值的19.1%，与2013年相比下降了3.9个百分点。这一变化在一定程度上体现了基金管理人对资本市场结构性机会的把握能力。2014年第4季度市场以券商为代表的大盘蓝筹股反弹，基金通过不同板块间的仓位调整获得了较为丰厚的利润（见图2－14）。

图2－14　基金投资主板、中小板、创业板占比变化（2005～2014年）

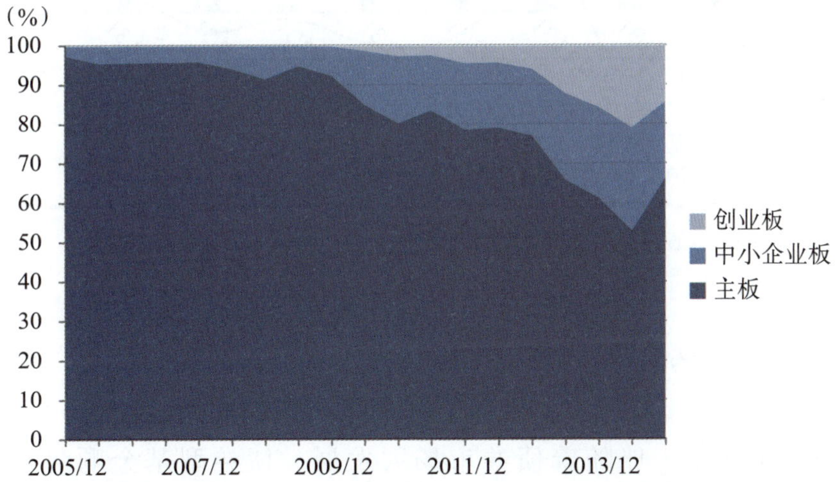

资料来源：海通证券研究所

九、基金换手率

在过去10年里，基金换手率变化较为显著，且与当年指数回报有较为显著的相关性。图2-15表示了基金整体换手率与指数走势的关系。说明基金经理在弱市时较小进行仓位调整，而在强市时积极调整配置。此外，基金换手率与基金规模呈负相关关系，原因可能是规模小的基金“船小好调头”，而规模大的基金由于持仓红线，往往难以在行情切换中及时调整。随着股指上涨，2014年基金换手率继续上升，已经接近2009年高点水平。

图2-15　基金换手率变化趋势（2007~2014年）

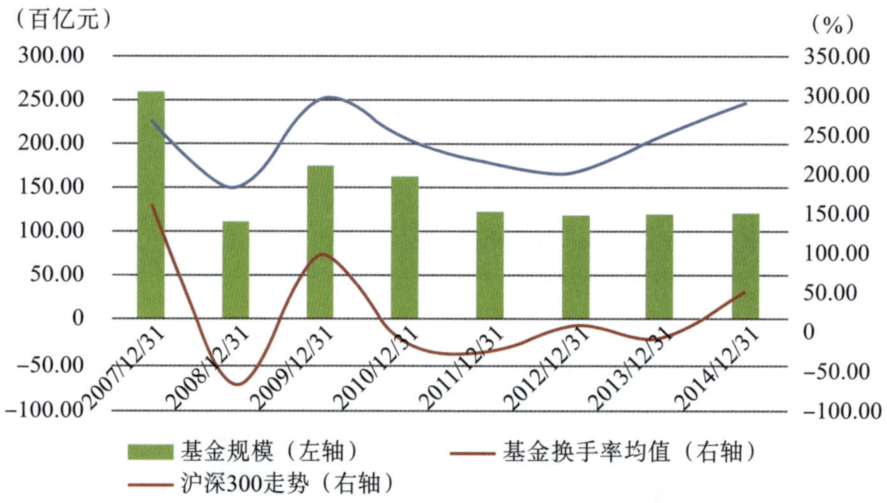

资料来源：Wind、海通证券研究所金融产品研究中心

十、债券型基金杠杆率

从2008年开始，伴随着债券市场大发展，债券型基金顺势提高杠杆，增配高收益债券，有效地提高了组合业绩。分年来看，杠杆与股市有一定的负相关关系。在2007年、2010年股市行情好时，部分债券型基金增配股票资产使得杠杆下降；而在2008年、2011年、2012年股市低迷时，债券型基金杠杆上升（见图2-16）。

图 2－16　债券型基金杠杆

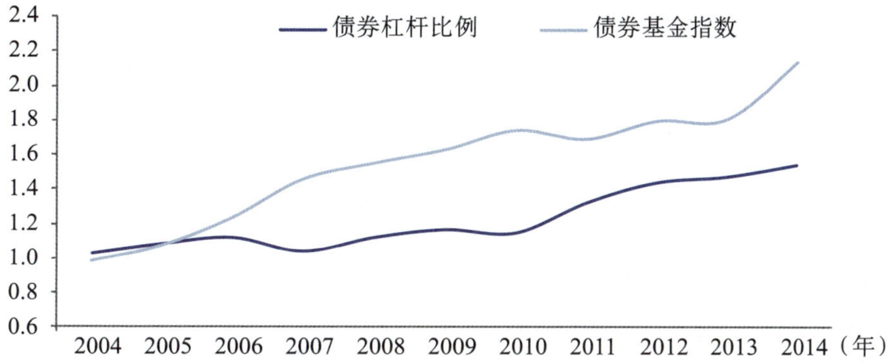

注：杠杆＝基金总资产/基金净资产

资料来源：海通证券金融产品研究中心

十一、债券型基金的券种配置

在券种配置方面，债券型基金对国债、金融债等利率债配置比例逐渐下降，而企业债配置比例迅速提高（见图 2－17）。这一变化的主要原因：一是从 2010 年开始，企业债、金融债发行提速，国债相对平稳，可转换债券体量较小，迅速扩大的企业债市场给债券基金提供了标的。二是企业债到期收益率远高于利率债（包括国债、金融债），企业债体现出明显的高利率、“低风险”特点，对债券型基金有很强的吸引力。2014 年，国债投资比例继续下降，可转换债券受益于 A 股的迅速上涨，配置比例从 7.85% 提高到 10.87%（见图 2－18）。

图 2－17　债券基金券种配置变化

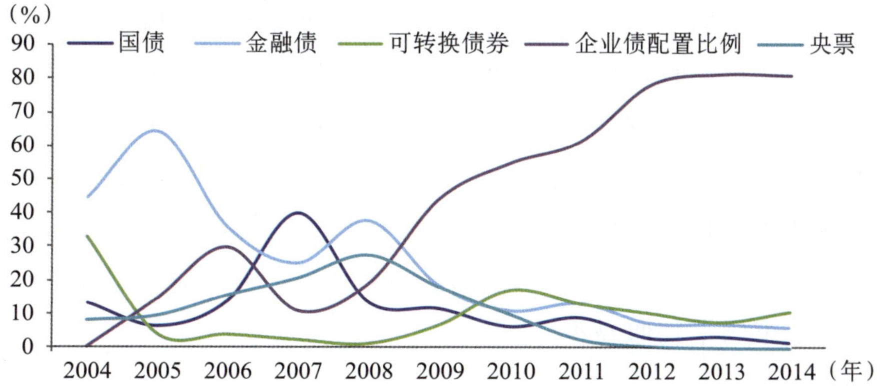

资料来源：海通证券金融产品研究中心

图 2－18 各类债券历年发行情况

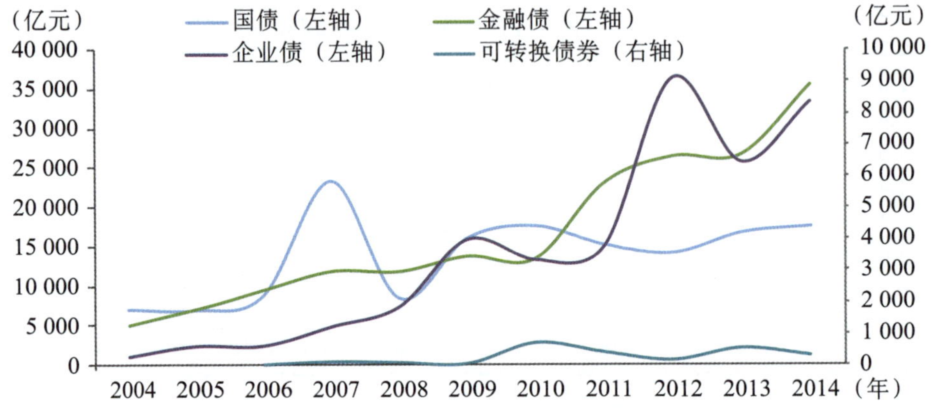

资料来源：海通证券金融产品研究中心

第三节　专　业　化

一、基金的主动投资管理能力

公募基金是个人投资者低成本参与资本市场、间接分享经济发展成果的重要渠道。以主动管理型股票基金为代表，基金的专业化管理能力体现为在波动市场中的主动管理能力，即在市场景气时期能够获得与市场一致的投资回报，在市场不景气时期能够有效地管理市场下行风险。

从 5 年滚动年化收益率①看，主动管理型偏股基金体现了行业的专业化特质，特别是在下跌市场中基金整体收益率缩水远小于指数，表现出良好的下行风险控制能力。从 5 年滚动年化收益率表现来看，主动管理的偏股型基金 5 年滚动年化收益率均在沪深 300 指数之上。其含义是，如果持有主动管理型偏股基金在 5 年以上，那么在任一时点上，通过基金实现的平均年化收益率要好于市场平均收益率。

① 即任一时点上计算的过去 5 年平均年化收益率。

图 2－19　主动管理型股票型基金和沪深 300 指数 5 年滚动年化收益率（2007～2014 年）

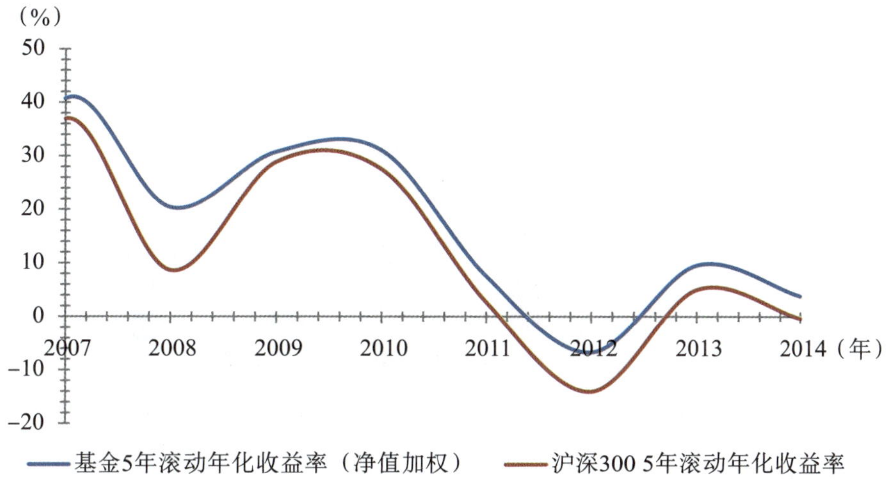

资料来源：上海证券基金评价研究中心整理

二、基金与个人投资者的投资能力

对于个人投资者而言，基金可以实现高效率的分散化投资，降低个人投资者由于信息不足和非理性投资造成的资源浪费，有效实现社会分工，是个人投资者低成本参与资本市场、分享经济增长的理想途径。最近三年基金与个人投资收益分布情况见图 2－20 至图 2－22。近三年个人投资者与基金投资收益的分布表明，在盈利端，基金比个人投资者有更好的平均收益；在亏损端，基金比个人投资者有更好的止损表现。

2012 年，沪深 300 指数上涨 7.55%，仅有 4.2% 的股票型基金收益没有跑赢指数，但是却有超过 67% 的个人投资者没有跑赢指数；亏损区间在 5%～50% 的个人投资者占比超过 50%，基金仅为 4.2%；亏损超过 50% 的个人投资者超过 15%，基金为零。

2013 年，沪深 300 指数下跌 7.65%，超过七成股票型基金实现盈利，而个人投资者不足三成，且 46% 的个人投资者亏损在 20% 以上，超过两成投资者亏损超过 50%。

图 2－20　基金与个人投资者投资能力对比（2012 年）

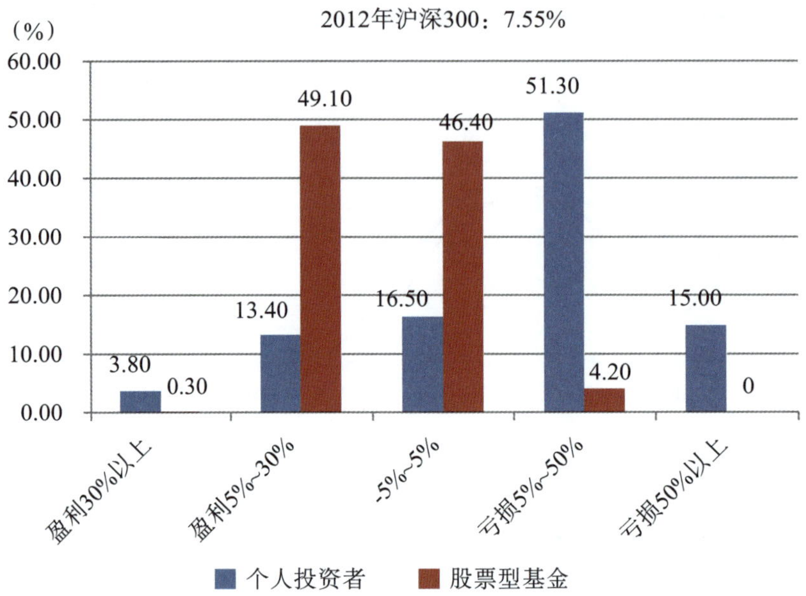

资料来源：中国证券投资基金业协会（AMAC）

图 2－21　基金与个人投资者投资能力对比（2013 年）

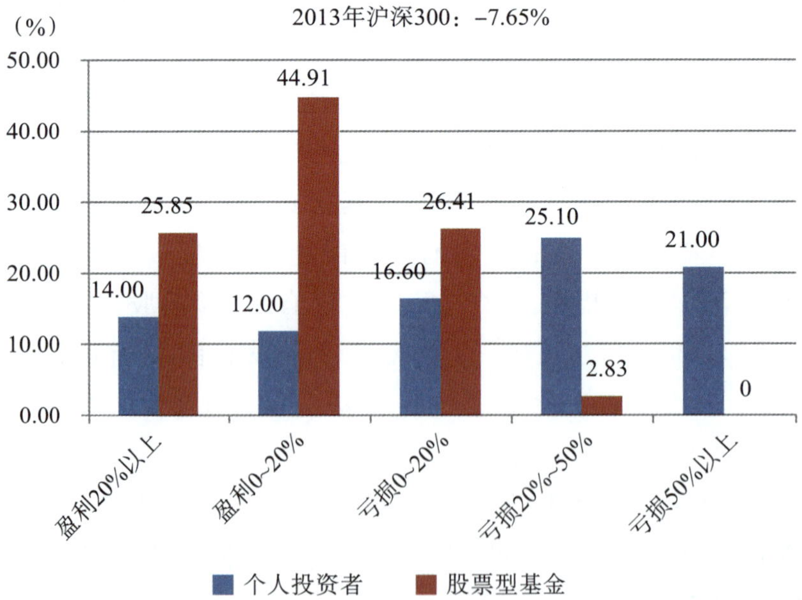

资料来源：中国证券投资基金业协会（AMAC）

2014 年，沪深 300 指数上涨 51.66%，超过 95% 的股票型基金实现盈利，而个人投资者为 83%，且 7.44% 的个人投资者亏损在 20% 以上。

图 2－22　　基金与个人投资者投资能力对比（2014 年）

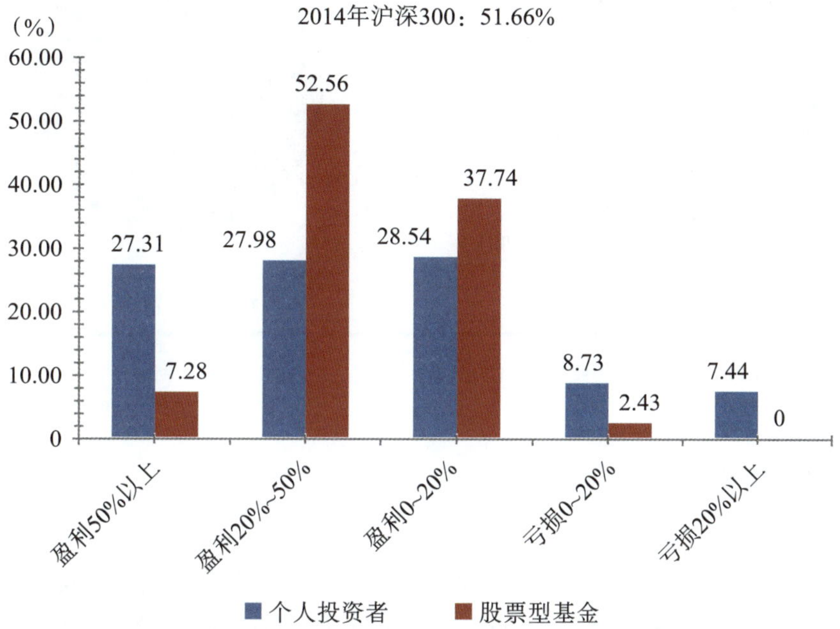

资料来源：中国证券投资基金业协会（AMAC）

第四节　基金销售

一、累计（认）申购

2014 年通过基金管理公司直销、银行、证券公司渠道（认）申购累计额达124 606.20亿元，较 2013 年增长 1.41 倍，基金管理公司直销渠道占比达到 64.11%，银行和券商渠道分别下降到 26.23% 和 9.66%（见图 2－23）。基金管理公司直销渠道占比的增长主要得益于各类货币市场型基金规模的增长以及货币市场型基金直销的增长。

图 2－23　基金（认）申购渠道

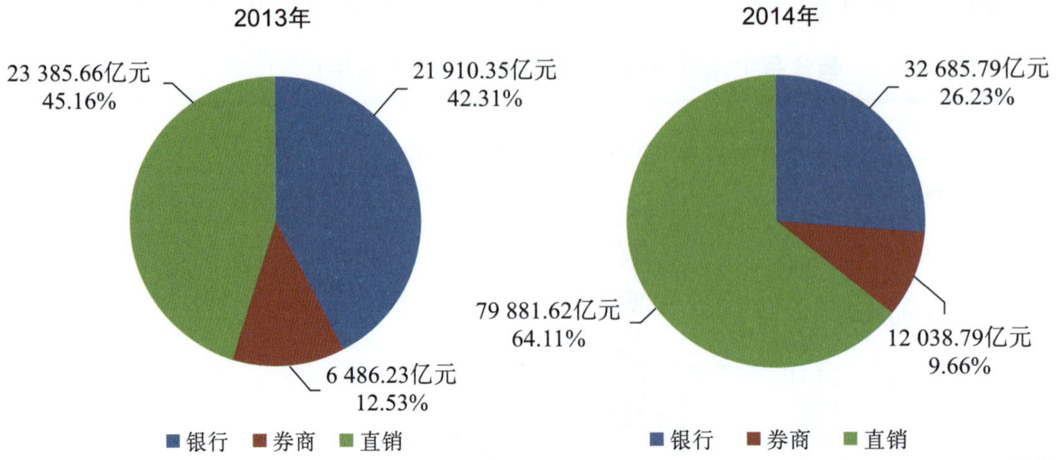

资料来源：中国证券投资基金业协会（AMAC）

二、销售保有量

截至 2014 年末，开放式基金销售保有量仍以银行渠道最高，占比为 45.09%，其次是基金管理公司直销机构的 42.98% 和券商渠道的 11.19%，第三方专业销售机构和证券投资咨询机构销售保有量占比仅为 0.75% 和 0.19%（见图 2－24）。

图 2－24　各类机构基金销售保有量

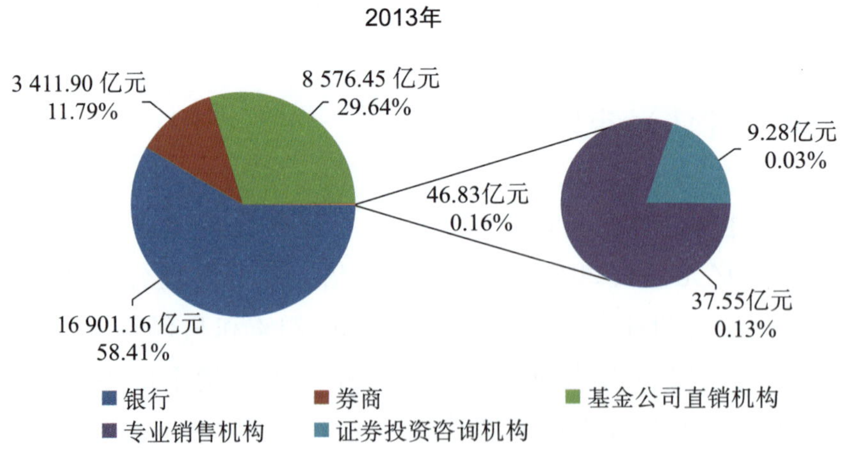

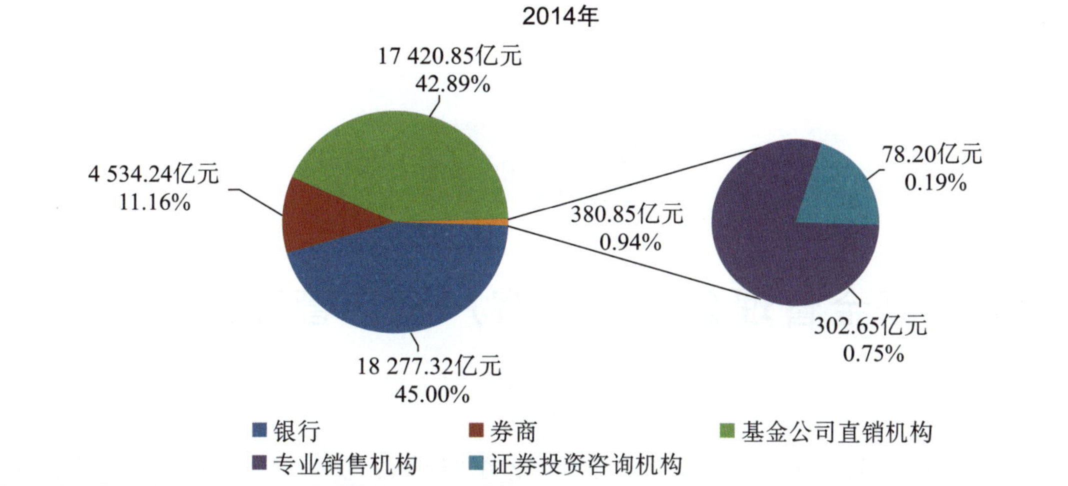

资料来源：中国证券投资基金业协会（AMAC）

直销渠道当年销售量和保有量大幅增长，其原因主要是货币市场型基金增长迅猛，直销渠道贡献了主要份额。

第三章

基金管理公司特定客户资产管理业务

基金管理公司特定客户资产管理业务包括普通专户、管理全国社保基金和管理企业年金三个部分。

第一节　普 通 专 户

一、整体情况

截至2014年底，共有91家基金管理公司开展普通专户业务，存续产品3 104只，管理资产规模1.22万亿元，较2013年底增加7 501亿元，增长1.58倍。

2014年，基金管理公司普通专户的发展特点表现为：行业机构数量增加，业务规模快速扩张，投资运作整体平稳，中小机构获得较大发展，行业集中度适度下降，直销能力增强，产品管理能力提升，产品业绩表现出色，行业收入大幅增长等。

从产品类型来看，截至2014年底，一对一专户存续产品1 110只，管理资产规模8 736亿元，占比71.4%，较2013年底增加5 107亿元，增长140.7%；一对多专户存续产品1 994只，管理资产规模3 504亿元，占比28.6%，较2013年底增加2 394亿元，增长215.7%。

从管理方式来看，基金管理公司专户主动管理产品资产规模9 129亿元，占比74.6%，占比上升4个百分点，较2013年底增加5 776亿元，增

图 3－1　　2014 年 1～12 月基金管理公司普通专户存续产品情况

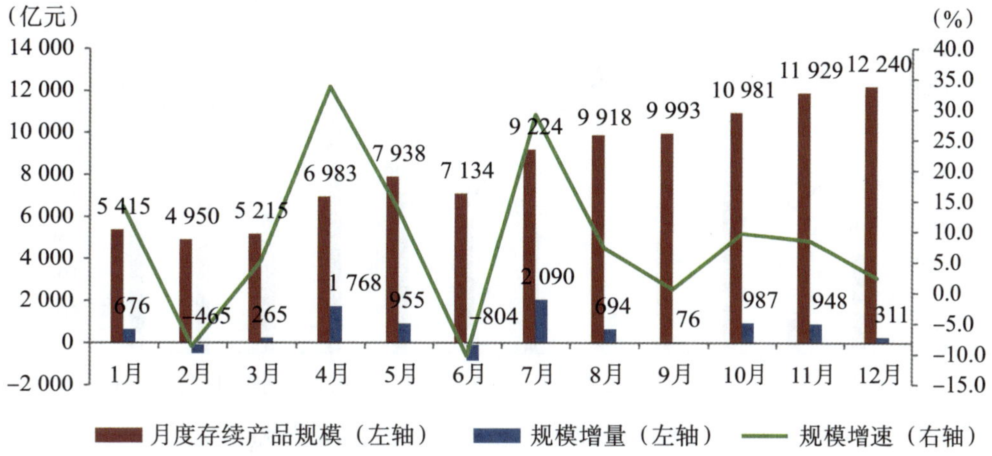

资料来源：中国证券投资基金业协会（AMAC）

长 172.3%；被动管理产品规模 3 112 亿元，占比 25.4%，较 2013 年底增加 1 725亿元，增长 124.4%。其中，银基合作、信基合作、私募合作、证基合作的通道规模分别为 1 443 亿元、830 亿元、470 亿元、147 亿元。

二、新设情况

2014 年，基金管理公司新设专户产品 3 253 只，新设规模 4 924 亿元（见图 3－2）。其中，混合类产品规模 1 668 亿元，占比 33.9%；债券类产品规模 1 024 亿元，占比 20.8%；股票类产品规模 1 007 亿元，占比 20.4%；现金管理类产品规模 865 亿元，占比 17.6%；QDII 类产品规模 121 亿元，占比 2.5%；其他产品规模 240 亿元。

三、投向情况

从产品投向来看，基金管理公司存续专户产品中，债券类产品规模 4 967亿元，占比 40.6%；混合类产品规模 3 369 亿元，占比 27.5%；现金管理类产品规模 1 875 亿元，占比 15.3%；股票类产品规模 1 738 亿元，占比 14.2%；QDII 类产品规模 262 亿元，占比 2.1%（见图 3－3）。

图 3-2 2014 年 1~12 月基金管理公司普通专户新设产品情况

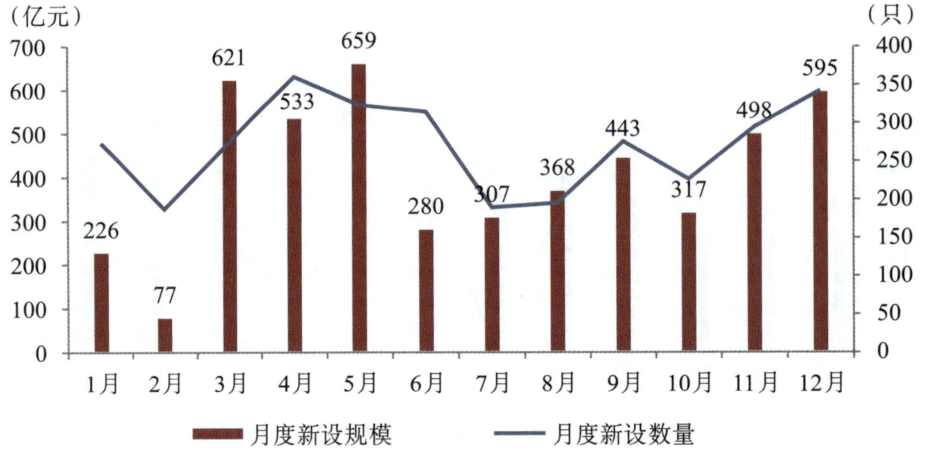

资料来源：中国证券投资基金业协会（AMAC）

图 3-3 2014 年底基金管理公司普通专户产品规模占比情况

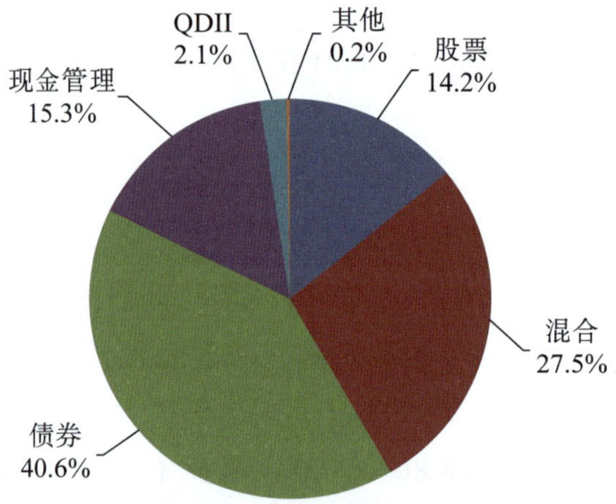

资料来源：中国证券投资基金业协会（AMAC）

基金管理公司共有 600 只普通专户产品进行衍生品交易，主要投资商品期货和股指期货，规模为 243 亿元，较 2013 年底增加 75 亿元。

四、集中度情况

2014 年，普通专户规模前五的基金管理公司管理资产规模合计 4 722 亿元，占行业总规模的 38.6%，较 2013 年底下降 6 个百分点；普通专户规模前十的基金管理公司的管理资产规模合计 6 685 亿元，占行业总规模的 54.6%，较 2013 年底下降 7.6 个百分点（见表 3－1）。从排名靠前的基金管理公司来看，具有丰富客户资源的银行系基金管理公司和品牌知名度较高的基金管理公司在普通专户业务上具有明显优势，个别具有特色的中小基金管理公司在普通专户业务上也有突出表现。

表 3－1　2014 年底普通专户规模前十的基金管理公司及其规模

序号	基金管理公司	管理资产规模（亿元）	占行业总规模比例（%）
1	中银基金管理有限公司	1 493	12.2
2	建信基金管理有限责任公司	1 085	8.9
3	工银瑞信基金管理有限公司	801	6.5
4	易方达基金管理有限公司	708	5.8
5	浦银安盛基金管理有限公司	635	5.2
6	财通基金管理有限公司	439	3.6
7	融通基金管理有限公司	414	3.4
8	嘉实基金管理有限公司	410	3.4
9	汇添富基金管理有限公司	396	3.2
10	民生加银基金管理有限公司	304	2.5

资料来源：中国证券投资基金业协会（AMAC）

五、投资者情况

截至 2014 年底，基金管理公司专户资金来源主要包含：银行委托资金 6 972 亿元，占比 57.0%；信托公司委托资金 1 245 亿元，占比 10.2%；个人委托资金 1 228 亿元，占比 10.0%；保险公司委托资金 678 亿元，占比 5.5%；企业委托资金 606 亿元，占比 5.0%；证券公司委托资金 361 亿元，占比 2.9%；基金管理公司及关联人委托资金 259 亿元，占比 2.1%；其他机构委托资金 858 亿元，占比 7.0%（见图 3－4）。

图 3－4　2014 年底基金管理公司普通专户投资者委托资金情况

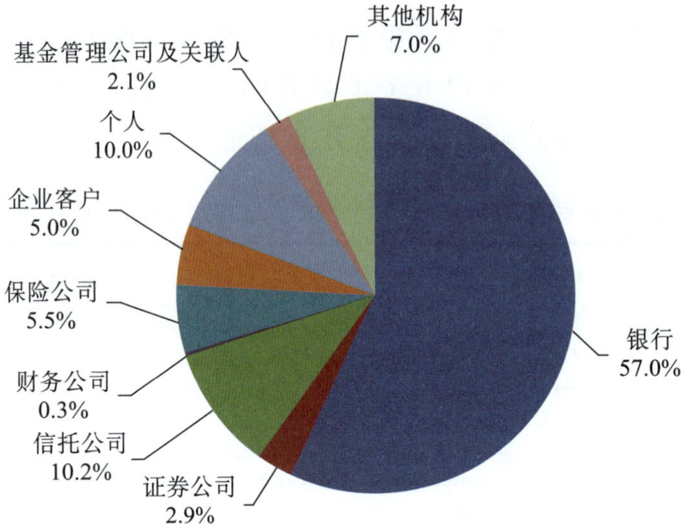

资料来源：中国证券投资基金业协会（AMAC）

六、销售渠道情况

截至 2014 年底，基金管理公司直销规模的占比为 75%，较 2013 年底大幅度提高近 21 个百分点；通过银行代销的规模占比为 15%，下降 16 个百分点；证券公司、第三方机构的代销渠道占比也有小幅下降。基金管理公司逐步建立起自己的销售渠道，减少对银行、券商等外部机构的依赖，销售体系得到进一步完善。

七、产品收益情况

2014 年，基金管理公司专户产品平均收益率 14.1%，较 2013 年提升 9.9 个百分点。其中，股票类产品平均收益率 25.7%，混合类产品平均收益率 16.8%，债券类产品平均净值收益率 12.3%，现金管理类产品平均净值收益率 6.1%，QDII 类产品平均净值收益率 4.1%（见表 3－2）。

表 3－2　2014 年基金管理公司普通专户存续产品收益率情况

产品类型	平均收益率（%）
股票类	25.7
混合类	16.8
债券类	12.3
现金管理类	6.1
QDII	4.1
其他	7.1

资料来源：中国证券投资基金业协会（AMAC）

八、收入情况

2014 年，基金专户业务管理费收入 23.14 亿元，较 2013 年增加 12.47 亿元。其中，管理费 17.11 亿元；业绩报酬 6.04 亿元，业绩报酬的占比为 26%，较 2013 年提高近 11 个百分点。基金专户全年平均管理费率为 0.27%，反映基金管理公司专户管理能力、经营业绩进一步提升。

第二节　管理全国社保基金

2014 年，由基金管理公司管理的全国社保基金资产规模达 6 085.17 亿元，较 2012 年增长 34.7%。2011 年以来，由基金管理公司管理的社保基金规模稳步增长，基金管理社保基金规模占到全国社保基金总规模的 1/3，占社保基金委托投资规模的比例超过 80%，为全国社保基金资产的保值增值作出了应有的贡献。

2003 年起全国社保基金开始委托基金管理公司进行投资管理。2007 年后，委托投资规模占社保基金资产总额的比重稳定在 40% 以上，2013 年达到 46.1%。2008 年以来，社保基金的年化收益率在 8%～10% 之间，起到了较好的保值增值效果。相关资料见图 3－5 和图 3－6。

图 3-5 基金管理公司管理全国社保基金情况

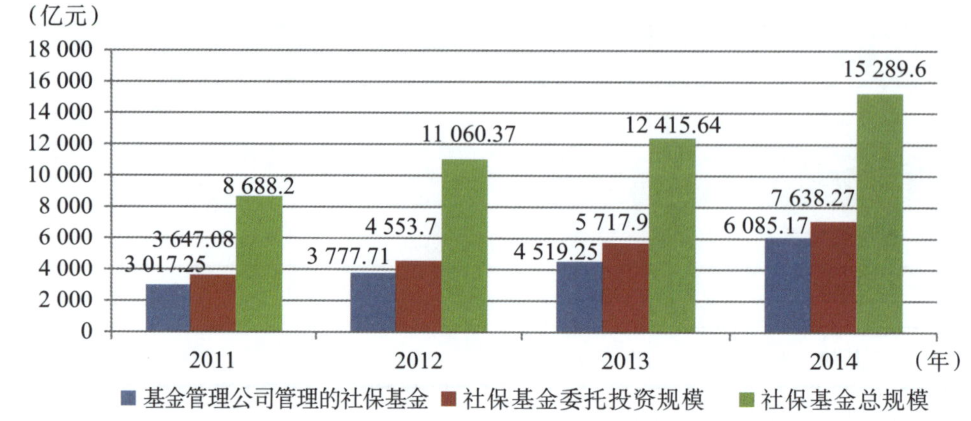

注：2014 年数据不完整

资料来源：全国社保基金理事会

图 3-6 2003~2013 年全国社保基金委托投资及收益情况

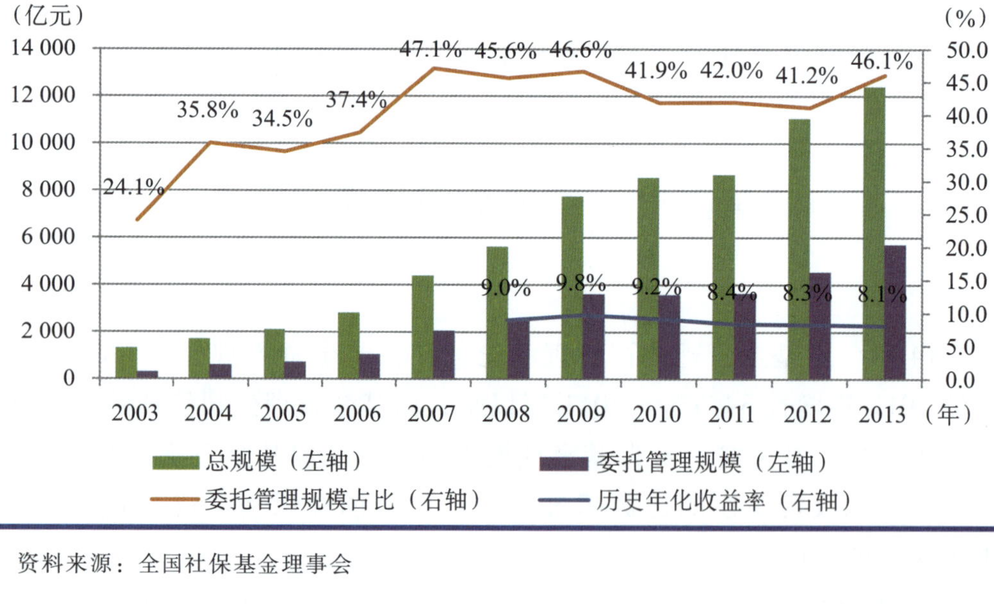

资料来源：全国社保基金理事会

第三节　管理企业年金

2014 年末，由基金管理公司管理的企业年金规模为 2 974.7 亿元，与 2013 年末相比增长 23.2%。由基金管理的企业年金占全部企业年金委托投资规模的比例超过 40%，2014 年略有下降（见图 3－7）。

图 3－7　　基金管理公司管理企业年金情况

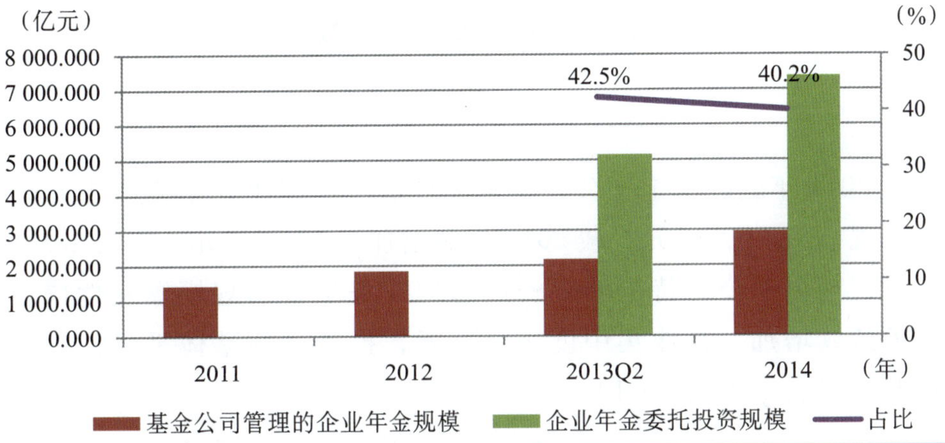

注：2013 年第三、第四季度数据缺，该年度为二季度数据

资料来源：人力资源和社会保障部

第四章

基金子公司特定客户资产管理业务

第一节 概　述

截至2014年底，基金子公司特定客户资产管理业务存续产品9 389只，管理资产规模3.74万亿元，较2013年底增加2.77万亿元，增长285.57%。从整体看，基金子公司特定客户资产管理业务呈现出规模爆发性增长，融资类业务持续增加，行业集中度小幅下降，投资运作整体平稳，主动管理能力提升等特点（见图4-1）。

图4-1　2014年1~12月基金子公司特定客户资产管理业务存续产品情况

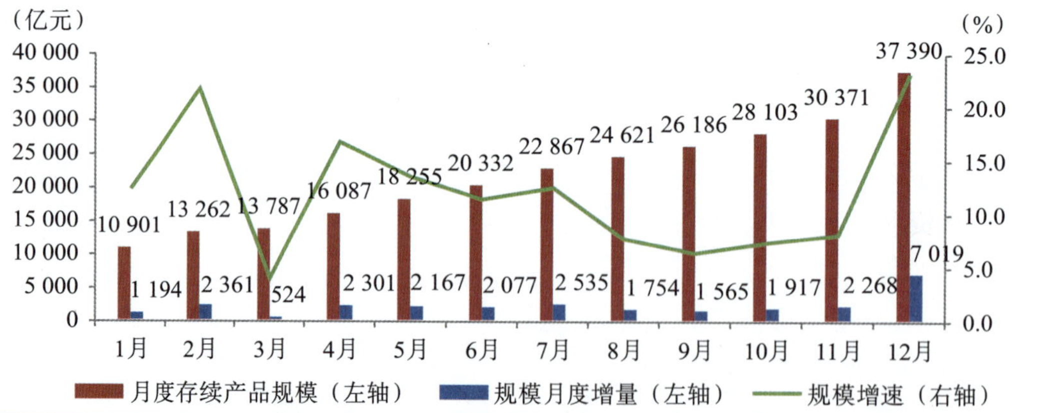

资料来源：中国证券投资基金业协会（AMAC）

从产品类型来看，截至2014年底，一对一业务存续产品3 635只，管理资产规模2.33万亿元，占比62%，较2013年底增加1.89万亿元，增长429.55%；一对多业务存续产品5 754只，管理资产规模1.41万亿元，占比38%，较2013年底增加8 789亿元，增长166.04%。

从管理方式来看，基金子公司合作管理类和主动管理类产品管理资产规模合计1.51万亿元，占比40.4%；被动管理资产规模2.23万亿元，占比59.6%。

从投资标的来看，基金子公司特定客户资产管理业务产品主要投向非标市场，规模为3.25万亿元，占比86.9%；投向交易所、银行间市场的规模仅3 638亿元，占比9.7%；其余为少量现金。

第二节　运作情况

（一）新设情况

2014年，基金子公司特定客户资产管理业务新设产品9 563只，新设规模3.02万亿元，月均新设规模2 514亿元。新设一对一产品规模1.78万亿元，占比59%；新设一对多产品1.24万亿元，占比41%。下半年，基金子公司加强了房地产、地方融资平台等领域融资项目的风控管理，新设规模略有下降，年末受多种因素影响新设规模出现飙升（见图4-2）。

（二）投向情况

基金子公司特定客户资产管理业务以融资业务为主，在方式上主要采用债权融资和财产收益权融资。截至2014年底，债权融资和财产收益权融资规模分别为1.53万亿元、1.46万亿元，分别占比40.8%、38.9%；证券投资规模3 638亿元，占比9.7%；股权投资规模2 542亿元①，占比6.8%；现金资产规模1 257亿元，占比3.4%；另外还有138亿元其他类投资（见表4-1）。其中，证券投资规模较2013年底增长734.4%，占比上升5.2个

① 基金子公司特定客户资产管理业务股权投资规模中的大部分是“明股实债”。

图 4－2 2014 年 1～12 月基金子公司特定客户资产管理业务月度新设情况

资料来源：中国证券投资基金业协会（AMAC）

百分点；而债权融资、财产收益权融资规模较 2013 年底分别下降 2.7 个百分点、2.3 个百分点。

表 4－1 2014 年底基金子公司特定客户资产管理业务投资方向（Ⅰ）

投资方式	2014 年底		2013 年底		增长率（%）
	投资金额（亿元）	占比（%）	投资金额（亿元）	占比（%）	
债权融资	15 257	40.8	4 227	43.5	260.9
财产收益权投资	14 559	38.9	3 999	41.2	264.1
证券投资	3 638	9.7	436	4.5	734.4
股权投资	2 542	6.8	710	7.3	258.0
现金规模	1 257	3.4	228	2.3	451.3
其他	138	0.4	107	1.1	29.0
合计	37 391	100.0	9 707	100.0	285.2

资料来源：中国证券投资基金业协会（AMAC）

截至 2014 年底，基金子公司特定客户资产管理业务最终投向金融机构资产 1.01 万亿元，占比 27.09%；投向房地产 8 543.76 亿元，占比 22.85%；投向一般工商企业 7 153.85 亿元，占比 19.13%；投向地方融资平台 3 323.93 亿元，占比 8.89%；投向基础产业 2 398.83 亿元，占比 6.42%。受市场因素及监管因素的影响，投向房地产、工商企业的规模占比从年初 29%、33% 降至年底 23%、19%；而投向票据、信用证等金融机构资产的占比则从年初 15% 大幅上升至 27%。

表 4－2　2014 年底基金子公司特定客户资产管理业务投资方向（II）

投资方式	2014 年底		2013 年底		增长率（%）
	投资金额（亿元）	占比（%）	投资金额（亿元）	占比（%）	
金融机构	10 127.68	27.09	1 434	16	606.25
一般工商企业	7 153.85	19.13	3 218	36	122.31
房地产	8 543.76	22.85	2 827	31	202.22
地方融资平台	3 323.93	8.89	802	9	314.46
基础产业	2 398.83	6.42	761	8	215.22
其他	5 842.02	15.62		0	
合计	37 390.07	100.00	9 707	100	285.19

资料来源：中国证券投资基金业协会（AMAC）

（三）集中度情况

2014 年，共有 69 家基金子公司开展特定客户资产管理业务，较 2013 年底新增 15 家。管理规模前五的基金子公司管理资产规模合计 1.33 万亿元，占基金子公司特定客户资产管理业务总规模的 35.7%，较 2013 年底下降 14 个百分点；管理规模前十的基金子公司管理资产规模合计 2.01 万亿元，占基金子公司特定客户资产管理业务总规模的 53.6%，较 2013 年底下降近 20 个百分点。

基金子公司作为资产管理行业的新生力量，自身核心竞争力尚未形成，银行股东资源带来的禀赋差异对其发展影响显著。银行系基金子公司共 12 家，特定客户资产管理业务规模合计 1.54 万亿元，占子公司特定客户资产管理业务总规模的 41.2%。其中，有 6 家银行系基金子公司进入行业规模前十。

（四）投资者情况

截至 2014 年底，基金子公司特定客户资产管理业务资金来源主要包含：银行委托资金 2.11 万亿元，占比 56.3%；个人委托资金 7 225 亿元，占比

19.3%；企业委托资金3 746亿元，占比10%；信托公司委托资金1 393亿元，占比3.7%；基金子公司及关联人委托资金1 260亿元，占比3.4%；证券公司委托资金1 159亿元，占比3.1%；财务及保险公司委托资金117亿元，占比0.3%；其他机构委托资金1 426亿元，占比3.8%（见图4－3）。银行资金仍是基金子公司业务的重要资金来源，而且基金子公司与证券、信托等金融机构的合作也更加紧密；而随着一对多产品规模占比的下降，个人资金规模占比也逐步降低，2014年底个人资金规模占比较2013年底下降7.9个百分点。

图4－3 2014年底基金子公司特定客户资产管理业务投资者委托资金情况

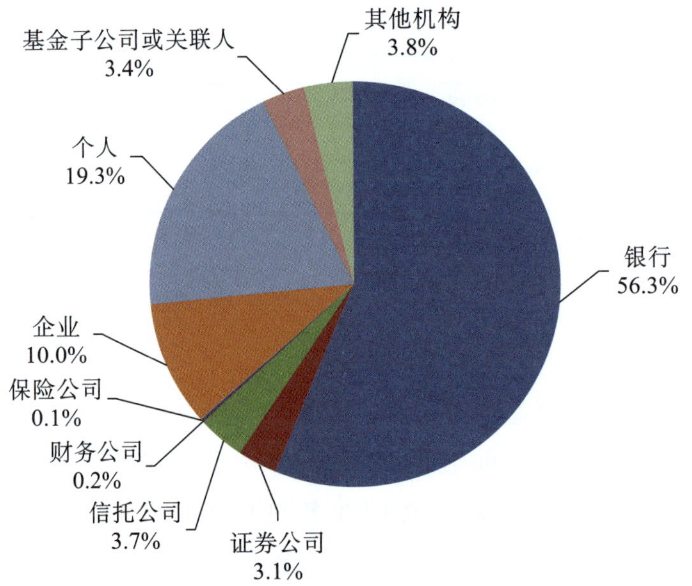

资料来源：中国证券投资基金业协会（AMAC）

（五）产品收益情况

2014年，基金子公司存续一对一产品平均收益率为6.26%，较2013年下降0.4个百分点；存续一对多产品平均收益率稳中有升，达7.6%，较2013年小幅上升1.4%。

（六）收入情况

2014年，基金子公司特定客户资产管理业务管理费收入快速增长，全年累计达43.09亿元，为2013年收入的4.3倍，少量子公司的收入已超越母公司收入。其中，固定管理费收入合计37.75亿元，计提的业绩报酬合计5.34亿元。基金子公司特定客户资产管理业务全年平均管理费率为0.2%，较2013年的0.1%有所上升，反映出基金子公司综合管理能力进一步提高。

第五章

私募投资基金

第一节　私募投资基金概览

截至2014年底，中国证券投资基金业协会已登记的私募投资基金管理人5 052家[①]。其中，私募证券投资基金管理人占比为29.1%，私募股权投资基金管理人占比为58.5%，私募创投基金管理人占比为9.4%，其他私募投资基金管理人占比为3.0%。

已备案基金7 514只。其中，私募证券投资基金占比达49.8%，私募股权投资基金占比为35.7%，私募创投和其他私募投资基金占比分别为9.2%和5.4%。

已备案各类私募投资基金认缴规模达20 506亿元。其中，私募证券投资基金占比为23.3%，股权投资基金规模占比达60.5%，创业投资基金和其他基金规模占比分别为6.8%和9.4%。

相关资料见图5－1。

---

① 私募基金管理人在登记时，应按照其主要管理的私募基金类型选择私募基金管理人类型，对于已登记为某类私募基金管理人可以同时管理其他类型私募基金。由于私募投资基金管理人登记和产品备案在持续进行中，《中国证券监督管理委员会年报》为2014年末节点数据，2014年末后10个工作日内私募机构进行了2014年第4季度数据更新，故本文报告的私募基金数据与《中国证券监督管理委员会年报》中使用的数据略有出入。

图 5-1　　2014 年末私募投资基金概况

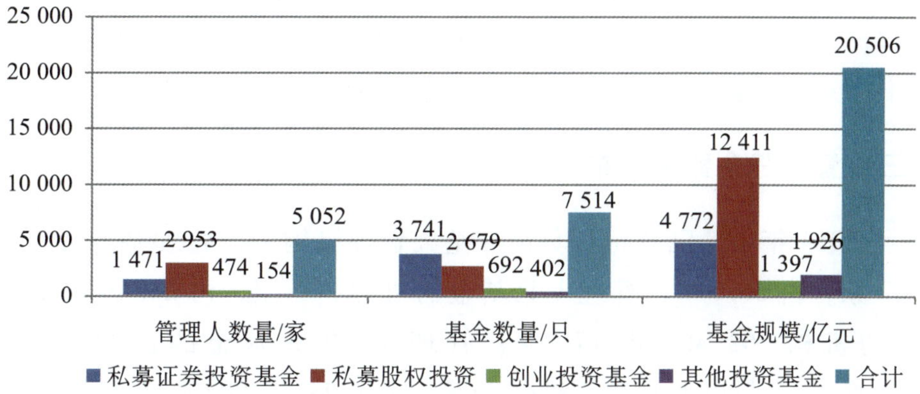

资料来源：中国证券投资基金业协会（AMAC）

第二节　私募证券投资基金

截至 2014 年末，在中国证券投资基金业协会登记在册的私募证券投资基金管理机构共 1 471 家，管理的各类别私募投资基金共 3 522 只，管理规模 4 881.8 亿元；其中，私募证券基金共 3 330 只，管理规模 3 969.9 亿元。从业人员达 24 359 人。私募证券基金管理机构、私募股权基金管理机构、私募创业基金管理机构合计管理的私募证券基金共 3 741 只，管理规模为 4 778.6 亿元。

一、机构概况

（一）股权性质

截至 2014 年末，已登记私募证券基金管理机构中，中资管理机构有 1 462家，占 99.4%；中外合资 4 家，占 0.2%；外商独资 5 家（全部为 QDLP 政策试点机构），占 0.4%。

（二）组织形式

按照我国相关法律，在境内设立的私募投资基金管理机构可以采取有限责任公司、股份有限公司、普通合伙企业、有限合伙企业等组织类型。

截至2014年末，已登记私募证券基金管理机构中，公司制基金管理机构1 333家，占90.6%。其中，有限责任公司1 211家，占82.3%；股份有限公司122家，占8.3%。合伙制基金管理机构共138家，占9.4%。其中，普通合伙企业14家，占1.0%；有限合伙企业124家，占8.4%。

（三）管理基金数量分布

截至2014年末，已登记私募证券基金管理机构中，管理基金数量为零的机构569家，占38.7%；管理1只基金的机构389家，占26.4%；管理2～3只基金的机构262家，占17.8%；管理4～9只基金的机构161家，占10.9%；管理10只以上基金的机构90家，占6.1%。在实际管理有基金的902家私募证券基金管理机构中，平均单个管理机构管理3.9只私募投资基金。

（四）管理基金规模分布

截至2014年末，管理规模在1亿元以下的私募证券基金管理机构1 052家，占71.5%；管理规模在1亿～10亿元之间的318家，占21.6%；管理规模在10亿～50亿元之间的82家，占比5.6%；管理规模在50亿～100亿元之间的11家，占比0.7%；管理规模100亿元以上的私募证券基金管理机构仅有8家，占比0.5%（见图5－2）。实际管理有基金的902家私募证券基金管理机构中，平均单个机构的管理规模为5.4亿元。

图5－2 2014年末按管理规模分类的证券基金管理机构数量分布

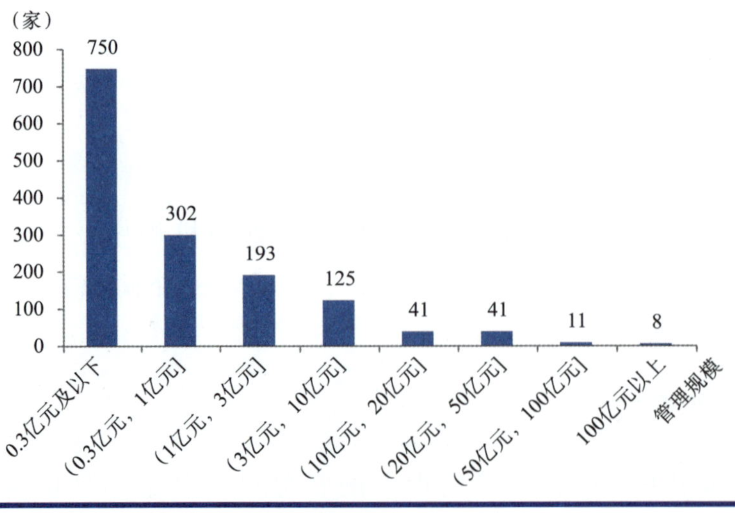

资料来源：中国证券投资基金业协会（AMAC）

（五）地区分布

全国共有32个省、市、自治区登记有私募证券基金管理机构，其中上海市、深圳市、北京市、广东省（除深圳市）、浙江省机构数量最多（见表5－1），数量占比分别为31.3%、19.4%、18.2%、5.8%、4.6%。

表5－1　2014年末私募证券基金管理机构地区分布（单位：家）

序号	地区	机构数量	序号	地区	机构数量	序号	地区	机构数量	序号	地区	机构数量
1	上海	461	10	大连	16	19	山东	8	28	贵州	2
2	深圳	286	11	湖南	15	20	重庆	8	29	青海	2
3	北京	268	12	福建	14	21	河北	7	30	吉林	1
4	广东	85	13	湖北	12	22	江西	7	31	海南	1
5	浙江	67	14	厦门	12	23	辽宁	6	32	云南	1
6	江苏	55	15	陕西	11	24	山西	5	33	内蒙古	0
7	天津	30	16	西藏	10	25	河南	4	34	甘肃	0
8	宁波	28	17	青岛	9	26	广西	4	35	宁夏	0
9	四川	25	18	安徽	8	27	黑龙江	3	36	新疆	0

注：（1）按中国证监会派出机构所在辖区划分各省市区。

（2）排名中如遇到两个以上排名相同的，按行政区划排列；下一名次相应跳过再接排。

资料来源：中国证券投资基金业协会（AMAC）

从管理规模看，排名前五位的是上海市、北京市、深圳市、广东省（除深圳市）、天津市，合计占私募证券基金管理机构管理总规模的85%。

表5－2　2014年末私募证券基金管理机构管理基金规模地区分布（单位：亿元）

序号	地区	规模	序号	地区	规模	序号	地区	规模	序号	地区	规模
1	上海	1 686	10	西藏	36	19	安徽	9	28	黑龙江	0
2	北京	1 268	11	福建	13	20	重庆	6	29	内蒙古	0
3	深圳	558	12	厦门	12	21	贵州	6	30	吉林	0
4	广东	366	13	湖北	12	22	江西	4	31	河南	0
5	天津	285	14	陕西	11	23	河北	4	32	云南	0
6	宁波	271	15	山西	10	24	山东	3	33	甘肃	0
7	四川	111	16	青岛	10	25	广西	2	34	青海	0
8	浙江	102	17	湖南	10	26	海南	1	35	新疆	0
9	江苏	78	18	大连	9	27	辽宁	1	36	宁夏	0

注：（1）按中国证监会派出机构所在辖区划分各省市区。

（2）排名中如遇到两个以上排名相同的，按行政区划排列；下一名次相应跳过再接排。

资料来源：中国证券投资基金业协会（AMAC）

（六）从业人员

截至2014年末，登记私募证券基金管理机构从业人员24 359人，平均每家管理机构从业人员约17人。

（七）专业化管理状况

截至2014年末，登记私募证券基金管理机构管理的基金中，私募证券基金共3 330只，基金规模3 969.9亿元，占比分别为94.5%和81.3%。私募证券基金的数量和规模占绝对比重，体现了私募证券基金管理机构鲜明的专业化管理特征（见图5－3）。

图5－3 2014年末私募证券基金管理机构专业化管理状况

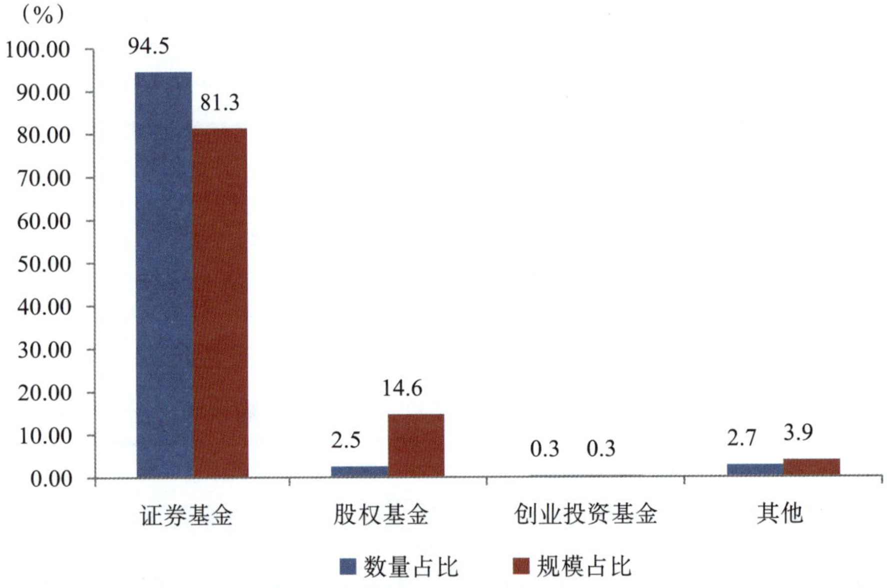

资料来源：中国证券投资基金业协会（AMAC）

需要说明的是，新《中华人民共和国证券投资基金法》（简称《证券投资基金法》）修订前，私募机构主要借助信托公司信托计划、证券公司资管计划、基金管理公司专户等通道，以投资咨询、投资顾问等名义，实际从事私募证券基金业务，俗称"阳光私募"。新《证券投资基金法》颁布后，私募证券基金管理机构有了合法地位，在基金业协会登记的管理机构可以自主发行契约型私募证券基金，无需借助其他金融机构通道。本书涉及的私募证券基金，既包括自主发行的私募证券基金，也包括以投资顾问身份管理的信托计划、券商资管计划、基金管理公司专户等产品。上述3 522只证券投资基金中，以投资顾问形式管理的基金 2 128 只，管理规模3 518.6亿元；自主发行的基金 1 202 只，管理规模 451.3 亿元。

二、运作状况

（一）组织形式

从组织形式看，截至 2014 年末，契约型私募证券基金的数量和资产规模分别为 3 505 只和 4 492 亿元，占比分别为 93.7% 和 94.0%；合伙型私募证券基金的数量和资产规模为 212 只和 246.1 亿元，占比分别为 5.7% 和 5.2%；公司型私募证券基金的数量和资产规模为 24 只和 40.3 亿元，占比分别为 0.6% 和 0.8%。

（二）管理模式

私募证券基金的管理模式包括自我管理、受托管理和顾问管理三类①。截至 2014 年末，自我管理型基金数量和资产规模占比仅为 1.0% 和 0.6%；受托管理的基金数量和资产规模占比分别为 36.8% 和 14.4%；顾问管理的基金数量和资产规模占比分别为 62.2% 和 85.0%。顾问管理基金数量和规模占比高，主要原因是由于大量存续的“阳光私募”尚未清盘。

（三）管理资产规模分布

整体来看，私募证券基金呈现“基金数量多，但平均规模小；小型基金数量占比高，大型基金数量占比低”的特点。截至 2014 年末，资产规模 1 亿元以下的基金 2 728 只，占 73%；总规模 801 亿元，占 17%。资产规模 1 亿 ~ 10 亿元的基金 928 只，占 25%；总规模 2 313 亿元，占比 49%。资产规模 10 亿 ~30 亿元的基金 73 只，占 2%；总规模 1 143 亿元，占比 24%。资产规模 30 亿元以上的基金 12 只，占 0.3%；总规模 520 亿元，占 11%（见图 5 -4）。

---

① 自我管理指公司型基金自聘管理团队管理基金资产；受托管理指委托基金管理人进行管理；顾问管理指私募证券基金管理人将全部或部分管理职能委托其他管理人管理，包括“阳光私募”。

图 5-4 2014 年末私募证券基金按资产规模分类的数量及资产分布

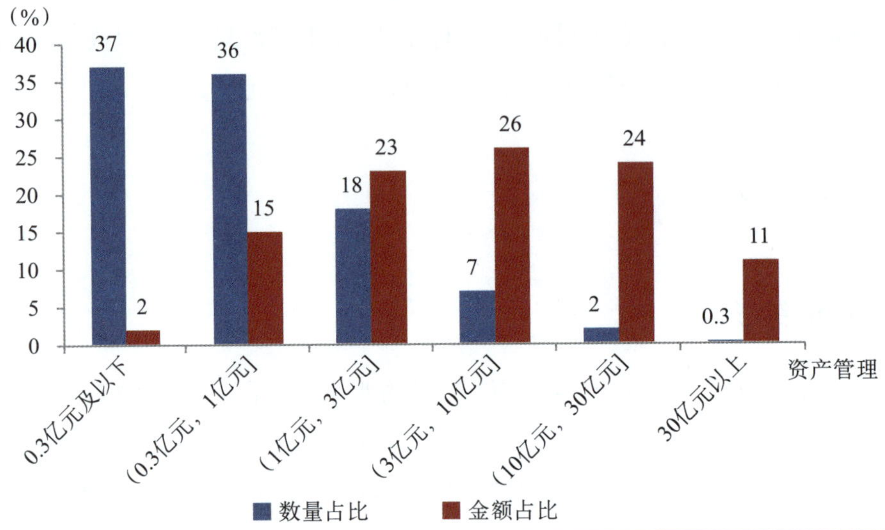

资料来源：中国证券投资基金业协会（AMAC）

三、投资者出资状况

中国证券投资基金业协会登记备案系统将私募投资基金的投资者类型划分为机构和自然人。其中，机构进一步分为公司、合伙企业、受监管的集合投资计划及其他机构。截至 2014 年末，备案私募证券基金投资者中，自然人投资者出资比例为 50.2%，公司类机构出资比例为 27%，合伙类机构出资比例为 4.5%，受监管的集合投资计划出资比例为 16.1%，其他机构出资比例为 2.2%。

四、投资状况

截至 2014 年末，自主发行的私募证券基金中，股票类基金规模 381 亿元，占 53%；债券类基金规模 15 亿元，占 2%；混合类基金规模 75 亿元，占 10%；基金的基金（FOF）规模 36 亿元，占 5%；对冲基金规模 108 亿元，占 15%；资产证券化基金 52 亿元，占 7%；衍生品基金 18 亿元，占 3%；多资产基金 7 亿元，占 1%；其他类别证券基金规模 24 亿元，占 3%。①

① 投资顾问型基金暂无此项统计。

第三节 私募股权投资基金

截至2014年末，已登记私募股权投资基金管理机构共2 953家，管理的各类型私募投资基金共3 043只，管理规模13 549.3亿元。其中，私募股权投资基金共2 679只，认缴资本规模12 411亿元，实缴资本规模8 150亿元。私募证券投资基金管理机构、私募股权投资基金管理机构、私募创业投资基金管理机构管理的全部私募股权投资基金共2 679只，认缴资本规模12 411.2亿元，实缴资本规模8 150.3亿元。从业人员达55 614人。

一、机构基本状况

（一）股权性质

截至2014年末，已登记私募股权基金管理机构中，中资管理机构共2 859家，占96.8%；中外合资46家，占1.6%；外商独资48家，占1.6%。

（二）组织形式

按照我国相关法律，在境内设立的私募投资基金管理机构可以采取有限责任公司、股份有限公司、普通合伙企业、有限合伙企业的组织类型。截至2014年末，已登记私募股权基金管理机构中，公司制基金管理机构共2 690家，占91.1%。其中，有限责任公司2 508家，占84.9%；股份有限公司182家，占6.2%。合伙制基金管理机构共254家，占8.6%。其中，普通合伙企业16家，占0.5%；有限合伙企业238家，占8.1%。个人独资企业共9家，占0.3%。从登记状况看，公司制私募股权基金管理机构数量占比最高，其中绝大部分采取有限责任公司。

（三）管理基金数量分布

截至2014年末，已登记的2 953家私募股权基金管理机构中，没有管理基金的机构 1 613 家，占 54.6%；管理 1 只基金的机构 843 家，占 28.5%；管理 2 ~3 只基金的机构 309 家，占 10.5%；管理 4 ~9 只基金的机构 151 家，占 5.1%；管理 10 只以上基金的管理机构 37 家，占 1.3%。在实际管理有基金的 1 340 家私募股权基金管理机构中，平均单个管理机构管理 2.3 只基金。

（四）管理基金规模分布

截至 2014 年末，管理规模在 1 亿元以下的 1 940 家，占 65.7%；管理规模在 1 亿 ~10 亿元之间的 747 家，占比 25.3%；管理规模在 10 亿 ~50 亿元之间的 210 家，占比 7.1%；管理规模在 50 亿 ~100 亿元之间的 35 家，占 1.2%；管理规模 100 亿元以上的管理机构 21 家，占比 0.7%（见图 5 –5）。实际管理有基金的 1 340 家私募股权基金管理机构中，平均单个机构管理规模 10.1 亿元。

图 5 –5 2014 年末按管理规模分类的股权基金管理机构数量结构

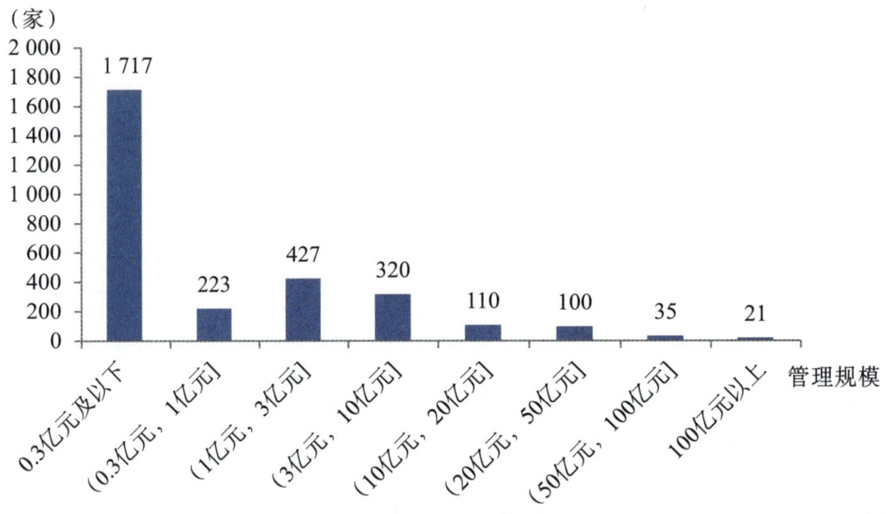

资料来源：中国证券投资基金业协会（AMAC）

（五）地区分布

从机构数量看，已登记私募股权基金管理机构主要集中在北京市、上海市、深圳市、天津市、四川省，合计占登记私募股权基金管理机构总数量的 67.5%（见表 5 –3）。

表 5－3　2014 年末私募股权基金管理机构地区分布状况　（单位：家）

序号	地区	机构数量	序号	地区	机构数量	序号	地区	机构数量	序号	地区	机构数量
1	北京	796	10	河北	48	19	厦门	28	28	贵州	10
2	上海	501	11	湖北	48	20	山西	22	29	辽宁	9
3	深圳	405	12	湖南	42	21	云南	21	30	大连	9
4	天津	169	13	山东	38	22	安徽	20	31	黑龙江	8
5	四川	121	14	新疆	34	23	青岛	20	32	海南	6
6	江苏	117	15	陕西	32	24	福建	17	33	内蒙古	5
7	重庆	112	16	吉林	29	25	江西	14	34	甘肃	4
8	浙江	103	17	河南	28	26	西藏	13	35	宁夏	3
9	广东	81	18	宁波	28	27	广西	10	36	青海	2

注：（1）按中国证监会派出机构所在辖区划分各省市区。

（2）排名中如遇到两个以上排名相同的，按行政区划排列；下一名次相应跳过再接排。

资料来源：中国证券投资基金业协会（AMAC）

从管理规模看，已登记股权基金管理机构管理基金规模主要集中在天津市、北京市、上海市、深圳市、江苏省，合计占登记私募股权基金管理机构管理总规模的 76.4%（见表 5－4）。

表 5－4　2014 年末私募股权基金管理机构管理规模地区分布状况　（单位：亿元）

序号	地区	规模	序号	地区	规模	序号	地区	规模	序号	地区	规模
1	天津	2 973.71	10	山东	264.54	19	广西	46.71	28	云南	9.15
2	北京	2 888.72	11	宁波	220.65	20	江西	46.26	29	内蒙古	6.04
3	上海	2 407.20	12	安徽	196.48	21	湖北	44.88	30	海南	4.70
4	深圳	1 331.28	13	西藏	173.60	22	厦门	34.51	31	宁夏	2.00
5	江苏	783.25	14	新疆	161.28	23	吉林	22.96	32	辽宁	0.91
6	广东	470.19	15	湖南	153.49	24	河南	20.55	33	大连	0.36
7	浙江	379.75	16	福建	124.15	25	山西	14.69	34	黑龙江	0.00
8	四川	330.26	17	陕西	74.74	26	河北	12.56	35	甘肃	0.00
9	重庆	290.18	18	青岛	48.90	27	贵州	10.65	36	青海	0.00

注：（1）按中国证监会派出机构所在辖区划分各省市区。

（2）排名中如遇到两个以上排名相同的，按行政区划排列；下一名次相应跳过再接排。

资料来源：中国证券投资基金业协会（AMAC）

（六）从业人员

截至2014年末，已登记私募股权基金管理机构从业人员55 614人，平均每家管理机构的从业人员近20人。

（七）专业化管理状况

截至2014年末，已登记私募股权基金管理机构管理的基金中，私募证券基金141只，基金规模225.2亿元，占比分别为4.6%和1.7%；私募股权基金2 410只，基金规模1.12万亿元，占比分别为79.3%和82.4%；创业投资基金194只，基金规模306.0亿元，占比分别为6.4%和2.3%；其他类型私募投资基金184只，规模为1 557.9亿元，占比分别为6.1%和11.5%（见图5-6）。此外，私募股权基金管理机构以投资顾问形式管理的私募投资基金共111只，管理规模301亿元，占比分别为3.7%和2.2%。在私募股权基金管理机构所管理的全部基金中，私募股权基金的数量和规模均占绝对比重，体现了该类机构的专业化管理特征。

图5-6　2014年末私募股权基金管理机构管理私募投资基金数量及资产分布

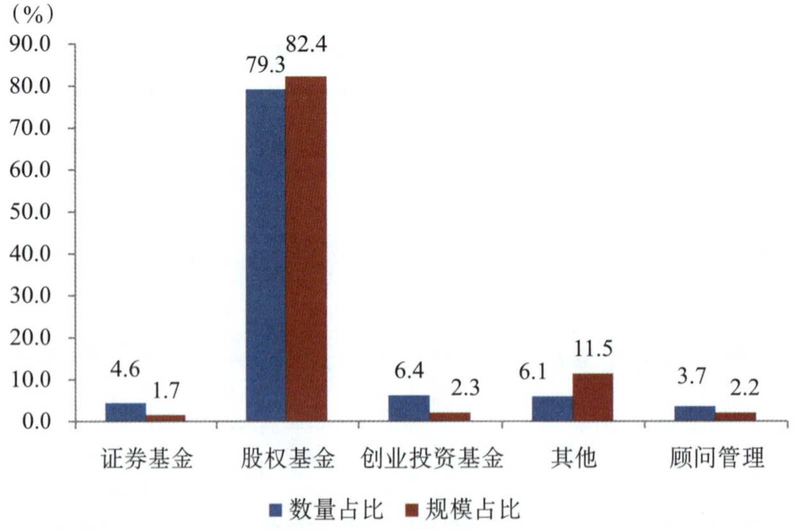

资料来源：中国证券投资基金业协会（AMAC）

二、基金运作状况

（一）基金组织形式

截至2014年末，契约型私募股权基金的数量和资产规模分别为152只和413.5亿元，占比分别为5.7%和3.3%；公司型私募股权基金的数量和资产规模分别为250只和1 639.7亿元，占比分别为9.3%和13.2%；合伙型私募股权基金的数量和资产规模分别为2 273只和10 348.4亿元，占比分别为84.8%和83.4%；其他类型私募股权基金（主要是合作制基金，新《公司法》实施后不再采用这种组织形式）的数量和资产规模分别为4只和9.6亿元，占比分别为0.1%和0.1%（见图5－7）。

图5－7　2014年末私募股权基金按组织形式分类的数量及资产分布

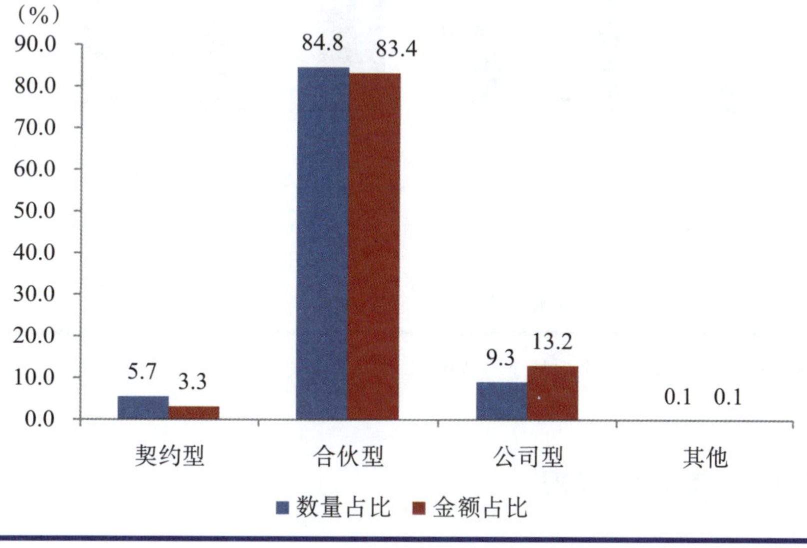

资料来源：中国证券投资基金业协会（AMAC）

（二）基金管理模式

截至2014年末，已备案私募股权基金中，自我管理型基金数量和资产规模占比分别为6.6%和4.0%；委托管理型基金数量和资产规模占比分别为93.4%和96.0%。

（三）基金规模分布

截至2014年末，资产规模在1亿元的882只，占32.9%；总规模372.4亿元，占3.0%。资产规模在1亿～10亿元之间的1 526只，占57.0%；总规模4 234.7亿元，占32.7%。资产规模10亿～30亿元的188只，占7.0%；总规模2 953.1亿元，占23.8%。资产规模30亿元以上的83只，占3.1%；总规模4 851.0亿元，占39.1%。

图5－8　2014年末私募股权基金按资产规模分类的数量及资产分布

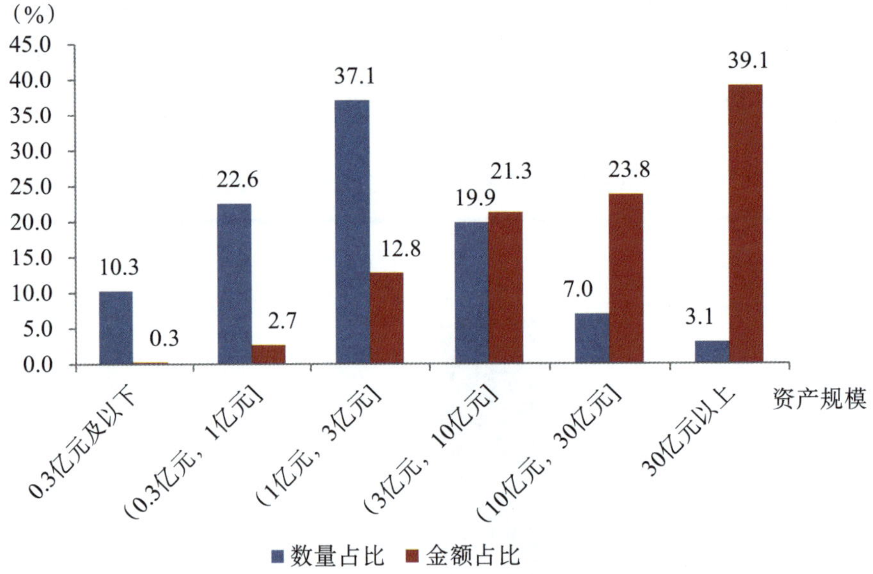

资料来源：中国证券投资基金业协会（AMAC）

三、投资者出资状况

截至2014年末，备案私募股权基金投资者中，自然人投资者出资比例为22.1%，公司类机构出资比例为53.8%，合伙类机构出资比例为13.0%，受监管的集合投资计划出资比例为7.0%，其他机构出资比例为4.1%。

四、投资状况

（一）投资案例数量和金额

截至2014年末，2 679只备案私募股权基金累计投资案例数5 025个，投资金额3 992亿元，投资金额占实缴资本规模的49.0%。

（二）投资类型

从投资类型看，成长基金1 355只，规模4 874亿元，数量和规模占比分别为46.2%和36.8%；并购基金81只，规模759亿元，占比分别为2.8%和5.7%；夹层基金74只，规模314亿元，占比分别为2.5%和2.4%；房地产基金456只，规模2 315亿元，占比分别为15.6%和17.5%；基础设施基金有85只，金额568亿元，占比分别为2.9%和4.3%；基金的基金（母基金）90只，规模690亿元，占比分别为3.1%和5.2%。作为典型私募股权基金的并购基金，目前国内还处于发展初期，备案数量和金额占比都很小。相关资料见图5－9和图5－10。

图5－9 2014年末私募股权基金按投资类型分类数量分布

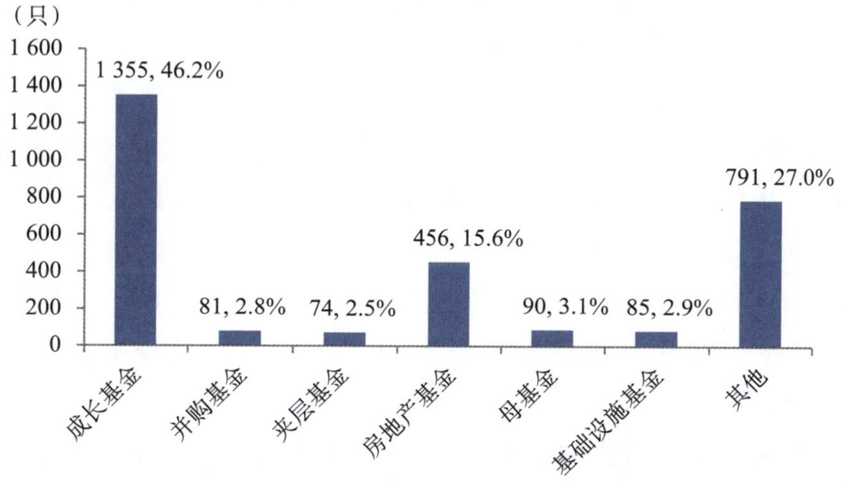

资料来源：中国证券投资基金业协会（AMAC）

图 5－10　2014 年末私募股权基金按投资类型分类规模分布

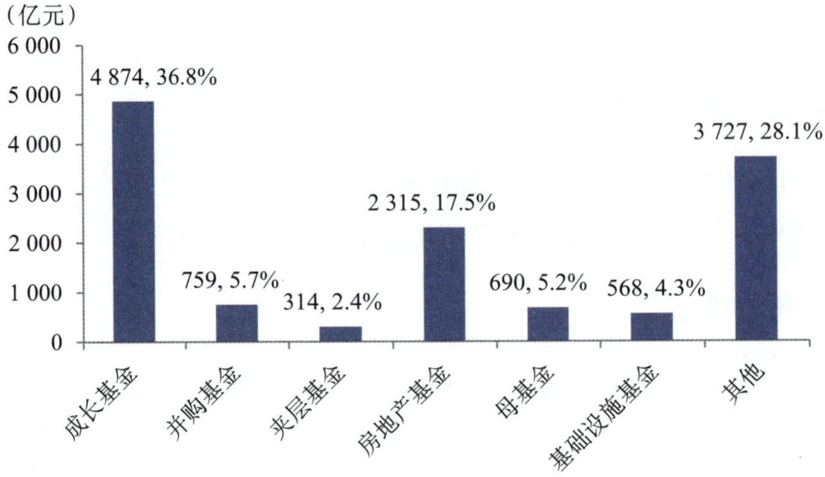

资料来源：中国证券投资基金业协会（AMAC）

（三）投资案例行业分布

成长基金和并购基金是最具代表性的股权投资基金。截至 2014 年末，已登记的成长基金和并购基金投资情况如下：

1. 成长基金。截至 2014 年末，按投资案例数量统计，成长基金前五大投资行业分别是制造业，信息传输、软件和信息技术服务业，农、林、牧、渔业，综合类，以及文化体育和娱乐业，投资案例余额 4 071 个，合计占总投资案例数的 68.4%（见图 5－11）。

按投资余额计，成长基金前五大投资行业分别是制造业，金融业，农、林、牧、渔业，房地产业，以及信息传输、软件和信息技术服务业，合计投资余额1 726亿元，占总投资金额的 59.7%（见图 5－12）。

2. 并购基金。截至 2014 年末，并购基金投资案例余额 80 个。前五大行业分别是制造业，信息传输、软件和信息技术服务业，采矿业，文化、体育和娱乐业，以及租赁和商务服务业，合计占总投资案例数的 52.5%（见图 5－13）。

截至 2014 年末，并购基金投资余额 184.3 亿元，前五大投资行业分别是制造业，交通运输、仓储和邮政业，金融业，信息传输、软件和信息技术服务业，以及文化、体育和娱乐业，合计占总投资金额的 71.1%（见图 5－14）。

图 5－11　2014 年末成长型基金分行业投资案例数量

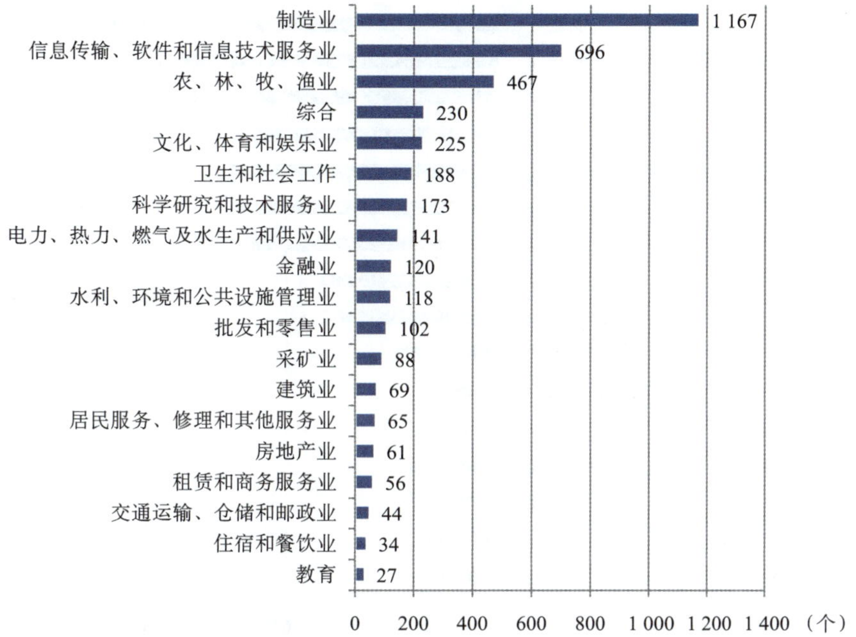

资料来源：中国证券投资基金业协会（AMAC）

图 5－12　2014 年末成长型基金分行业投资金额

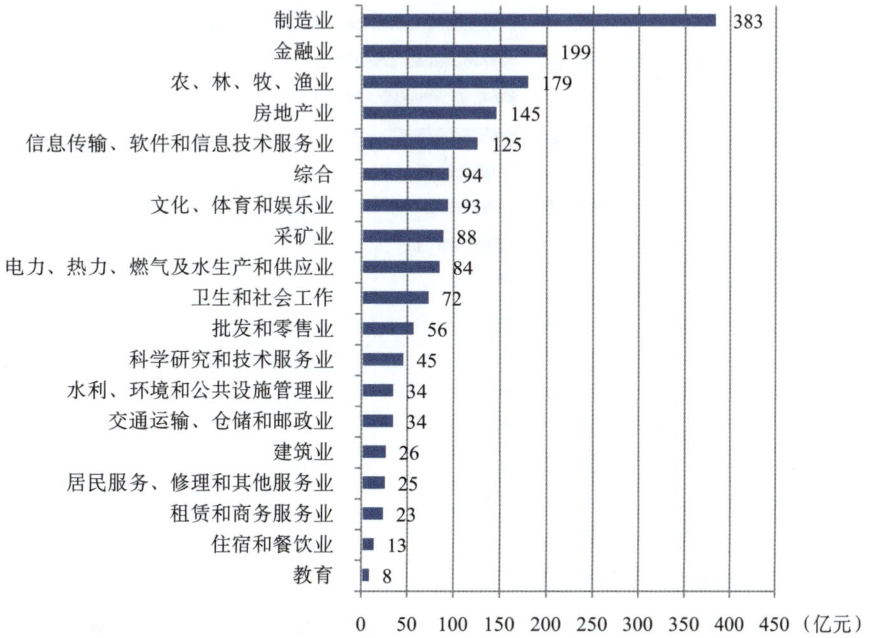

资料来源：中国证券投资基金业协会（AMAC）

图 5－13　2014 年末并购基金分行业投资案例数量

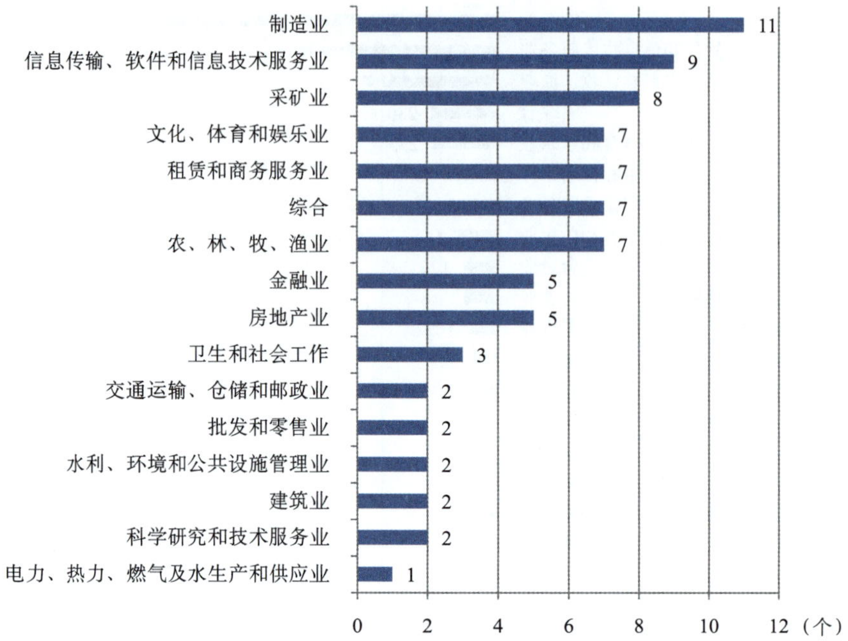

资料来源：中国证券投资基金业协会（AMAC）

图 5－14　2014 年末并购基金分行业投资金额

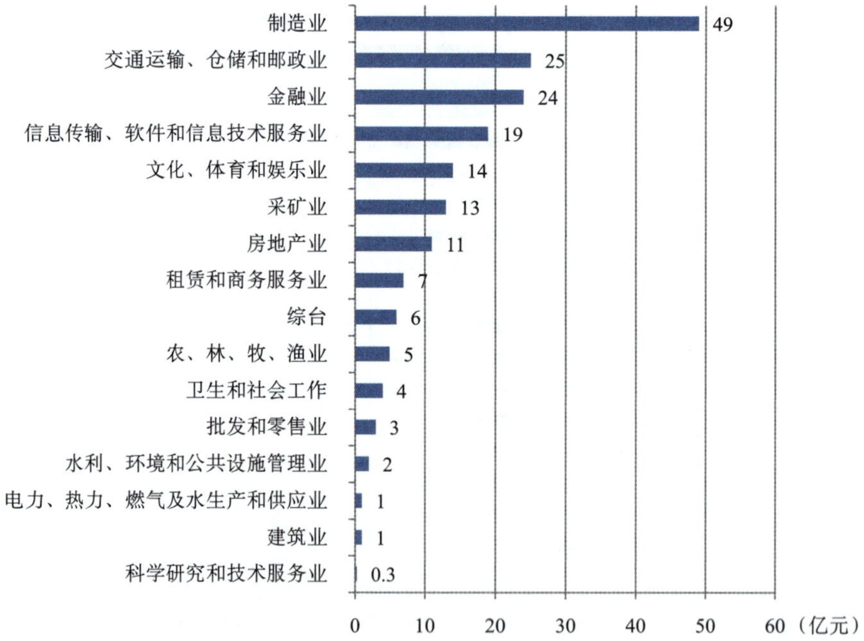

资料来源：中国证券投资基金业协会（AMAC）

（四）投资案例地区分布

截至2014年末，全国各地均获有私募股权投资。其中，北京市、上海市、广东省（除深圳市）、江苏省、浙江省位居前五位，合计占总投资案例数量的51.2%（见表5－5）。此外，私募股权投资基金境外投资项目20个。

表5－5　2014年末私募股权基金投资案例数量地区分布状况　（单位：个）

序号	地区	案例数量	序号	地区	案例数量	序号	地区	案例数量	序号	地区	案例数量
1	北京	766	10	天津	127	19	重庆	72	28	广西	27
2	上海	552	11	陕西	125	20	吉林	66	29	黑龙江	25
3	广东	446	12	湖北	124	21	辽宁	65	30	海南	24
4	江苏	422	13	湖南	124	22	内蒙古	57	31	宁波	24
5	浙江	364	14	安徽	101	23	江西	57	32	厦门	15
6	深圳	351	15	河南	100	24	山西	44	33	甘肃	13
7	山东	190	16	新疆	100	25	青岛	35	34	宁夏	9
8	四川	165	17	河北	90	26	贵州	34	35	青海	8
9	福建	128	18	云南	78	27	大连	29	36	西藏	2

注：（1）按中国证监会派出机构所在辖区划分各省市区。

（2）排名中如遇到两个以上排名相同的，按行政区划排列；下一名次相应跳过再接排。

资料来源：中国证券投资基金业协会（AMAC）

从投资金额看，截至2014年末，北京、上海、广东（除深圳）、江苏省、深圳市位居私募股权基金境内投资前五位，合计占总投资金额的47.8%。此外，境外投资项目20亿元（见表5－6）。

五、股本退出状况

私募股权基金退出方式包括上市股票转让、协议转让、被整体收购、被投企业回购和清算五种主要类型。截至2014年末，备案私募股权基金累计实现股本退出项目693个，累计实现股本退出金额791.5亿元。

从股本退出案例数量看，截至2014年末，上市股票转让退出173个，占25.0%；协议转让退出187个，占27.0%；被整体收购17个，占2.5%；被投企业回购退出250个，占36.1%；清算退出66个，占9.5%（见图5－15）。

表 5-6 2014 年末私募股权基金投资金额地区分布

（单位：亿元）

序号	地区	投资金额	序号	地区	投资金额	序号	地区	投资金额	序号	地区	投资金额
1	北京	586	10	福建	110	19	湖南	55	28	黑龙江	32
2	上海	463	11	河北	105	20	江西	53	29	海南	22
3	广东	330	12	陕西	103	21	山西	51	30	甘肃	20
4	江苏	237	13	山东	101	22	宁波	50	31	贵州	17
5	深圳	229	14	湖北	99	23	辽宁	48	32	广西	14
6	浙江	226	15	重庆	76	24	吉林	46	33	厦门	12
7	天津	184	16	云南	66	25	内蒙古	41	34	青海	8
8	四川	128	17	安徽	63	26	大连	40	35	宁夏	6
9	新疆	125	18	河南	56	27	青岛	34	36	西藏	1

注：（1）按中国证监会派出机构所在辖区划分各省市区。

（2）排名中如遇到两个以上排名相同的，按行政区划排列；下一名次相应跳过再接排。

资料来源：中国证券投资基金业协会（AMAC）

图 5-15 2014 年末私募股权基金股本退出案例分布

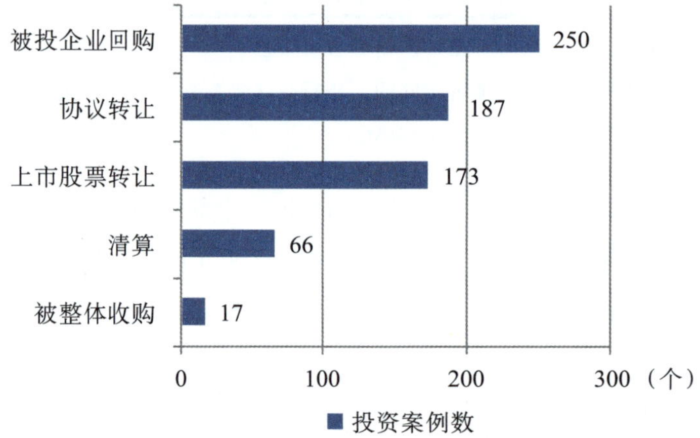

资料来源：中国证券投资基金业协会（AMAC）

从股本退出金额看，截至 2014 年末，上市股票转让退出 107.9 亿元，占 13.6%；协议转让退出 175.2 亿元，占 22.1%；被整体收购 14.0 亿元，占 1.8%；被投企业回购退出 363.9 亿元，占 46.0%；清算退出 130.6 亿元，占 16.5%（见图 5-16）。

图 5－16　　2014 年末私募股权基金股本退出金额分布

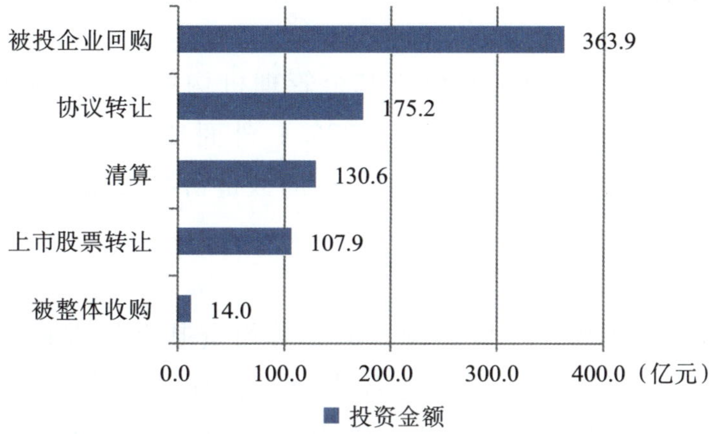

资料来源：中国证券投资基金业协会（AMAC）

第四节　私募创业投资基金

截至 2014 年末，在中国证券投资基金业协会登记在册的创业投资基金管理机构共 474 家，所管理的各类私募投资基金共 566 只，管理规模 1 393.6 亿元。在中国证券投资基金业协会备案在册的各类私募投资基金管理机构所管理的全部创业投资基金共 692 只，认缴资本规模 1 397.1 亿元，实缴资本规模 1 054.8 亿元。在创业投资基金管理机构就职的从业人员达 6 991 人。

一、机构概况

（一）管理基金数量和资产规模

截至 2014 年末，登记创业投资基金管理机构所管理的所有类型私募投资基金共566只[①]，备案创业投资基金管理规模达1 397.1亿元。

（二）股东性质

截至2014年末，登记创业投资基金管理机构中，中资管理机构共442家，占93.4%；中外合资6家，占1.27%；外商独资26家，占5.5%。从登记情况看，中资创业投资基金管理机构的数量占绝对比重。

（三）组织形式

按照我国相关法律，在境内设立的私募投资基金管理机构可以采取有限责任公司、股份有限公司、普通合伙企业、有限合伙企业的组织类型。截至2014年末，登记创业投资基金管理机构中，公司制基金管理机构共429家，占90.5%。其中，有限责任公司413家，占87.1%；股份有限公司16家，占3.4%。合伙制基金管理机构共45家，占9.3%，其中1家为普通合伙企业。从登记情况看，公司制创业投资基金管理机构数量占比最高，其中绝大部分是有限责任公司。

（四）单一机构管理基金数量分布

截至2014年末，登记创业投资基金管理机构中，没有管理基金的机构131家，占27.6%；管理1只基金的机构267家，占56.3%；管理2~3只基金的机构56家，占11.8%；管理4~9只基金的机构15家，占3.2%；管理10只以上基金的管理机构5家，占1.1%。在实际管理有基金的343家创业投资基金管理机构中，平均单个管理机构管理1.7只私募投资基金。

（五）单一机构管理基金规模分布

截至2014年末，管理规模在1亿元以下的185家，占39.0%；管理规模1亿~10亿元的263家，占55.5%；管理规模10亿~50亿元的26家，占5.5%；管理规模50亿~100亿元的0家；管理规模100亿元以上的管理

---

① 为促进专业化管理，便于有品牌的基金管理机构通过多元化管理形成规模效应，《私募投资基金监督管理暂行办法》一方面要求机构根据其主要管理的私募基金类型登记为相应的私募投资基金管理机构，另一方面未限制同一私募投资基金管理机构可以同时管理多种类型私募投资基金。为全面掌握私募证券基金管理人管理基金情况，本节统计分析了私募证券基金管理人所管理的所有类型私募投资基金。

机构0家（见图5－17）。实际管理有基金的343家创业投资基金管理机构中，平均单个机构管理规模3.9亿元。

图5－17　2014年末按管理规模分类的创业投资基金管理机构数量分布

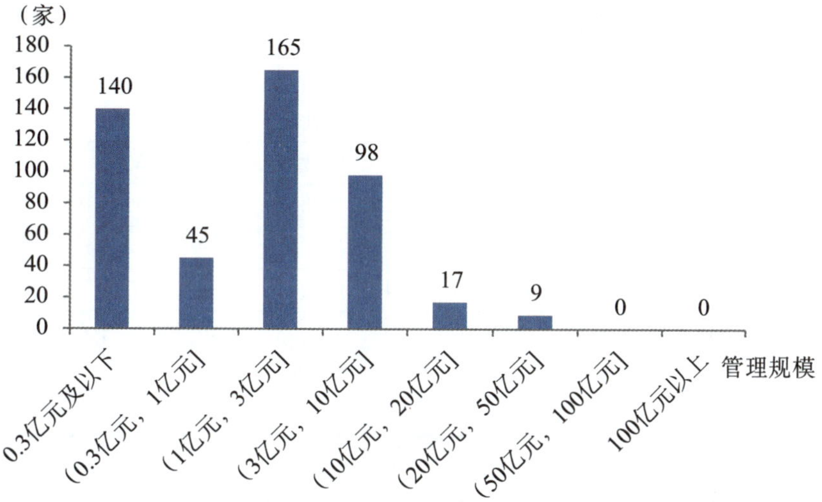

资料来源：中国证券投资基金业协会（AMAC）

（六）地区分布

登记创业投资基金管理机构主要集中在北京市、上海市、江苏省、深圳市、广东省，合计占登记创业投资基金管理机构总数的67.9%（见表5－7）。

表5－7　2014年末创业投资基金管理机构地区分布状况

（单位：家）

序号	地区	机构数量	序号	地区	机构数量	序号	地区	机构数量	序号	地区	机构数量
1	北京	87	10	陕西	13	19	贵州	5	28	黑龙江	1
2	上海	76	11	山西	12	20	河北	4	29	江西	1
3	江苏	69	12	四川	12	21	福建	4	30	广西	1
4	深圳	44	13	安徽	10	22	宁波	4	31	青海	1
5	广东	23	14	山东	10	23	云南	3	32	宁夏	1
6	浙江	23	15	重庆	7	24	西藏	2	33	吉林	0
7	天津	13	16	厦门	7	25	新疆	2	34	海南	0
8	湖北	13	17	青岛	6	26	内蒙古	1	35	甘肃	0
9	湖南	13	18	河南	5	27	辽宁	1	36	大连	0

注：（1）按中国证监会派出机构所在辖区划分各省市区。

（2）排名中如遇到两个以上排名相同的，按行政区划排列；下一名次相应跳过再接排。

资料来源：中国证券投资基金业协会（AMAC）

登记创业投资基金管理机构管理基金规模主要集中在江苏省、北京市、上海市、深圳市、浙江省，合计占登记创业投资基金管理机构管理总规模的68.3%（见表5-8）。

表5-8 2014年末创投基金管理机构管理规模地区分布状况 （单位：亿元）

序号	地区	规模	序号	地区	规模	序号	地区	规模	序号	地区	规模
1	江苏	264.57	10	安徽	39.98	19	山西	8.71	28	青海	1.00
2	北京	262.06	11	天津	30.84	20	河北	7.00	29	新疆	1.00
3	上海	243.97	12	山东	23.29	21	宁波	6.88	30	宁夏	0.75
4	深圳	112.22	13	重庆	23.08	22	贵州	5.91	31	内蒙古	0.11
5	浙江	69.03	14	福建	17.64	23	河南	4.69	32	吉林	0.00
6	四川	62.10	15	湖北	15.64	24	西藏	3.38	33	江西	0.00
7	广东	56.06	16	辽宁	15.00	25	云南	2.50	34	海南	0.00
8	湖南	47.97	17	陕西	14.08	26	黑龙江	1.71	35	甘肃	0.00
9	厦门	40.67	18	青岛	10.72	27	广西	1.00	36	大连	0.00

注：（1）按中国证监会派出机构所在辖区划分各省市区。

（2）排名中如遇到两个以上排名相同的，按行政区划排列；下一名次相应跳过再接排。

资料来源：中国证券投资基金业协会（AMAC）

（七）从业人员状况

截至2014年末，登记创业投资基金管理机构从业人员6 991人，平均每家管理机构的从业人员近15人。

（八）专业化管理状况

截至2014年末，登记创业投资基金管理机构管理基金中，私募证券基金11只，基金规模16.0亿元，占比分别为1.9%和1.1%；私募股权基金102只，基金规模205.3亿元，占比分别为18.0%和14.7%；创业投资基金438只，基金规模1003.7亿元，占比分别为77.4%和72.0%；其他类型私募投资基金10只，基金规模66.4亿元，占比分别为1.8%和4.8%。此外，创业投资基金管理机构以投资顾问形式管理的私募投资基金共5只，管理规模1.1亿元，占比分别为0.9%和0.1%。从统计情况看，创业投资基金的数量和规模均占绝对比重，体现出专业化管理特征。

二、运作状况

（一）数量与规模

截至2014年末，备案创业投资基金692只，认缴资本规模1 397.1亿元，实缴资本规模1 054.8亿元。

（二）组织形式

截至2014年末，契约型创业投资基金的备案数量和规模分别为23只和50.2亿元，占比分别为3.3%和3.6%；公司型创业投资基金的备案数量和规模分别为247只和507.6亿元，占比分别为35.7%和36.3%；合伙型创业投资基金的备案数量和规模分别为406只和782.5亿元，占比分别为58.7%和56.0%；其他类型基金（主要是合作制基金，新《中华人民共和国公司法》实施后不再采用这种组织形式）数量和资产规模分别为15只和60.3亿元，占比分别为2.3%和4.3%。

（三）管理模式

从创业投资基金投资运作实践看，目前创业投资基金的管理模式包括自我管理和委托管理。自我管理指基金自聘管理团队进行管理，委托管理模式指委托基金管理人进行管理。

截至2014年末，备案创业投资基金中，自我管理型基金数量和资产规模占比分别为8.7%和11.8%；委托管理型基金数量和资产规模占比分别为91.3%和88.2%。

（四）基金资产规模分布

截至2014年末，资产规模在1亿元的基金207只，占29.9%；总规模99.0亿元，占7.1%。资产规模在1亿~10亿元的基金475只，占68.7%；总规模1 120.2亿元，占80.2%。资产规模10亿~30亿元的基金8只，占1.2%；总规模106.8亿元，占7.7%。资产规模30亿元以上的基金2只，占0.3%；总规模71.1亿元，占5.1%。相关资料见图5-18。

图 5－18 2014 年末创业投资基金按资产规模分类的数量及规模分布

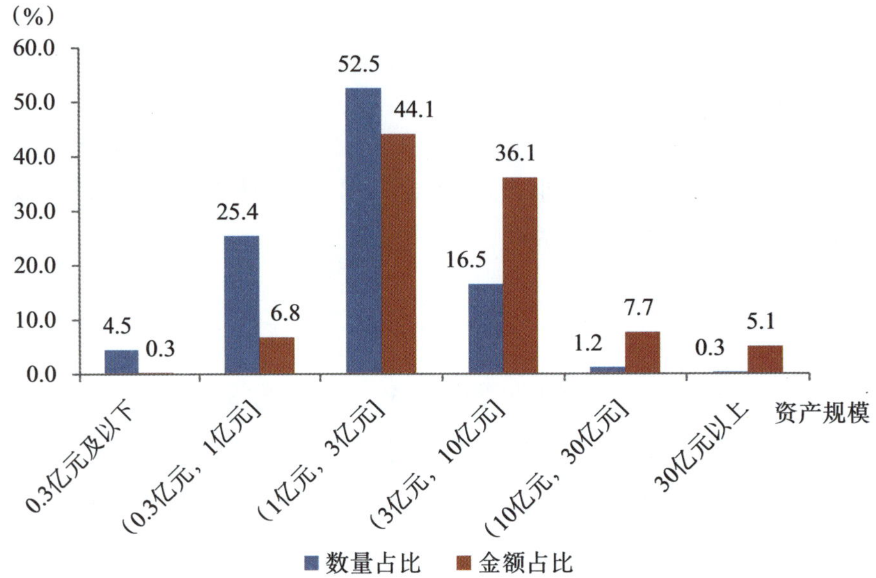

资料来源：中国证券投资基金业协会（AMAC）

三、投资者情况

为体现不同类型私募投资基金投资者类型，鼓励专业机构投资者投资于各类私募投资基金，中国证券投资基金业协会的登记备案系统将私募投资基金的投资者类型划分为机构和自然人。其中，机构进一步分为公司、合伙企业、受监管的集合投资计划及其他机构。

截至 2014 年末，创业投资基金投资者中，公司类机构出资比例为 49.1%，合伙类机构出资比例为 13.1%，其他机构出资比例为 8.3%，自然人投资者出资比例为 29.0%，受监管的集合投资计划出资比例为 0.6%。

四、投资情况

截至 2014 年末 692 只备案私募创业投资基金累计投资案例 2 572 个，投资金额 443.1 亿元，投资金额占实缴资本规模的 42.0%。

（一）投资案例的行业分布

从投资案例数量看，截至2014年末，创业投资基金投资的前五大行业分别为制造业，信息传输、软件和信息服务业，科学研究和技术服务业，农、林、牧、渔业，以及综合类，合计占投资案例总数的75.0%（见图5-19）。

从投资金额看，截至2014年末，创业投资基金投资的前五大行业为制造业，信息传输、软件和信息服务业，农、林、牧、渔业，科学研究和技术服务业，以及电力、热力、燃气及水生产和供应业，合计占总投资金额的72.0%（见图5-20）。

（二）投资案例的地区分布

从投资案例数量看，截至2014年末，除了西藏自治区之外的全国各地区均获得了创业投资基金投资。其中，投资案例数位居前五位的北京市、江苏省、上海市、浙江省、广东省（除深圳市），合计占投资案例总数的62.0%。此外，境外投资项目27个。

图5-19　2014年末创业投资基金分行业投资案例数量

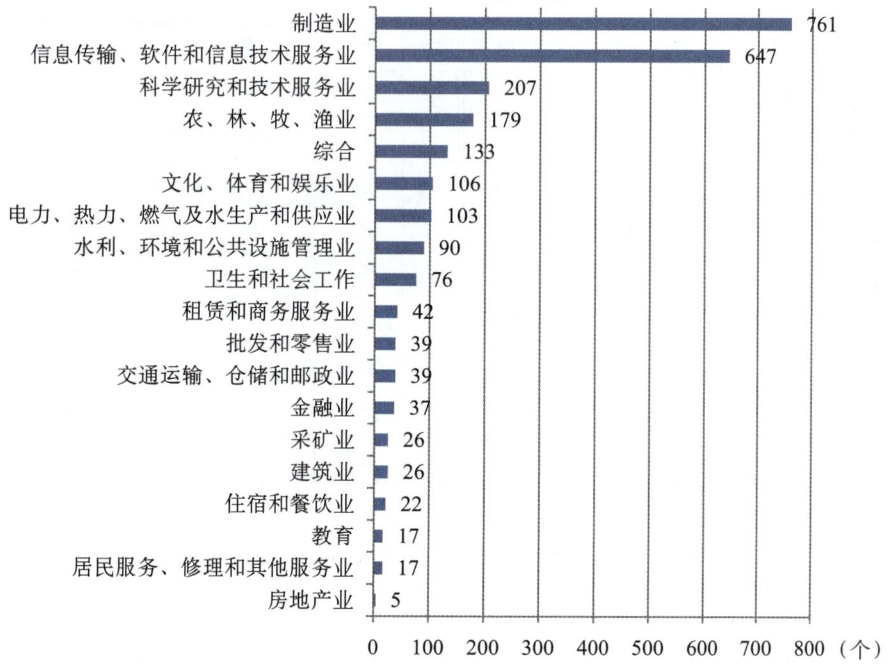

资料来源：中国证券投资基金业协会（AMAC）

图 5－20　2014 年末创业投资基金分行业投资金额分布

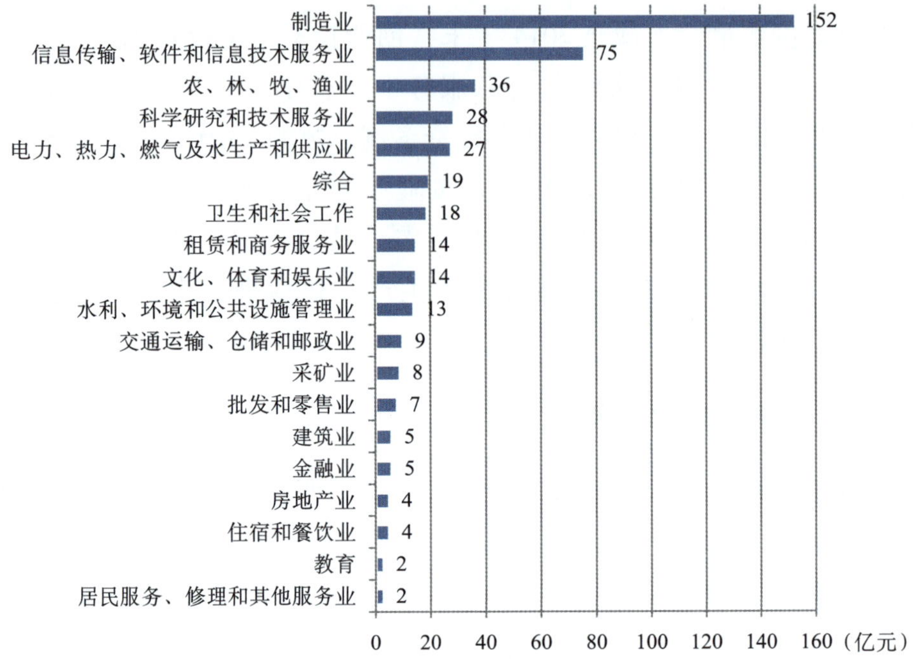

资料来源：中国证券投资基金业协会（AMAC）

表 5－8　2014 年末创业投资基金投资案例数量地区分布状况　（单位：个）

序号	地区	案例数量	序号	地区	案例数量	序号	地区	案例数量	序号	地区	案例数量
1	北京	467	10	重庆	59	19	厦门	24	28	云南	11
2	江苏	436	11	山东	56	20	青岛	24	29	内蒙古	10
3	上海	312	12	安徽	55	21	河南	22	30	吉林	9
4	浙江	209	13	福建	54	22	宁波	20	31	广西	8
5	广东	171	14	陕西	41	23	贵州	16	32	海南	7
6	深圳	120	15	天津	38	24	黑龙江	15	33	青海	6
7	湖南	96	16	辽宁	30	25	江西	14	34	宁夏	5
8	湖北	77	17	境外	27	26	河北	13	35	甘肃	4
9	四川	75	18	新疆	25	27	山西	12	36	大连	4

注：（1）按中国证监会派出机构所在辖区划分各省市区。

（2）排名中如遇到两个以上排名相同的，按行政区划排列；下一名次相应跳过再接排。

资料来源：中国证券投资基金业协会（AMAC）

从投资金额看，截至 2014 年末，前五位的是江苏省、北京市、上海市、浙江省、广东省（除深圳市），合计占总投资金额的 55.3%（见表 5－9）。此外，有境外投资项目5亿元。

表5－9　2014年末创业投资基金投资金额地区分布状况　（单位：亿元）

序号	地区	投资金额	序号	地区	投资金额	序号	地区	投资金额	序号	地区	投资金额
1	江苏	79	10	安徽	13	19	河南	5	28	宁波	3
2	北京	61	11	福建	13	20	厦门	5	29	内蒙古	2
3	上海	46	12	湖北	12	21	境外	5	30	海南	2
4	浙江	37	13	重庆	9	22	黑龙江	4	31	贵州	2
5	广东	22	14	甘肃	9	23	青岛	4	32	云南	2
6	湖南	21	15	辽宁	8	24	河北	3	33	吉林	1
7	四川	17	16	天津	7	25	山西	3	34	广西	1
8	山东	14	17	陕西	7	26	江西	3	35	宁夏	1
9	深圳	14	18	青海	6	27	新疆	3	36	大连	1

注：（1）按中国证监会派出机构所在辖区划分各省市区。

（2）排名中如遇到两个以上排名相同的，按行政区划排列；下一名次相应跳过再接排。

资料来源：中国证券投资基金业协会（AMAC）

五、股本退出情况

创业投资基金退出的方式包括上市股票转让、协议转让、被整体收购、被投企业回购和清算五种主要类型。截至2014年末，已备案创业投资基金累计实现股本退出252个，累计实现股本退出金额为51.4亿元。

截至2014年末，通过上市股票转让实现退出的案例90个，占35.7%；协议转让的76个，占30.2%；被整体收购的9个，占3.6%；被投企业回购的64个，占25.4%；清算的13个，占5.2%（见图5－21）。

截至2014年末，通过上市股票转让实现退出的金额20.6亿元，占40.2%；协议转让的12.1亿元，占23.6%；被整体收购的1.0亿元，占2.0%；被投企业回购的14.6元，占28.4%；清算的3.0亿元，占5.9%（见图5－22）。

图 5-21 2014 年末创业投资基金股本退出案例分布

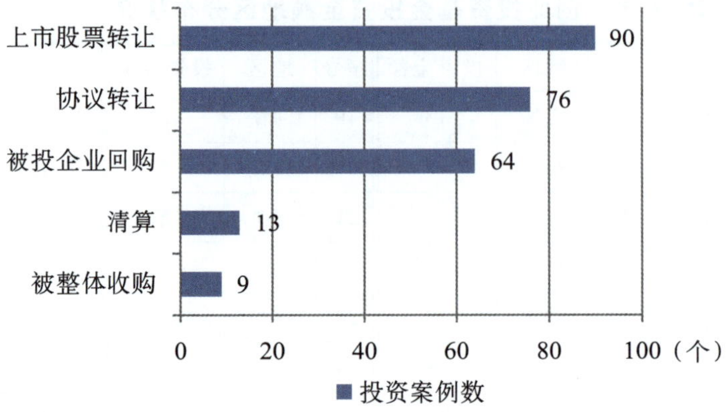

资料来源：中国证券投资基金业协会（AMAC）

图 5-22 2014 年末创业投资基金股本退出金额分布

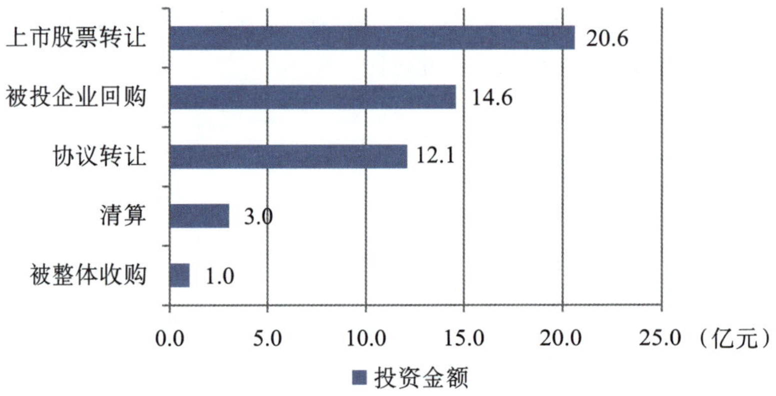

资料来源：中国证券投资基金业协会（AMAC）

第六章

证券公司资产管理业务

第一节　概　　述

截至2014年底，证券公司资产管理业务存续产品12 485只，管理资产规模7.95万亿元，较2013年底增加2.74万亿元，增长52.6%。受宏观经济下行压力加大、持续规范商业银行同业业务等因素影响，证券公司资管业务规模全年月均增长2 284亿元，较2013年下降17.2%（见图6－1）。2014年，监管机构推动监管转型，支持创新发展，明确底线要求，证券公司进一步加强主动管理能力建设，强化风险管理措施，资产管理业务总体运行平稳。

图6－1　　2014年证券公司资管业务规模月度增长情况

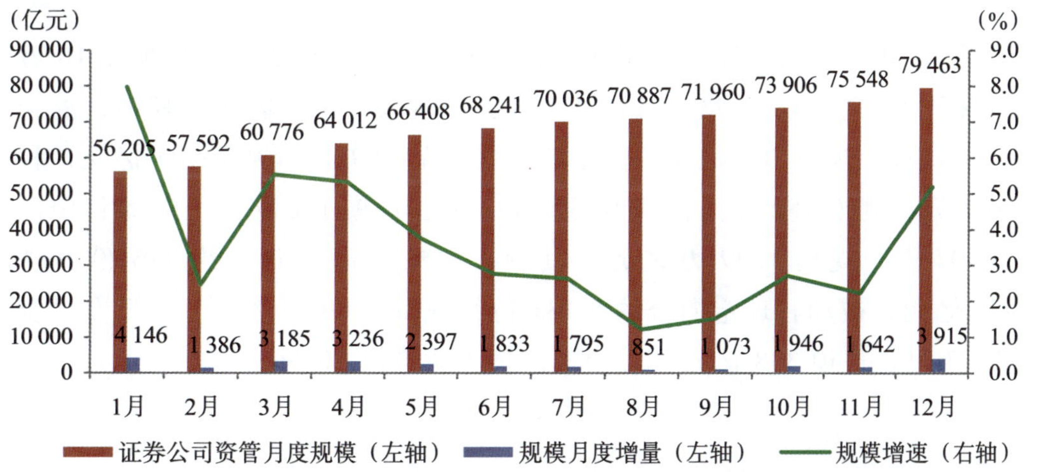

资料来源：中国证券投资基金业协会（AMAC）

从产品类型来看，集合计划方面，截至2014年底，存续产品2 139只，管理资产规模6 555亿元，较2013年增加2 986亿元，增长83.7%。其中，大集合计划498只，管理资产规模3 114亿元；小集合计划1 641只，管理资产规模3 441亿元。定向资产管理方面，截至2014年底，存续合约10 312份，资产规模7.25万亿元，较2013年增加2.42万亿元，增长50.1%。专项资管计划方面，截至2014年底，存续产品34只，资产规模366亿元，较2013年增加255亿元，增长2.3倍。

从管理方式来看，存续的主动管理产品3 398只，管理资产规模1.35万亿元，较2013年增加5 600亿元，增长70.9%。存续的通道产品9 087只，管理资产规模6.60万亿元，较2013年增加2.18万亿元，增长49.3%。

从投资标的来看，存续产品投向交易所、银行间市场的规模约1.48万亿元；其他投向各类非标资产，包括委托贷款1.64万亿元、信托贷款1.38万亿元、票据8 515亿元、资产收益权7 445亿元等。

第二节 运作情况

一、新设情况

截至2014年末，证券公司新设各类资管产品7 072只，规模2.18万亿元（见图6-2）。新设集合计划1 138只，规模1 591亿元。其中，混合类产品470只，规模709亿元；固定收益类产品389只，规模504亿元；权益类107只，规模182亿元；其他类型172只，规模196亿元。新签订定向合约5 907份，规模1.99万亿元。其中，主动管理定向合约776份，规模1 050亿元；被动管理定向合约5 131份，规模1.89万亿元。新设专项资管计划27只，规模338亿元，其中资产证券化产品20只。

图 6－2 2014 年 1～12 月资产管理计划月度新设情况

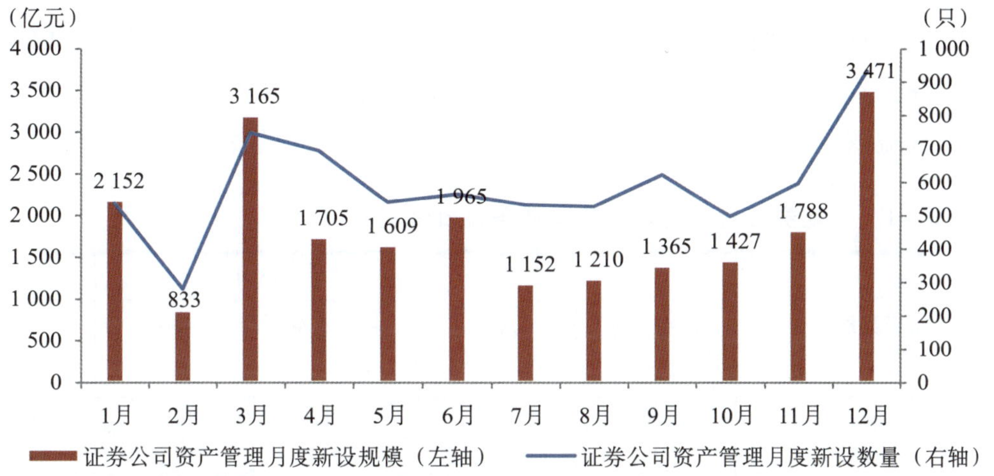

资料来源：中国证券投资基金业协会（AMAC）

二、投向情况

截至 2014 年底，集合计划主要投向债券、协议存款或定期存款、股票、信托计划、证券投资基金，分别占总投资规模的 31.0%、15.3%、14.6%、11.1% 和 9.7%。满足客户稳定收益需求的债券、协议存款等固定收益类资产依然是证券公司优先配置对象，占比较 2013 年有所增加。股票、基金投资占比同 2013 年基本持平（见图 6－3）。

图 6－3 2014 年末集合计划主要投资类型占比情况

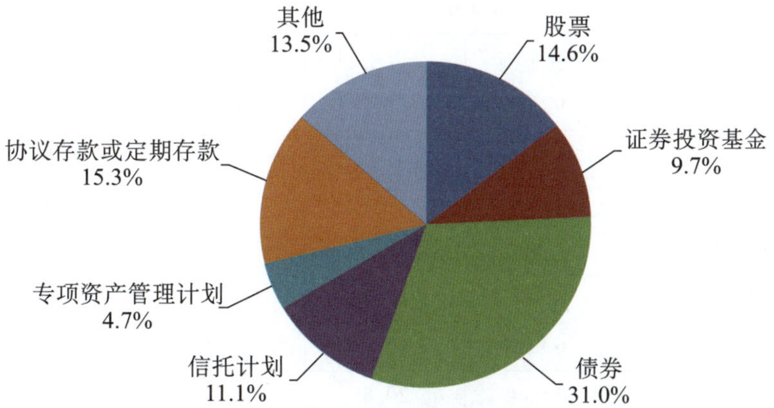

资料来源：中国证券投资基金业协会（AMAC）

主动管理定向业务投向结构较2013年没有明显改变，同样以债券市场、信托计划、股票市场为主，三者占比合计65.6%（见表6－1）；投资同业存款、汇票、现金等商业银行产品占比达17%，较2013年底增加7个百分点；投向证券投资基金、证券公司资产管理计划等同业机构产品的资金占3.9%；以资产收益权、私募股权、私募债等方式直接投向实体经济的资金占1.7%。

表6－1 证券公司主动管理定向业务投资情况

投资类别	2014年底		2013年底		增长率（%）
	投资金额（亿元）	占比（%）	投资金额（亿元）	占比（%）	
债券	2 668	34.8	2 243	48.4	18.9
信托计划	1 232	16.1	711	15.3	73.3
股票	1 129	14.7	616	13.3	83.3
同业存款	1 115	14.5	216	4.7	416.2
其他	1 524	19.9	849	18.3	79.5

资料来源：中国证券投资基金业协会（AMAC）

截至2014年底，被动管理定向业务投向委托贷款的规模达到1.64万亿元，占比24.4%，较2013年增长75.4%；投向信托贷款规模达到1.38万亿元，占比20.6%，较2013年增长27.3%。从最终投向看，被动管理定向业务主要投向一般工商企业、房地产、基础产业及地方融资平台，截至2014年底，投资规模分别为1.2万亿元、8 970亿元、6 515亿元及4 999亿元。

表6－2 证券公司通道业务投资情况

投资类别	2014年底		2013年底		增长率（%）
	投资金额（亿元）	占比（%）	投资金额（亿元）	占比（%）	
信托贷款	13 840	20.6	10 874	24.9	27.3
银行委托贷款	16 395	24.4	9 347	21.4	75.4
资产收益权	7 444	11.1	5 766	13.2	29.1
票据	8 514	12.7	5 726	13.1	48.7
证券投资	6 953	10.4	3 110	7.1	123.6
其他	13 939	20.8	8 896	20.3	56.7

资料来源：中国证券投资基金业协会（AMAC）

三、集中度情况

2014 年，证券公司资产管理业务集中度小幅上升，排名前十的证券公司资产管理业务规模合计占资产管理业务总规模的 45.4%，前二十的证券公司占比为 67.6%，较 2013 年分别增加了 2 个百分点、5 个百分点。

四、投资者情况

截至 2014 年底，持有证券公司集合计划份额的个人投资者共计 171 万户，机构投资者 8 966 户。其中，个人投资者委托资产规模为 4 189 亿元，占集合计划资产规模的 63.9%；机构投资者委托资产规模为 2 366 亿元，占集合计划资产规模的 36.1%。2014 年，机构投资者委托规模占比渐次上升。

截至 2014 年底，持有定向资产管理计划的投资者总量 9 573 户。其中，个人投资者 739 户，委托规模 145 亿元，占定向资产管理计划资产规模 0.2%；机构投资者 7 891 户，委托规模 7.24 万亿元，占定向资产管理计划资产规模 99.8%。定向资产管理计划投资者中，银行和信托公司合计 6 491 户，委托规模 6.75 万亿元，占定向资产管理计划资产规模 93%。

第七章

国际业务

第一节　国际业务概况

为更好地了解行业国际业务现状，中国证券投资基金业协会于2014年底向公募基金管理人发放了国际业务调查问卷。19家基金管理公司反馈了国际业务数据，占已开展合格境内机构投资者（QDII）业务的基金管理公司数量的61.3%。QDII业务调查规模为450.54亿元，占实际QDII业务总规模的90.9%，大体反映出行业整体情况。

调查问卷将国际业务分为以下类型：资产管理、境外销售、经纪业务、投资顾问业务、其他。其中，资产管理项下又分为QDII业务和人民币合格境外机构投资者（RQFII）业务。此外，按管理资产币种（人民币、美元、欧元、港币、日元、其他）、地区等不同角度对资产管理业务进行了分类统计。

一、按业务类型

问卷调查结果显示（见图7－1），全行业资产管理业务占比达70.8%，与2013年末相比下降了10个百分点；投资顾问业务占比达29.2%，比2013年提高了10.5个百分点，投资顾问业务中90%以上为合格境外机构投资者（QFII）投资顾问业务。

图 7－1 2014 年末基金管理公司国际业务构成

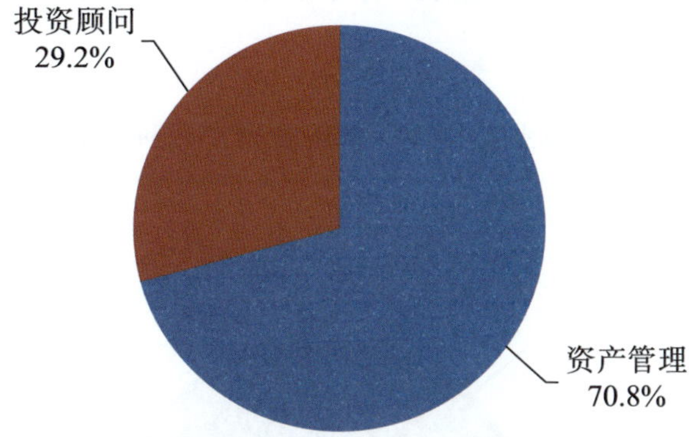

资料来源：中国证券投资基金业协会（AMAC）

在资产管理业务构成中，QDII 业务占比 30.4%，较 2013 年下降了 9.0 个百分点；（RQFII）业务占比 47.5%，较 2013 年上升 2.8 个百分点；其他境外业务占比 22.1%（见图 7－2）。其他境外资产管理业务已占有一席之地，少数基金管理公司已经展现出境外资产管理的能力和国际竞争力。

图 7－2 2014 年末基金管理公司资产管理类国际业务构成

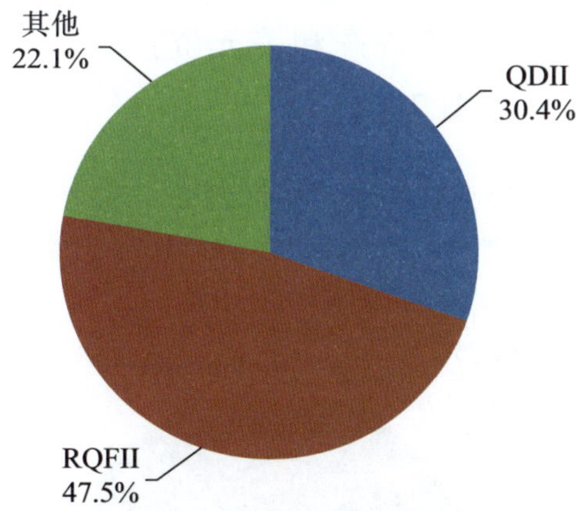

资料来源：中国证券投资基金业协会（AMAC）

二、按资产币种

从募集端分币种看 2014 年末，跨境人民币资产占比达 69.4%，是跨境资产管理业务的主要币种；美元资产约占 14.3%，港币资产约占 9.2%（见

图 7－3）。与 2013 年相比，变化最大的是欧元资产，占比从 1% 以下上升至 7.1%，表明基金管理公司跨境业务有了新突破。日元和其他币种资产较少，占比在 1% 以下。

图 7－3 2014 年末国际业务构成：按管理资产币种（募集端）

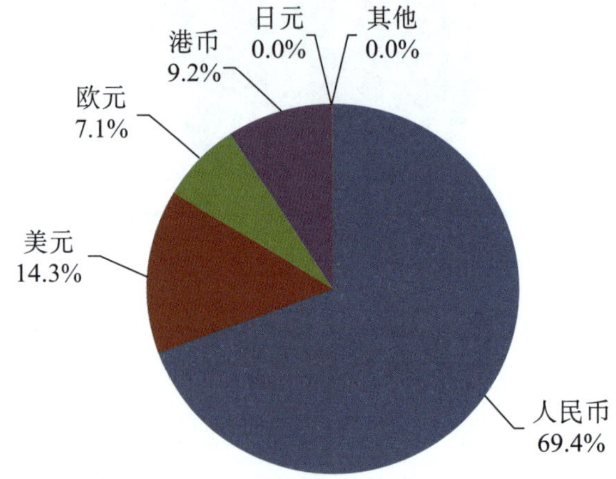

资料来源：中国证券投资基金业协会（AMAC）

从投资标的端分币种看 2014 年末，以人民币资产为投资标的的国际业务占比达 77.2%；其次是港币资产和美元资产，分别占 10.2% 和 10.1%；欧元资产占比为 0.7%（见图 7－4）。

图 7－4 2014 年末国际业务构成：按管理资产币种（投资标的端）

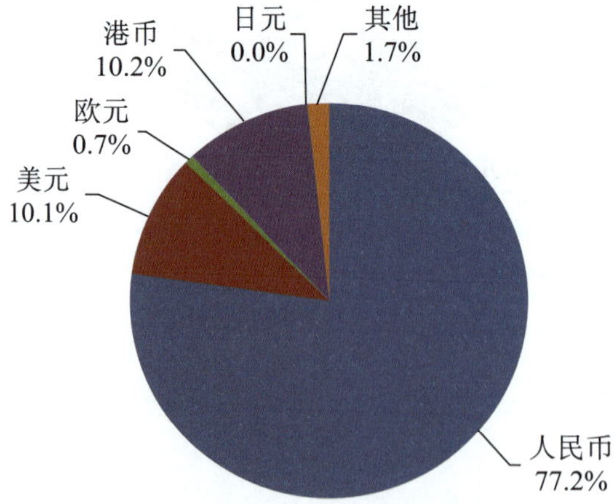

资料来源：中国证券投资基金业协会（AMAC）

第二节　QDII 基金

一、整体情况

2014 年，共有 31 家基金管理公司运作 QDII 基金，与 2013 年持平，合计规模为 495.54 亿元，与 2013 年末相比下降了 15.7%。其中，华夏基金 QDII 基金规模达 107.37 亿元，在总规模中占比最高，达 21.7%；紧随其后的分别是南方基金和嘉实基金，QDII 基金规模分别为 98.41 亿元和 93.11 亿元，占比分别为 19.9%、18.8%（见图 7－5）。

图 7－5　2014 年末 QDII 基金规模占比

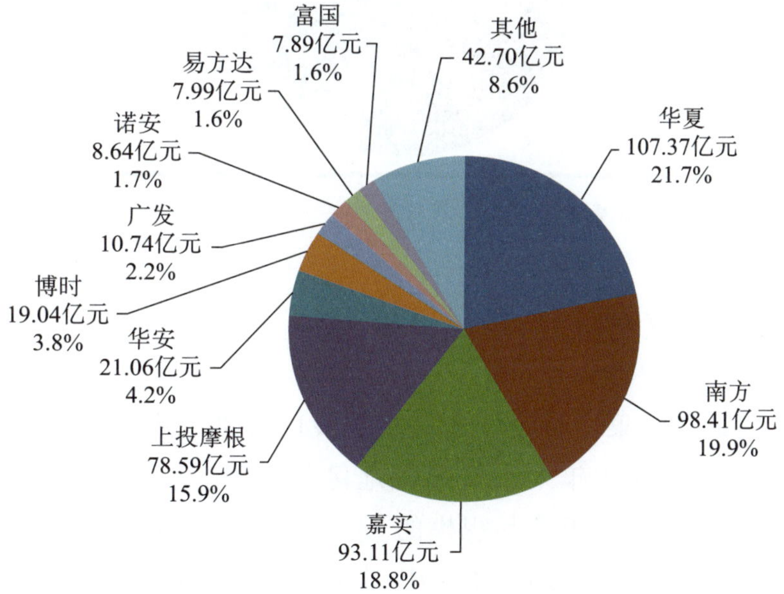

资料来源：中国证券投资基金业协会（AMAC）

二、产品结构

根据问卷调查结果，2014年末，在QDII基金产品中，专户规模占比达51.8%，是QDII发展的重点。公募股票型QDII基金占比为40.4%，公募FOF规模占比为3.4%，公募债券型基金规模占比2.8%，其他公募FOF占比合计不足2%（见图7-6）。

图7-6 2014年末QDII基金产品结构

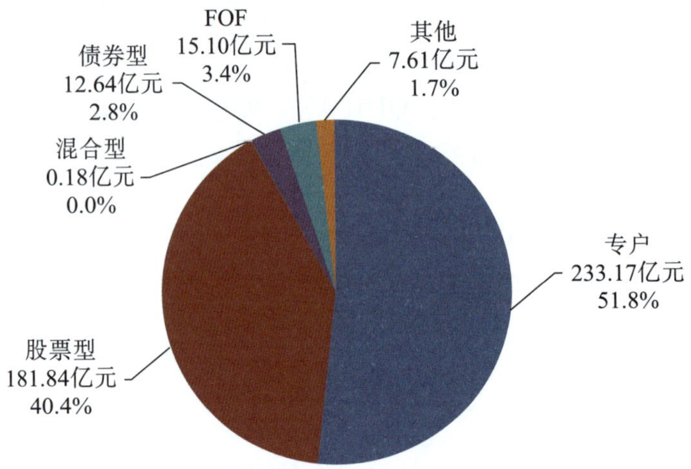

资料来源：中国证券投资基金业协会（AMAC）

三、投资地区分布

根据问卷调查结果，从投资地区看，我国香港历来是QDII基金产品最主要的投资地区。2014年末，投向该地区的QDII基金产品规模为276.34亿元，占全部QDII股权类产品规模的63.3%，与2013年末相比提高3.9个百分点。投向北美、亚太地区的QDII基金产品规模位列第二和第三，占比分别为18.9%、9.9%，与2013年末相比有所下降。投向欧洲的规模占比6.6%，与2013年末相比上升了4.7个百分点（见图7-7）。

图 7 -7　2014 年末 QDII 基金投资地区分布

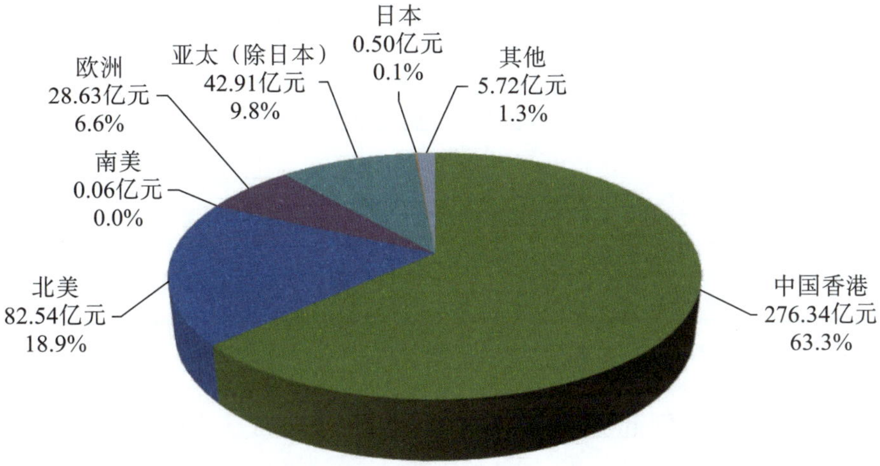

资料来源：中国证券投资基金业协会（AMAC）

第三节　QFII、RQFII

一、QFII 情况

（一）获批情况

2014 年，外汇管理局共批准 103 家 QFII（含追加、调减额度机构）境内证券投资额度 172.22 亿美元，较上年增长 40%，额度获批机构增至 261 家；25 家境外机构获批 QFII 资格，资格获批机构增至 274 家（见表 7 -1）。

（二）机构类型与投资情况

从机构类型看，基金管理公司数量在全部 QFII 中占比达到 60%（见图 7 -8）。从资产配置看，QFII 资产配仍偏好股票资产。由于 2014 年下半年境内 A 股市场出现持续上涨，且 QFII 进出股票市场相比银行间债券市场更为便利，因此 QFII 继续保持较高的股票投资比例。截至 2014 年末，QFII 总

表 7 – 1　2010 ~ 2014 年 QFII 获批情况

年份	QFII 获批额度（亿美元）		QFII 机构数量（家）	
	累计	当年新增	累计	当年新增
2010	197.20	30.50	105	13
2011	211.40	14.20	134	29
2012	374.43	163.00	206	72
2013	497.01	122.57	251	45
2014	669.23	172.22	274	25

资料来源：中国证券投资基金业协会（AMAC）

资产中股票资产的比例超过七成，债券类约占一成，银行存款、基金及其他类合计约占两成。

图 7 – 8　2014 年末 QFII 机构类型结构

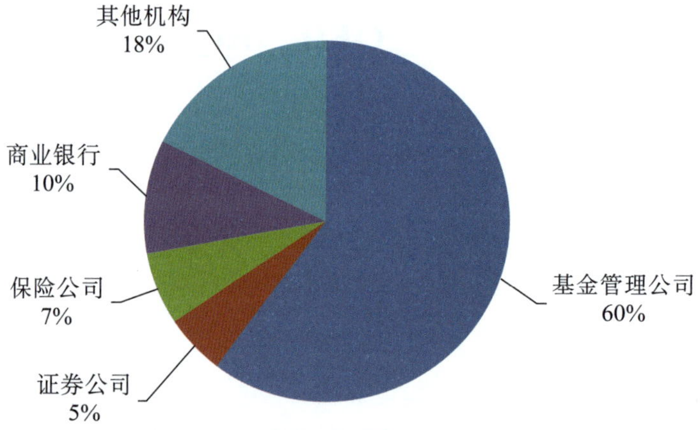

资料来源：中国证券投资基金业协会（AMAC）

（三）地区分布

从地区分布看，QFII 主要来自亚洲，机构数量占总数比重达到 54.7%；来自欧洲、北美的 QFII 数量位居第二和第三，占比分别达到 23.0%、20.8%；澳洲和非洲没有新增机构（见表 7 – 2）。

从额度审批看，来自亚洲的机构获批额度最多，占比达到 58.8%；来自欧洲、北美的机构获批额度占比分别为 23.4%、15.7%（见图 7 – 9）。

表 7－2　QFII 机构数量及获批额度分布

年份	获批额度（亿美元）					机构数量（家）				
	亚洲	欧洲	北美	澳洲	非洲	亚洲	欧洲	北美	澳洲	非洲
2010	74.45	84.65	33.6	4.5	0	46	37	21	2	0
2011	85.95	91.35	34.6	4.5	0	60	44	29	2	0
2012	181.78	125.05	58.6	8.5	0.5	103	56	44	3	1
2013	268.27	144.44	75.3	8.5	0.5	139	60	48	3	1
2014	393.59	156.84	105.3	12.0	1.5	150	63	57	3	1

资料来源：中国证券投资基金业协会（AMAC）

图 7－9　2014 年末 QFII 机构数量及获批额度地区分布

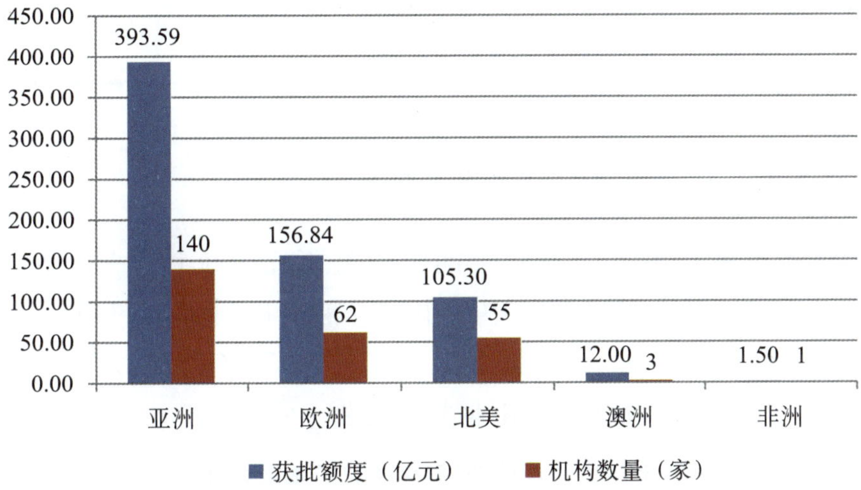

资料来源：中国证券投资基金业协会（AMAC）

二、RQFII 情况

（一）试点扩展

RQFII 制度自 2011 年底推出以来，为境外投资者以人民币资金投资境内资本市场开辟了新渠道，对推动人民币离岸市场发展、扩大资本市场对外开放发挥了积极作用。2014 年，RQFII 试点进一步扩大到法国、韩国、德国、卡塔尔、加拿大、澳大利亚等 10 个国家及地区，可投资额度达 8 700 亿元。

（二）获批情况

2014年，外汇管理局将RQFII有关投资额度调剂、资金延期汇入等由审批改为备案管理，进一步便利RQFII操作，促进投资额度有效使用。当年，共批准118家RQFII机构（含追加、调减额度机构）境内证券投资额度1 422亿元，较上年增长57%，累计审批额度2 997亿元（见表7－3）。

表7－3　2010～2014年RQFII获批情况

年份	RQFII获批额度（亿元）		RQFII机构数量（含追加额度机构，家）	
	累计	当年新增	累计	当年新增
2011	200	200	21	21
2012	670	470	28	7
2013	1 575	905	52	24
2014	2 997	1 422	118	56

资料来源：中国证券投资基金业协会（AMAC）

（三）基金管理公司RQFII业务开展情况

根据中国证券投资基金业协会问卷调查不完全统计结果，2014年末，基金管理公司RQFII业务主要集中在中国香港，达到593.43亿元，占比达80.9%。其次是北美、欧洲分别占比11.7%和7.2%，亚太（除日本外）占比0.3%，其他地区没有RQFII业务（见图7－10）。

图7－10　2014年末基金管理公司RQFII业务地区分布

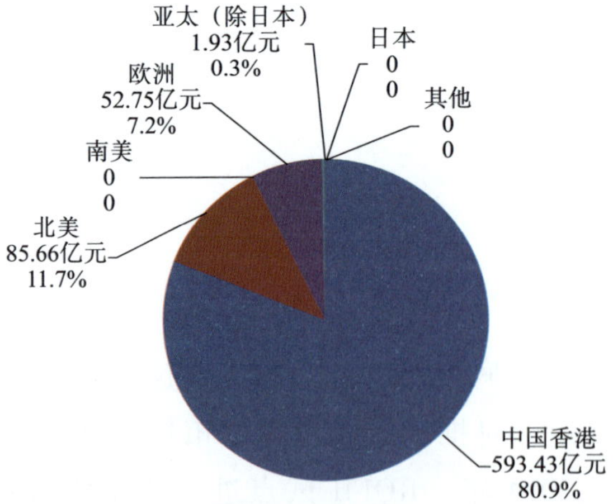

资料来源：中国证券投资基金业协会国际业务调查

第四节　国际业务从业人员情况

根据问卷调查不完全统计，截至2014年底，基金管理公司境外业务从业人员数约233人，其中230人在中国香港，亚太地区（除日本外）从业人员为2人，北美为1人。

第八章

基金和基金管理公司财务

第一节 基金费率

一、不同产品类型基金各项费率

不同产品类型基金除赎回费率、销售服务费率略有上升外，其余类型费率均趋于稳定（见图 8-1）。

（一）管理费率

从管理费率方面看，股票型、积极股票型和货币市场型基金平均管理费率稳定，分别为 1.14%、1.50% 和 0.30%，与 2013 年持平；指数型基金平均管理费率略有上升，平均为 0.78 费，较 2013 年上升 0.01 个百分点；债券型、混合型、QDII 基金平均管理费率分别为 0.65%、1.40% 和 1.30%，较 2013 年分别下降 0.01、0.02 和 0.05 个百分点。

具体来看，受益于 2014 年债券市场向好，新发纯债基金较多，占债券型基金发行总量的六成以上。由于纯债基金和理财债券型基金的管理费水平相对一级债券型基金和二级债券型基金较低，因此债券型基金管理费整体水平有所下降。QDII 基金费率下降主要受新设基金费率较低影响。2014 年共设立 11 只 QDII 基金（分级基金分开统计），其中添富恒生基金管理费最高，1.2%，低于 2013 年新设 QDII 基金管理费率的平均水平，南方恒生

图 8－1　各类型基金平均管理费率

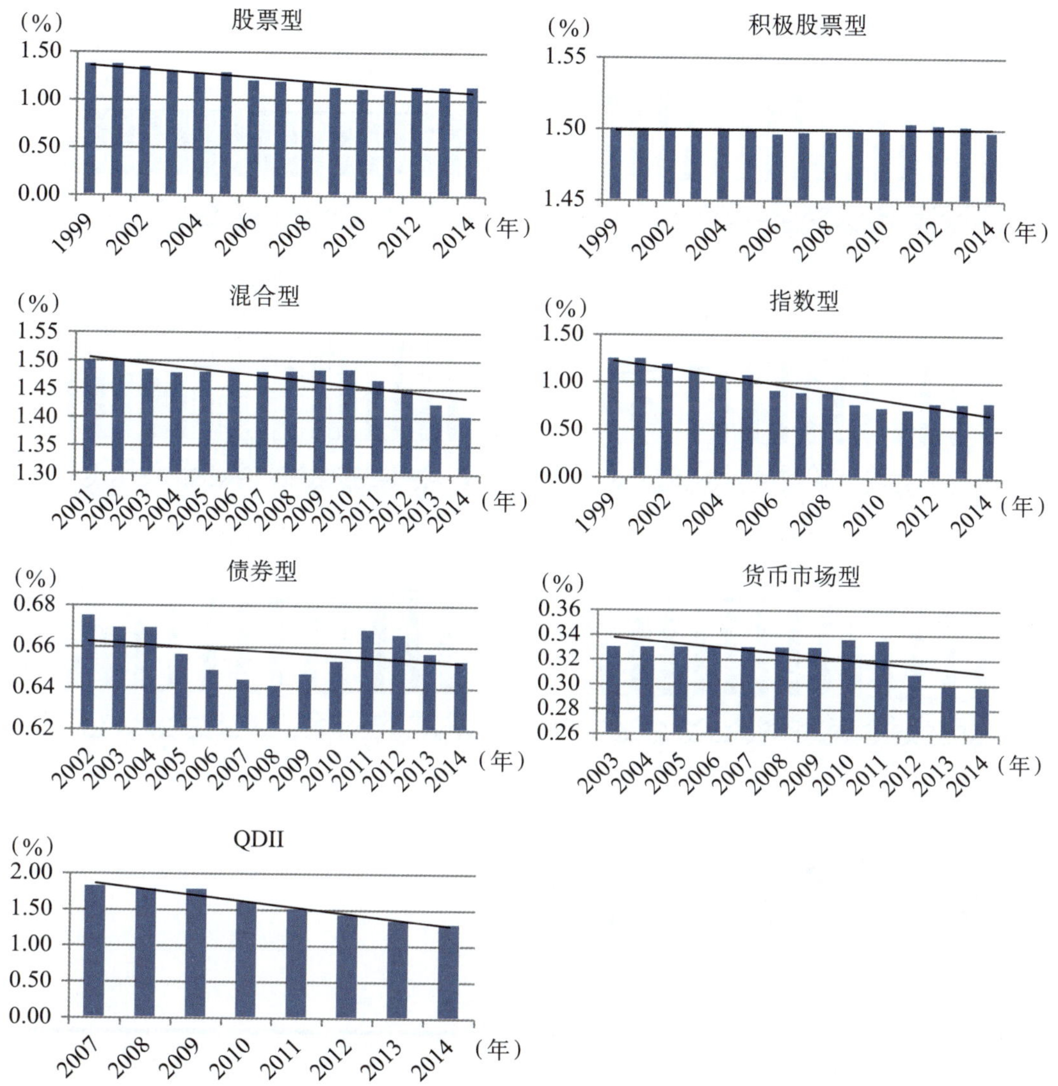

资料来源：中国证券投资基金业协会（AMAC）

ETF 和华夏恒生 ETF 基金管理费率则低至 0.5%。

（二）托管费率

除股票型和 QDII 基金外，各类型基金平均托管费率与 2013 年相比没有变化。QDII 基金托管费率最高，积极股票型和混合型基金托管费率相对较高，指数型和债券型基金托管费率较低，货币市场型基金托管费率最低（见图 8－2）。

图 8 – 2　各类型基金平均托管费率

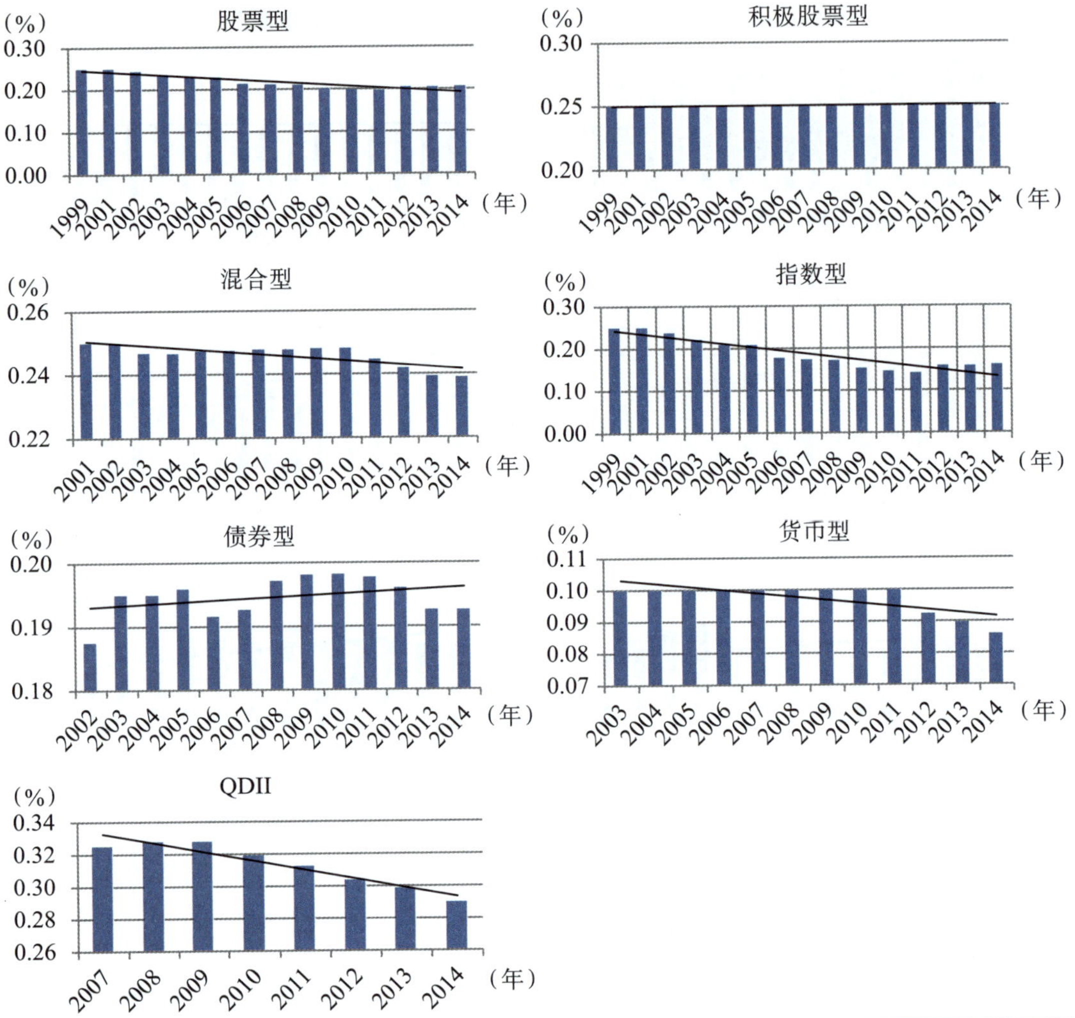

资料来源：中国证券投资基金业协会（AMAC）

货币市场型基金、理财债券型基金托管费率一般为 0.08%，伴随货币市场型基金的创新，托管费有递减趋势。2014 年初，部分新设货币市场型基金托管费率降至 0.05%，全年托管费率最低为 0.04%，创下近年新低。

（三）销售服务费率

销售服务费是指基金管理人根据基金合同的约定及相关法律法规的规定，从开放式基金财产中计提的一定比例的费用，用于支付销售机构佣金、基金的营销费用以及基金份额持有人服务费等。与 2013 年相比，2014 年各类基金除

QDII 基金外，平均销售服务费率均有所增加，其中，股票型、积极股票型、混合型、指数型基金平均销售服务费率，比 2013 年平均费率分别增长了 0.09、0.13、0.15 和 0.06 个百分点；货币市场和债券型基金分别增长了 0.01 个百分点（见图 8－3）。混合型基金销售服务费率达到 0.43%，为各类基金最高。

图 8－3　各类型基金平均销售服务费率

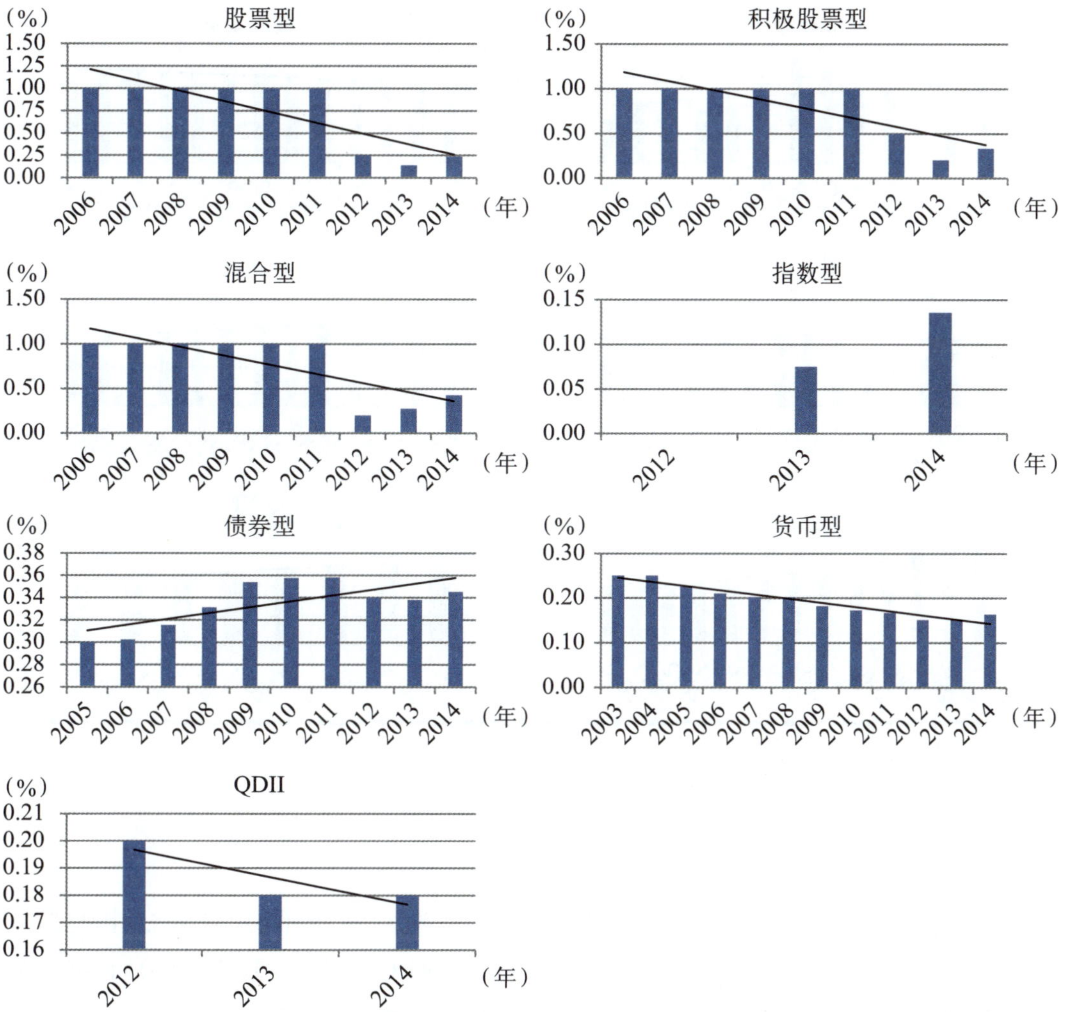

资料来源：中国证券投资基金业协会（AMAC）

（四）认购费率

从认购费率来看，货币市场型基金不收取认购费，积极股票型基金认购费率最高，QDII 基金、混合型基金次之，QDII 基金、债券型基金认购费率趋于稳定。

2014 年 QDII 基金认购费率有所降低主要是由于年内成立的投资标的为华安德国 30 和华夏恒生 ETF 认购费率仅为 0.08% 所致；积极股票型、混合型、指数型和债券型基金认购费率近年来较为稳定，较 2013 年基本持平（见图 8－4）。

图 8－4　各类型基金平均认购费率

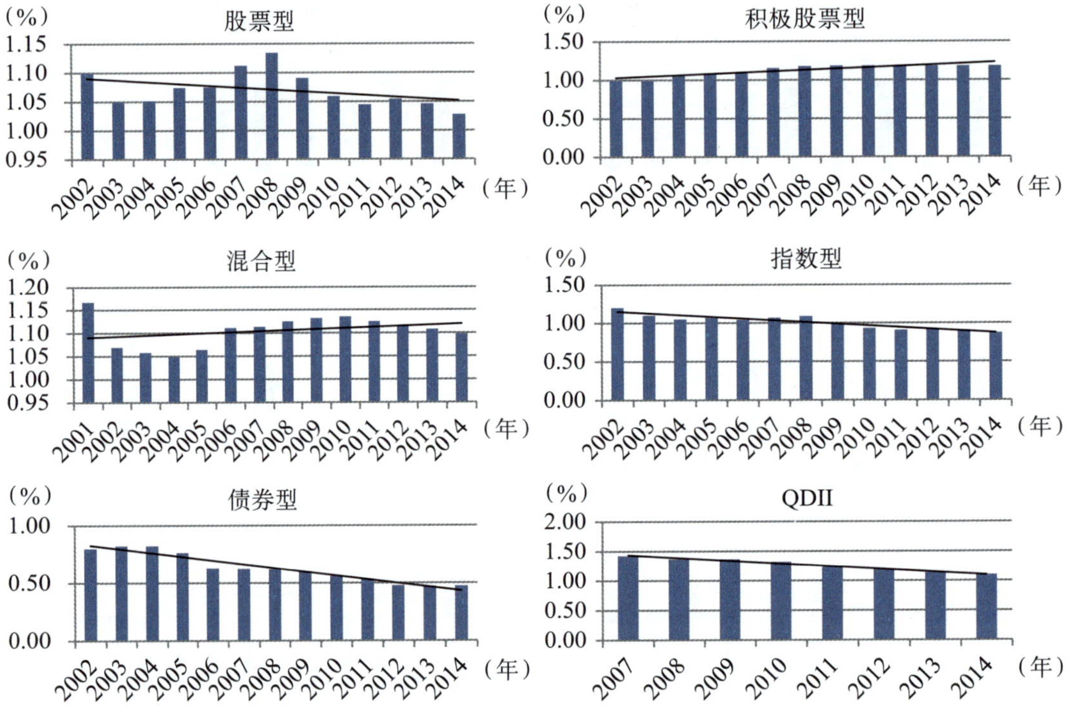

资料来源：中国证券投资基金业协会（AMAC）

（五）申购费率

货币市场型基金不收取申购费。除此之外，积极股票型基金申购费率最高，其次是混合型、QDII、股票型、指数型和债券型基金。2014 年申购费率较 2013 年整体变化不大，债券型基金申购费率仍最低（见图 8－5）。

（六）赎回费率

从赎回费率来看，货币市场型基金不收取赎回费，混合型赎回费率最高，积极股票型基金次之，债券型基金赎回费率最低；从变化趋势来看，积极股票型和混合型上涨趋势明显，指数型和债券型基金略有提高，QDII

基金基本持平（见图 8－5）。

图 8－5　各类型基金平均申购费率

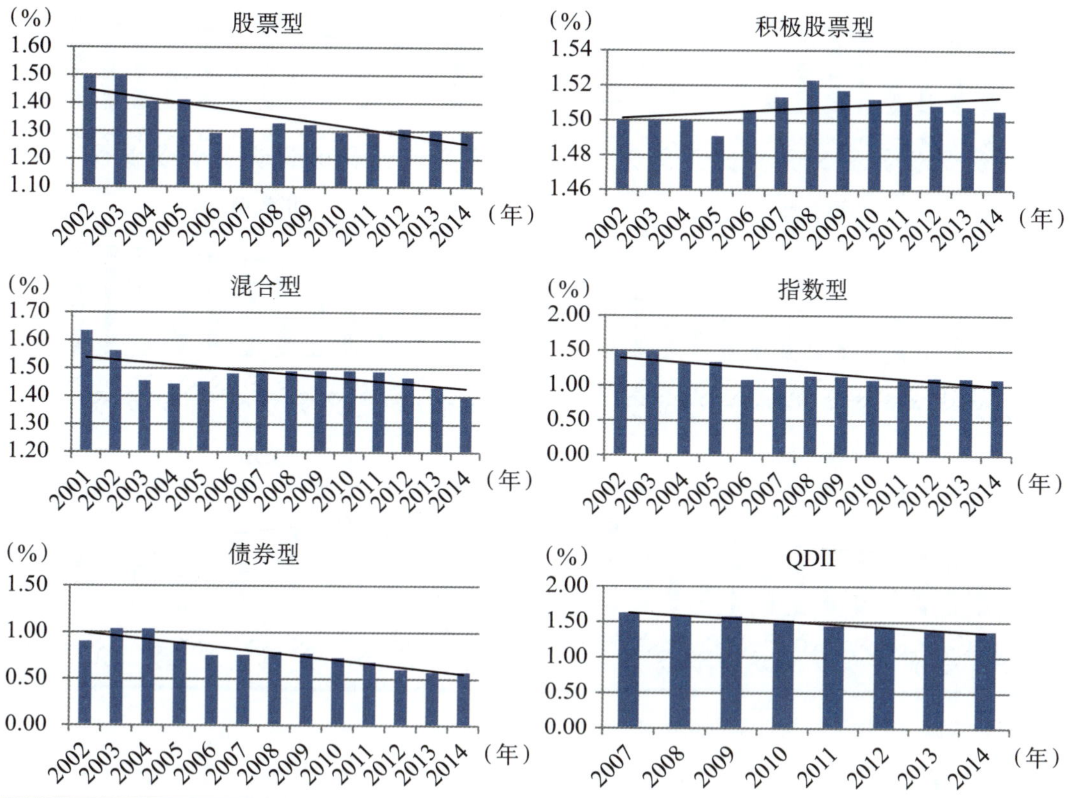

资料来源：中国证券投资基金业协会（AMAC）

赎回费率整体变化不大，积极投资股票型、混合型、指数型都有上升的趋势，主要是鼓励投资者长期持有，获取长期收益，当持有年限足够长时，基金赎回费率很低直至为零。

整体来看，在近年来基金业放松管制、市场竞争加剧的大背景下，除销售服务费率和赎回费率外，其他各项费率均呈不同程度的递减趋势。2013 年 8 月实施的《开放式证券投资基金销售费用管理规定》（修订）进一步放宽了基金管理公司和销售机构在基金产品费率方面的管制。基金管理公司可以在产品设计时自主采用多种收费模式和收费水平，基金销售机构也可以根据自身服务进行差异化收费。基金产品费率的下降，降低了投资者的申赎成本，也为 FOF 产品提高绩效提供了可能条件。

图 8－6　各类型基金平均赎回费率

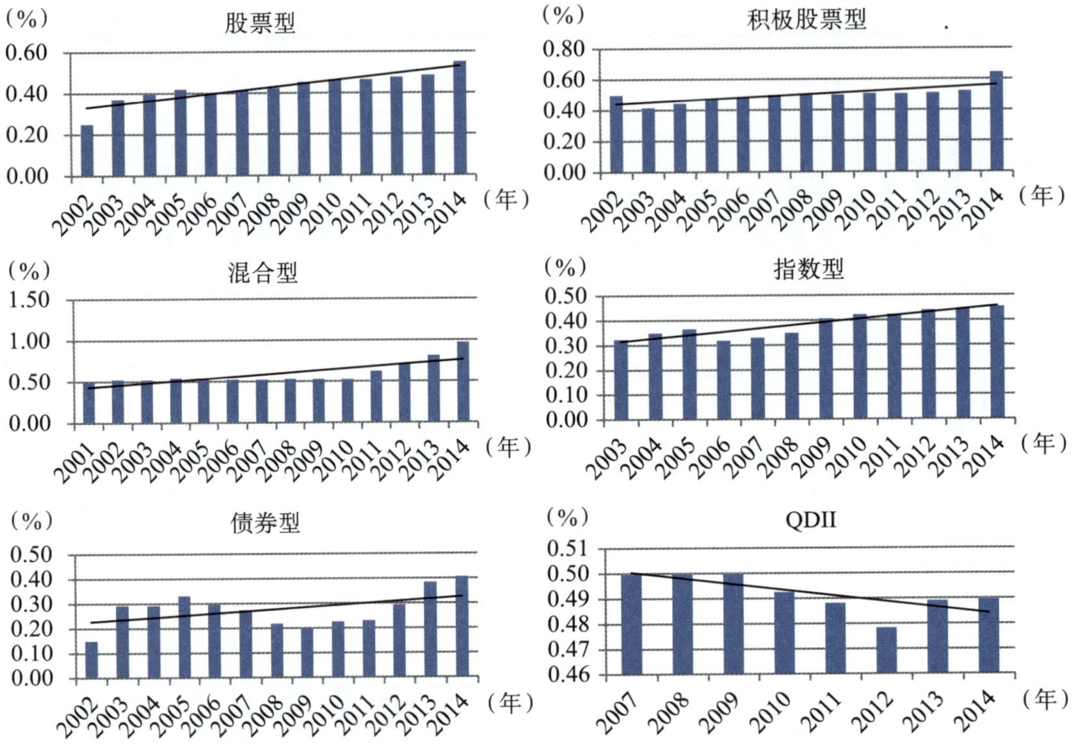

资料来源：中国证券投资基金业协会（AMAC）

二、不同投资策略基金各项平均费率

整体上，主动管理的股票型基金（相当于图中积极股票型基金）各项费率明显高于被动管理的指数型基金，部分费率分化程度有所加大。原因是市场越来越重视基金的管理能力，主动股票型基金好更能凸显基金经理的管理能力，对基金管理能力要求更高，因此费率水平保持不变或小幅上扬，但被动管理基金，对于基金管理能力要求不是太突出，且随着产品的逐步增多，同业竞争压力加大，往往通过降低费率水平来吸引投资者。

（一）管理费率

管理费率方面，积极股票型基金没有变化，指数型基金有显著下降2012年后略有提高（见图 8－7）。2014 年积极股票型和指数型基金平均费率分别为 1.50% 和 0.78%。

图 8-7 1999~2014 年积极股票型基金和指数型基金平均管理费率

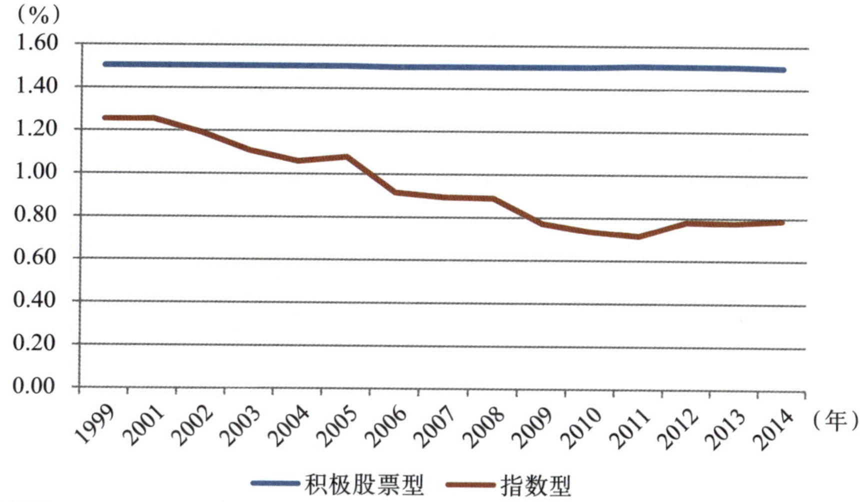

资料来源：天相投资分析系统

（二）托管费率

托管费率方面，积极股票型基金没有变化 2012 年之前持续下降 2012 年后有所提高 2014 年费率与 2013 年持平，稳定在 0.16%（见图 8-8）。

图 8-8 1999~2014 年积极股票型基金和指数型基金平均托管费率

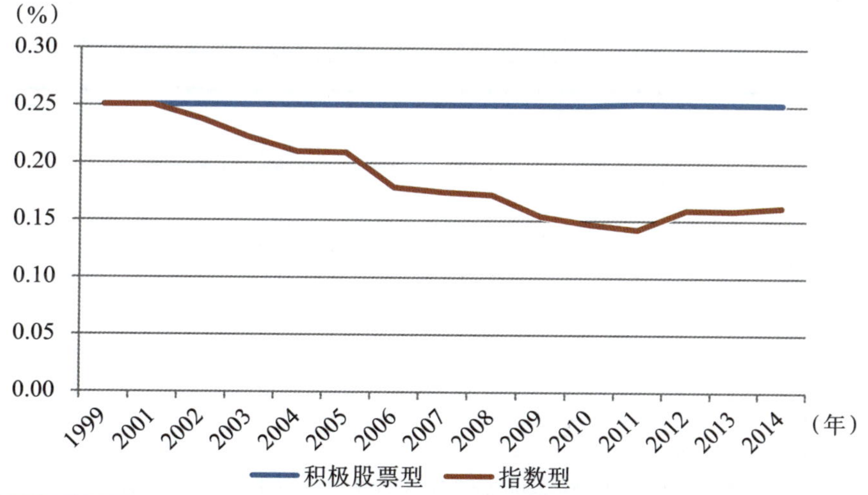

资料来源：天相投资分析系统

（三）认购费率

认购费率方面，积极股票型基金在过去三年里基本稳定，平均为1.18%，指数型基金略有下降，2014年降至0.87%（见图8－9）。

图8－9 2002～2014年积极股票型基金和指数型基金平均认购费率

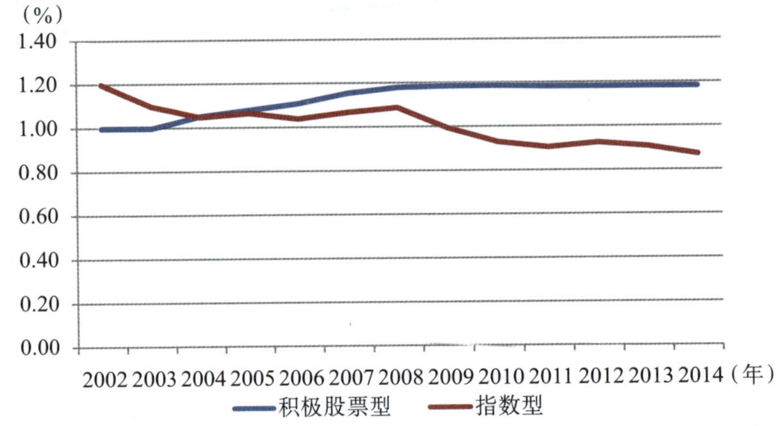

资料来源：天相投资分析系统

（四）申购费率

申购费率方面，积极股票型基金在过去三年里没有太大变化，2014年平均费率为1.51%；指数型基金略有下降，2014年平均费率为1.09%（见图8－10）。

图8－10 2002～2014年积极股票型基金和指数型基金平均申购费率

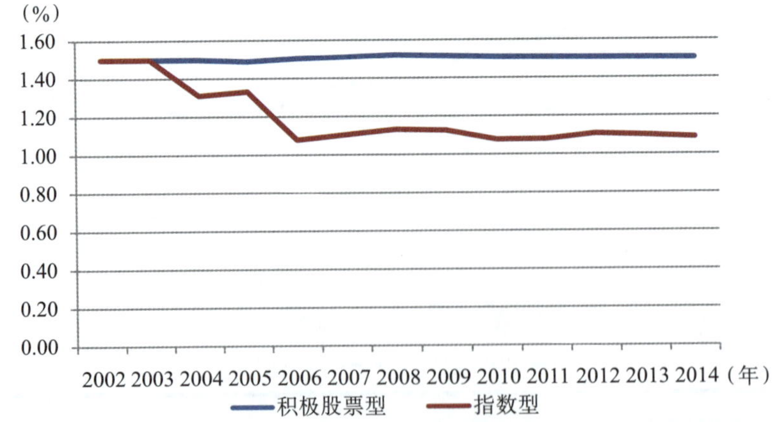

资料来源：天相投资分析系统

（五）赎回费率

赎回费率方面，积极股票型基金和指数型基金平均赎回费率均有所增长，2014 年分别为 0.65% 和 0.46%（见图 8－11）。

图 8－11　2003～2014 年积极股票型基金和指数型基金平均赎回费率

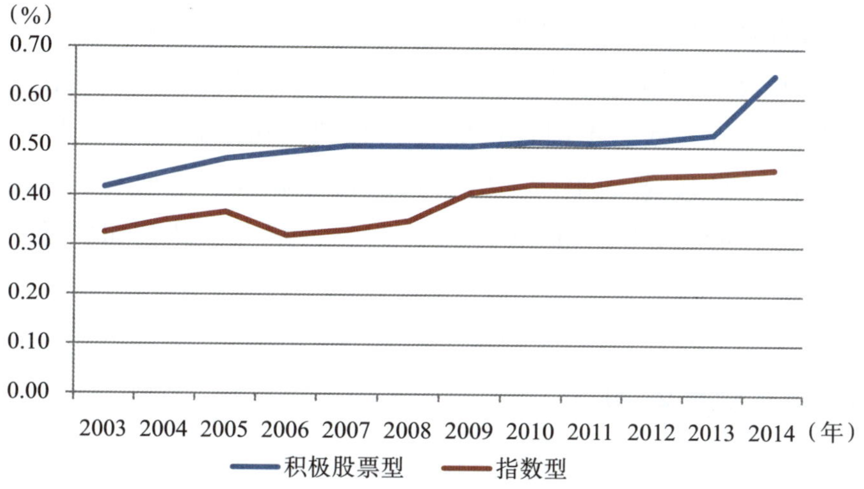

资料来源：天相投资分析系统

第二节　基金管理公司财务分析

截至 2014 年底，95 家基金管理公司合并资产总额合计 957.14 亿元，较 2013 年增长了 41.79%；合并负债总额合计 297.54 亿元，较 2013 年增长了 102.36%；合并净资产总额合计 659.60 亿元，较 2013 年增长了 24.92%。2014 年度，95 家基金管理公司合并营业收入合计 496.20 亿元，较 2013 年度增长了 34.56%；合并营业支出合计 336.45 亿元，较 2013 年度增长了 32.23%；合并净利润合计 123.69 亿元，较 2013 年度增长了 43.71%。

截至 2014 年底，上述基金管理公司资产总额合计 824.76 亿元，较 2013 年增长了 26.09%；负债总额合计 189.33 亿元，较 2013 年增长了 52.23%；

净资产总额合计635.43亿元，较2013年增长了19.95%。2014年度，营业收入合计431.70亿元，较2013年度增加24.07%；营业支出合计292.53亿元，较2013年度增加23.56%；净利润合计108.03亿元，较2013年度增加29.10%。2014年度，行业整体延续2013年度的趋势，盈利水平持续转好。

按照管理费收入多少，可将基金管理公司分为第一、第二、第三梯队：管理费收入排名前10名的公司为第一梯队，管理费收入排名在第11名至第34名的公司为第二梯队（管理费收入在3亿元以上），管理费收入排名在第35名及以后的公司为第三梯队（管理费收入低于3亿元）。上述排名方法与之前3年基本保持一致。不同规模的基金管理公司经营状况差距依然明显，管理费收入排名前10名的第一梯队公司的营业收入、税前利润及净利润分别占整个行业的45.64%、50.75%、51.20%，第一梯队公司的盈利能力要明显高于规模较小的基金管理公司。

一、基金管理公司

（一）资产

截至2014年底，基金管理公司的总资产合计824.76亿元，较2013年增长了26.09%；其中5家公司在2014年内完成了增资，增资额为3.26亿元，另扣除新成立的7家公司的总资产8.55亿元，经营过程实现总资产增长158.83亿元。

从规模来看，2014年第一梯队公司平均每家总资产达36.17亿元，第二梯队公司平均每家总资产为12.45亿元，第三梯队公司平均每家总资产为2.69亿元，仅为第一梯队公司的7.44%。占总数10.53%的第一梯队公司总资产占据了全行业总资产的43.86%，占总数25.26%的第二梯队公司占据了全行业总资产的36.23%，而占总数64.21%的第三梯队公司仅占到全行业总资产的19.91%（见表8-1）。

从资产变化分析，货币资金余额较2013年增长了25.19亿元，增长了7.28%，占资产总额比例为44.99%，较2013年底的52.88%下降了7.89个百分点。货币资金的增长，一方面来自于全行业收入和盈利所形成的经营积累，另一方面来自于2014年新成立的7家基金管理公司的资本金投入

表 8－1　不同规模基金管理公司总资产比较

公司规模	2014 年资产（万元）	2013 年资产（万元）	资产变动率（%）	2014 年资产占总资产比（%）	公司数量（家）	数量占比（%）	2014 年平均每家公司资产（万元）
第一梯队	3 616 937	2 812 339	28.61	43.86	10	10.53	361 694
第二梯队	2 988 095	2 330 260	28.23	36.23	24	25.26	124 504
第三梯队	1 642 530	1 398 603	17.44	19.91	61	64.21	26 927
合计	8 247 562	6 541 202	26.09	100.00	95	100.00	86 816

资料来源：中国证券投资基金业协会（AMAC）

及 5 家基金管理公司的股东增资。2014 年新基金管理公司成立速度和股东增资进度放缓，使得货币资金占比较 2013 年减少。2014 年自有资金投资（包括可供出售金融资产、以公允价值计量且其变动计入当期损益的金融资产和持有至到期投资，下同）合计为 199.09 亿元，较 2013 年的 135.37 亿元增长了 47.07%；自有资金投资占资产总额的比例为 24.14%，较 2013 年底的 20.69% 增长了 3.45 个百分点。从 2014 年底自有资金投资构成来看，可供出售金融资产占比 83.14%，以公允价值计量且其变动计入当期损益的金融资产占比 11.92%，持有至到期投资占比 4.94%（见图 8－12）。

图 8－12　2014 年底基金管理公司自有资金投资构成

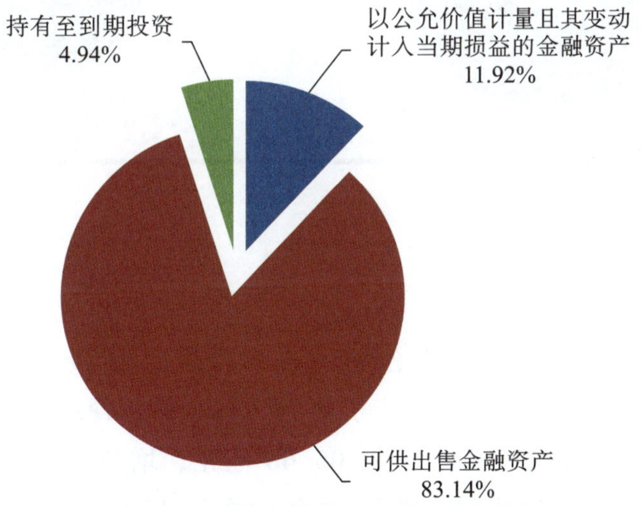

资料来源：中国证券投资基金业协会（AMAC）

（二）负债

截至2014年底，基金管理公司的合并负债总规模为297.54亿元，较2013年增长150.51亿元，增长了102.37%。基金管理公司的负债总规模为189.33亿元，较2013年增长64.96亿元，增长了52.23%。

在基金管理公司的负债结构中，应付职工薪酬、应付账款、其他负债、短期借款、应交税费为最主要的5项负债科目。其中，应付职工薪酬67.44亿元，占全部负债的35.62%；应付账款35.17亿元，占全部负债的18.58%，其中71.98%为应付销售机构的销售费用；其他负债31.40亿元，占全部负债的16.59%，其中55.39%为专项风险准备金；短期借款28.41亿元，占全部负债的15.01%，为T+0货币市场基金快速赎回业务垫资而向银行借入的款项；应交税费20.92亿元，占全部负债的11.05%（见图8-13）。

图8-13　2014年底基金管理公司负债构成

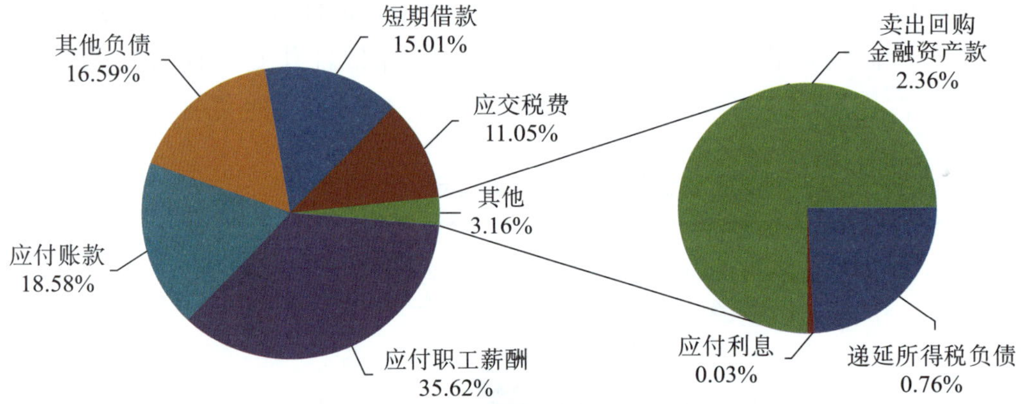

资料来源：中国证券投资基金业协会（AMAC）

（三）净资产

截至2014年底，基金管理公司的合并净资产总额为659.60亿元，较2013年底增长131.60亿元，增长了24.92%；基金管理公司的净资产总额为635.43亿元，较2013年底增长105.68亿元，增长了19.95%。

2014年底基金管理公司实收资本余额合计179.35亿元，较2013年底增长12.66亿元，增长了7.59%。2014年度新成立了7家基金管理公司，注册资本金合计9.4亿元。此外，2014年度共有5家基金管理公司的股东进行了增资，合计增资金额达到3.26亿元。对比2013年新成立基金管理公司35.88亿元注册资本金和5.38亿元增资数据，可以发现新基金管理公司成立的速度较2013年放缓，股东增资进度放缓。

一般风险准备金继续保持增长。2014年底风险准备金余额达248.47亿元，较2013年底增长35.54亿元，增长16.69%。

从净资产的构成来看，占比最大的仍然是一般风险准备，达到39.1%；其次是实收资本、未分配利润和盈余公积，分别达28.22%、17.16%和9.43%。与重述后的2013年底数据相比，资本公积、其他综合收益、未分配利润占净资产的比重在2014年有所上升；实收资本、一般风险准备和盈余公积占净资产的比重出现小幅下降。

从规模来看，2014年第一梯队公司平均每家净资产达26.80亿元；第二梯队公司平均每家净资产为9.77亿元；第三梯队公司平均每家净资产为2.18亿元，仅为第一梯队公司的8.13%。占总数10.53%的第一梯队公司净资产总额占据了全行业净资产的42.18%，占总数25.26%的第二梯队公司占据了全行业净资产的36.89%，而占总数64.21%的第三梯队公司仅占到全行业净资产的20.93%（见表8－2）。

表8－2　2014年不同规模基金管理公司净资产比较

公司类型	2014年家数	家数占比（%）	2014年净资产规模（亿元）	占行业总净资产比重（%）	2014年平均每家净资产额（亿元）
第一梯队	10	10.53	268.03	42.18	26.80
第二梯队	24	25.26	234.40	36.89	9.77
第三梯队	61	64.21	133.00	20.93	2.18
合计	95	100.00	635.43	100.00	6.69

资料来源：中国证券投资基金业协会（AMAC）

（四）收入

2014年度，基金管理公司实现营业收入431.70亿元，较2013年度增加83.74亿元，上涨24.07%。

从收入构成来看，2014年度管理费收入占营业收入的80.37%，较2013年度87.88%的占比下降7.51%，但仍是收入的最主要来源。2014年度销售服务费收入占营业收入的比重从2013年度的1.20%剧增到5.15%，从行业整体上看已超过手续费收入成为第二大收入来源。但同时也应该注意到，手续费收入仍然是绝大部分基金管理公司的第二大收入来源。

2014 年度管理费收入 346.94 亿元，较 2013 年度增加 41.15 亿元，上涨 13.46%。行业管理费收入仍保持分化格局。继 2013 年收入最多的 10 家基金管理公司的管理费收入占全行业的 45.70%，2014 年度该比例为 44.69%。总体来看，由于 2014 年度整体市场环境持续回暖，特别是下半年股票市场上涨行情的启动，整个基金行业的管理费收入呈上升趋势，其中三个梯队的增幅分别为 10.95%、14.77% 和 17.80%（见表 8－3）。

表 8－3　2014 年基金管理公司管理费收入两年变动情况

	2014 年度管理费收入（亿元）	2013 年度管理费收入（亿元）	变动（亿元）	变动率（%）
第一梯队	155.04	139.74	15.30	10.95
第二梯队	140.63	122.53	18.10	14.77
第三梯队	51.28	43.53	7.75	17.80
合计	346.94	305.79	41.15	13.46

资料来源：中国证券投资基金业协会（AMAC）

从管理费收入性质构成来看，2014 年度固定费率管理费收入与业绩报酬收入比为 28.75，而 2013 年度为 100.08，反映出在整体市场环境持续回暖的情况下，投资业绩提高为管理费收入的增长贡献的助力增大。

从产品构成来看，2014 年度公募证券投资基金管理费收入占比相比 2013 年度有所下降（见表 8－4），而社保基金、企业年金、专户管理费收入占比都有所上升，反映出非公募业务的迅速发展推动了管理费收入的增长。第一梯队公司在社保基金和企业年金产品收入上占优，而第三梯队公司的专户产品收入占比远高于第一梯队和第二梯队。

2014 年度销售服务费收入 22.22 亿元，较 2013 年度增加 18.04 亿元，上涨 431.56%，反映出 2014 年度货币市场型基金、债券型基金和理财型产品发展迅猛（见表 8－5）。受天弘基金管理有限公司 2014 年度取得 13.10 亿元销售服务费收入的影响，第一梯队公司的销售服务费收入相比 2013 年度大涨1 093.20%。从销售服务费收入构成来看，2014 年度公募证券投资基金的销售服务费收入占比 91.92%，较 2013 年度的 90.57% 有小幅上涨。

表 8－4 2014 年基金管理公司管理费收入分产品构成 （单位:%）

	公募证券投资基金	社保基金	企业年金	专户
2013 年度				
第一梯队	88.87	4.61	3.05	3.47
第二梯队	92.92	2.33	0.57	4.18
第三梯队	91.93	—	—	8.07
合计	90.93	3.04	1.62	4.41
2014 年度				
第一梯队	85.41	4.52	4.30	5.77
第二梯队	88.29	2.74	1.62	7.35
第三梯队	76.87	—	—	23.13
合计	85.31	3.13	2.58	8.98

资料来源：中国证券投资基金业协会（AMAC）

表 8－5 2014 年度基金管理公司销售服务费收入两年变动情况

	2014 年度销售服务费收入（亿元）	2013 年度销售服务费收入（亿元）	变动（亿元）	变动率（%）
第一梯队	17.17	1.44	15.73	1 092.36
第二梯队	2.85	0.96	1.89	196.88
第三梯队	2.20	1.78	0.42	23.60
合计	22.22	4.18	18.04	431.58

资料来源：中国证券投资基金业协会（AMAC）

（五）支出

2014 年度，基金管理公司营业支出总额 292.53 亿元，较 2013 年度增加了 55.78 亿元，上涨了 23.56%，上涨幅度与营业收入的变动基本持平。

从费用构成分析，业务及管理费占营业支出总额的 90% 以上，与 2013 年基本一致。2014 年 95 家基金管理公司业务及管理费用总额为 265.89 亿元，较 2013 年 216.52 亿元增加了 49.37 亿元。

从业务及管理费用的构成上看，开支最大的仍为人力资源开支。2014 年人力资源开支达到 120.61 亿元，较 2013 年的 98.36 亿元增长了 22.62%，占业务及管理费用支出的比例为 45.37% 与 2013 年的 45.43% 基本持平。第二大营业支出为营销开支，从 2013 年的 76.12 亿元增加至 98.29 亿元，增长了29.13%，占业务及管理费用支出的比例从2013年的35.15%增加至36.97%。

1. 人力资源支出。从梯队分类看，第三梯队基金管理公司的人力资源支出占管理费收入的比重明显大于第一、第二梯队基金管理公司，为56.09%，因此规模越小的基金管理公司其人力资源支出负担越重（见表8-6）。从工资、奖金及其他人力资源支出类别来看，第一、第二梯队基金管理公司的情况较为接近，其中第一梯队公司的奖金占收入比较第二梯队公司略大而工资占收入比则略小，第三梯队公司的各项人力资源支出占收入比均高于第一、第二梯队（见表8-6）。

表8-6 2014年度基金管理公司人力支出情况 （单位:%）

公司类型	人力资源支出占管理费收入的比例	其中		
		工资占比	奖金占比	其他占比
第一梯队	31.29	10.76	15.66	4.86
第二梯队	31.82	13.45	12.58	4.80
第三梯队	56.09	27.21	20.31	8.57

资料来源：中国证券投资基金业协会（AMAC）

第一梯队基金管理公司工资与奖金比约为0.69，第二梯队公司为1.07，第三梯队公司的比例则高达1.34，反映出第一梯队基金管理公司在业绩激励方面领先于第二、第三梯队公司。从企业性质角度来看，合资公司工资奖金比例为0.87高于内资公司的0.77，总体上看内资公司业绩激励依然领先于合资公司。

2. 营销支出。2014年基金管理公司营销支出增加，相对管理费收入的比例较2013年小幅上升。2014年度营销支出合计98.29亿元，较2013年的76.12亿元增加了22.17亿元，上涨了29.13%；而2014年管理费收入较2013年上涨了13.46%。2014年度和2013年度营销支出占管理费收入的比例分别为28.33%和24.89%。其中，尾随佣金占2014年、2013年管理费收入比例为15.81%和16.12%；2014年除尾随佣金、营销目的的培训会议费和业务招待费、对外宣传广告费等常规营销支出以外，其他项（主要为电商营销费用支出，下同）占管理费收入比例较2013年的1.30%大幅上升至为6.34%，对外宣传广告费占2014年、2013年管理费收入的比例为2.11%和2.06%。

从营销支出的结构分析，2014 年占营销支出比重最大的费用依次为尾随佣金（2014 年和 2013 年分别占营销支出 55.80% 和 64.77%）、其他项（主要为电商营销费用支出）（2014 年和 2013 年分别占营销支出 22.37% 和 5.24%）、对外宣传广告费（2014 年和 2013 年分别占营销支出 7.46% 和 8.27%）和营销目的培训会议费（2014 年和 2013 年分别占营销支出 5.54% 和 8.81%）。由此可见，互联网金融的发展导致营销支出结构较 2013 年发生显著变化，主要表现为其他项的比重超过营销培训会议费和对外宣传广告费，跃升为第二大营销支出，对外宣传广告费排名升至第三，而营销培训会议费比重从 2013 年的第二位下降至 2014 年的第四位。

通过不同梯队之间的比较，可以发现互联网金融的发展对第一梯队营销支出的影响最为明显。第一梯队营销开支占管理费收入比重受其他项支出的影响从 2013 年的第三上升至第一，第二、第三梯队基金管理公司仍旧维持 2013 年趋势，分别为 32.09%、23.11% 和 31.27%。各梯队尾随佣金占管理费收入比重分别为 14.13%、16.25% 和 19.67%，延续了小规模基金管理公司和新设基金管理公司尾随佣金较高的趋势（见表 8－7）。

表 8－7　2014 年度基金管理公司营销开支情况分析

年份	梯队	总营销支出		尾随佣金		营销培训及会议费、业务招待费、营销差旅费及宣传广告费等合计		其他	
		金额（亿元）	占管理费收入比例（%）	金额（亿元）	占管理费收入比例（%）	金额（亿元）	占管理费收入比例（%）	金额（亿元）	占管理费收入比例（%）
2014	一	49.76	32.09	21.90	14.13	8.14	5.25	19.71	12.71
	二	32.50	23.11	22.85	16.25	8.50	6.05	1.15	0.82
	三	16.03	31.27	10.09	19.67	4.82	9.40	1.13	2.20
2013	一	30.66	21.94	20.31	14.53	9.07	6.49	1.29	0.92
	二	30.50	24.89	21.05	17.18	8.77	7.16	0.67	0.55
	三	14.96	34.37	7.94	18.24	4.99	11.46	2.03	4.66

资料来源：中国证券投资基金业协会（AMAC）

总体而言，现阶段基金管理公司仍然在很大程度上依赖传统销售渠道，但是在多种因素（例如互联网金融的发展、产品结构的调整等）的共同作用下，基金管理公司的营销模式更趋于多元化，在一定程度上降低了其对传统销售渠道的依赖程度。

（六）利润

2014 年度 95 家基金管理公司净利润总额为 108.03 亿元，较 2013 年度的 83.68 亿元增加 24.35 亿元，上升 29.10%。2014 年度共有 69 家公司盈利 26 家公司发生亏损（见表 8-8）。

表 8-8 2014 年度基金管理公司盈利情况

盈利情况	基金管理公司数量（家）
净利润 >5 亿元	6
1 亿元 <净利润≤5 亿元	27
5 000 万元 <净利润≤5 亿元	10
0 <净利润≤5 000 万元	26
亏损	26

资料来源：中国证券投资基金业协会（AMAC）

2014 年度，基金管理公司的净利润集中程度依然较高，净利润前 10 名的公司净利润合计 56.01 亿元，占盈利公司净利润的 49.64%，但由于盈利的基金管理公司增加，该比例较 2013 年度的 51.25% 下降了 1.61%。

从公司个体来看，2013 年度及以前成立的 88 家基金管理公司中有 61 家 2014 年度营业利润率［（营业收入 - 营业支出）/营业收入］相比 2013 年度有所增长，59 家 2014 年度税前利润率（利润总额/营业收入）相比 2013 年度有所增长。这些盈利能力增长的公司的营业收入占行业总营业收入比例超过六成。

从不同规模基金管理公司盈利指标的比较看，第三梯队公司盈利能力与第一和第二梯队公司存在显著差距。2014 年度 10 家第一梯队公司和 24 家第二梯队公司的平均总资产报酬率（ROA，净利润/平均总资产）分别为 17.50% 和 17.15%，而第三梯队公司的 ROA 为 4.90%；2014 年度，第一和第二梯队公司平均营业利润率分别为 36.09% 和 37.42%，而第三梯队公司为 11.84%。与此同时，不同梯队的平均净资产收益率（ROE，净利润/平均净资产）和平均税前利润率也呈现出类似的特征，说明基金行业不同规模公司之间盈利能力严重分化，第三梯队公司盈利能力不足。此外，从总体上看，第二和第三梯队公司平均营业利润率和平均税前利润率较 2013 年度有所上升，而第一梯队公司则略有下降（见表 8－9）。

表 8－9　基金管理公司盈利指标比较　（单位:%）

基金管理公司梯队	ROE 2014 年	ROA 2014 年	营业利润率			税前利润率		
			2014 年	2013 年	变动	2014 年	2013 年	变动
第一梯队（10 家）	23.24	17.50	36.09	39.35	－3.26	36.89	39.97	－3.09
第二梯队（24 家）	21.41	17.15	37.42	36.50	0.93	38.09	36.98	1.10
第三梯队（54 家）	5.91	4.90	11.84	－0.85	12.69	13.64	1.49	12.15
合计（88 家）	18.93	14.88	32.71	31.96	0.75	33.62	32.80	0.82

资料来源：中国证券投资基金业协会（AMAC）

二、基金管理子公司

截至 2014 年底，有报告数据的 72 家基金管理子公司资产总额合计约 94.87 亿元，较 2013 年增长了 144.31%；负债总额合计约 38.38 亿元，较 2013 年增长了 224.82%；净资产总额合计约 56.49 亿元，较 2013 年增长了 109.10%。

上述 72 家基金管理子公司 2014 年全年营业收入合计 58.00 亿元，较 2013 年增加了 43.88 亿元，上涨了 310.76%；营业支出合计 38.23 亿元，较 2013 年增加了 26.36 亿元，上涨了 222.07%；净利润合计 15.25 亿元，较 2013 年增加了 13.36 亿元，上涨了 706.88%。从整体看基金管理子公司业务规模和盈利能力呈现出爆发性的增长。按照营业收入多少，可以将基金管理子公司分为第一梯队及第二梯队。营业收入排名前 10 名的公司为第一梯队，其他公司为第二梯队。不同规模的基金管理子公司经营状况差距明显，第一梯队公司的营业收入、税前利润及净利润分别占整个行业的 51.85%、62.54%、62.10%，行业集中度较高，且第一梯队公司的盈利能力要明显高于规模较小的基金管理子公司。

（一）资产

截至2014年底，基金管理子公司的总资产合计94.87亿元，较2013年增长了144.31%；其中11家基金管理子公司在2014年内完成了增资，增资额为7.20亿元，另扣除新成立的12家基金管理子公司的总资产8.03亿元，经营过程实现总资产增长40.81亿元。

从规模来看，2014年第一梯队公司平均每家总资产达3.72亿元，第二梯队公司平均每家总资产为0.93亿元，为第一梯队公司的25%。占总数13.89%的第一梯队公司总资产占据了全行业总资产的39.21%，占总数86.11%的第二梯队公司占据了全行业总资产的60.79%（见表8-10）。

表8-10 不同规模基金管理公司基金管理子公司总资产比较

公司规模	2014年资产（万元）	2013年资产（万元）	资产变动率（%）	2014年资产占总资产比（%）	公司数量（家）	数量占比（%）	2014年平均每家公司资产（万元）
第一梯队	371 970	122 353	204.01	39.21	10	13.89	37 197
第二梯队	576 722	265 969	116.84	60.79	62	86.11	9 302
总计	948 692	388 322	144.31	100.00	72	100.00	13 176

资料来源：中国证券投资基金业协会（AMAC）

从资产变化分析，货币资金余额较2013年增长了11.94亿元，增长了42.88%，占资产总额比例为41.94%，较2013年底的71.71%下降了29.77个百分点。货币资金的增长，一方面来自于全行业收入和盈利能力的上升，另一方面来自于2014年新成立的12家基金管理子公司的资本金投入及11家基金管理子公司的股东增资。2014年自有资金投资合计为30.16亿元，较2013年增长了469.04%；自有资金投资占资产总额的比例为31.80%，较2013年底的13.65%增长了18.15个百分点。从自有资金投资构成来看，2014年底可供出售金融资产占比75.46%，以公允价值计量且其变动计入当期损益的金融资产占比21.63%，持有至到期投资占比2.91%（见图8-14）。

图 8-14　2014 年底基金管理子公司自有资金投资构成

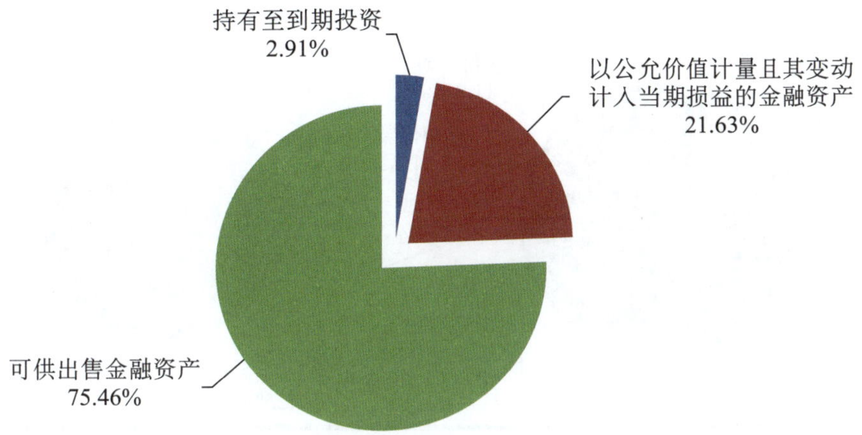

资料来源：中国证券投资基金业协会（AMAC）

（二）负债

截至 2014 年底，基金管理子公司的负债总规模为 38.38 亿元，较 2013 年增长 26.56 亿元，增长了 224.70%。

在基金管理子公司的负债结构中，其他负债、应付职工薪酬、应交税费、应付账款、短期借款为最主要的 5 项负债。其中，其他负债 17.19 亿元，占全部负债的 44.80%，主要为直销和清算账户应付客户的款项；应付职工薪酬 9.57 亿元，占全部负债的 24.93%；应交税费 4.94 亿元，占全部负债的 12.88%；应付账款 4.55 亿元，占全部负债的 11.87%；短期借款 2.00 亿元，占全部负债的 5.21%（见图 8-15）。

（三）净资产

截至 2014 年底，基金管理子公司净资产总额为 56.49 亿元，较 2013 年底增长 29.47 亿元，增长了 109.07%。

2014 年底基金管理子公司实收资本余额合计 39.29 亿元，较 2013 年底增长 13.90 亿元，增长了 54.77%。2014 年度新成立了 12 家基金管理子公司，注册资本金合计 6.70 亿元。此外，2014 年度共有 11 家基金管理子公司的股东进行了增资，合计增资金额达到 7.20 亿元。

图 8-15 2014 年底基金管理子公司负债构成

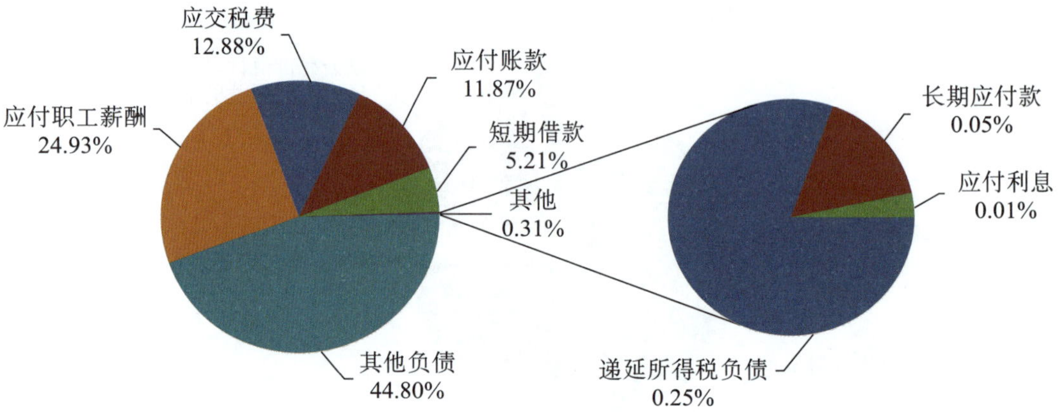

资料来源：中国证券投资基金业协会（AMAC）

从净资产的构成来看，占比最大的是实收资本，达 69.55%；其次是未分配利润及盈余公积，达 24.94% 及 3.13%。与重述后的 2013 年底数据相比，未分配利润、盈余公积、一般风险准备、其他综合收益、资本公积占净资产比重在 2014 年均有所上升；仅实收资本占净资产比重出现下降。

从规模来看，2014 年第一梯队公司平均每家净资产达 2.19 亿元；第二梯队公司平均每家净资产为 0.56 亿元，约为第一梯队公司的 25.57%。占总数 13.89% 的第一梯队公司净资产总额占据了全行业净资产的 38.81%，占总数 86.11% 的第二梯队公司占据了全行业净资产的 61.19%（见表 8-11）。

表 8-11 2014 年不同规模基金管理公司基金管理子公司净资产比较

公司类型	2014 年家数	家数占比（%）	2014 年净资产规模（亿元）	占行业总净资产比重（%）	2014 年平均每家净资产额（亿元）
第一梯队	10	13.89	21.92	38.80	2.19
第二梯队	62	86.11	34.57	61.20	0.56
合计	72	100.00	56.49	100.00	0.78

资料来源：中国证券投资基金业协会（AMAC）

（四）收入

基金管理子公司 2014 年全年营业收入合计 58.00 亿元，较 2013 年增加了 43.88 亿元，上涨了 310.76%。其中，管理费收入 44.42 亿元，较 2013

年增加了37.02亿元，上涨了500.42%。基金管理子公司第二大收入来源是投资咨询费收入（包括投资顾问费收入和财务顾问费收入，下同），2014年全年达到8.20亿元，较2013年增加了4.04亿元，上涨了97.12%。

整体看来，行业营业收入保持了集中化的格局，但集中度略有下降。2014年度营业收入排名前10的基金管理子公司的营业收入占全行业的51.85% 2013年度该比例为62.15%。此外，第一梯队和第二梯队营业收入较2013年的增幅分别为242.67%及422.56%（见表8－12）。

表8－12　2014年基金管理公司基金管理子公司营业收入两年变动情况

	2014年度营业收入（亿元）	2013年度营业收入（亿元）	变动	变动率（%）
第一梯队	30.07	8.78	21.29	242.48
第二梯队	27.93	5.34	22.59	423.03
合计	58.00	14.12	43.88	310.76

资料来源：中国证券投资基金业协会（AMAC）

从收入构成分析，管理费收入在基金管理子公司收入中的比重有所扩大。2014年管理费收入占营业收入的76.59%，较2013年度52.39%的占比上升了24.20%，是收入的主要来源。第二大收入来源投资咨询费收入占营业收入的14.15%，较2013年度29.50%的占比下降了15.35%。此外，基金管理子公司专户2014年全年平均管理费率约为0.2%，较2013年的0.1%有所上升，反映了2014年基金管理子公司在业务结构方面的转型和综合管理能力上的提高是管理费收入增加的一个重要推动因素。

（五）支出

2014年度，有报告数据的基金管理子公司营业支出总额38.23亿元，较2013年度增加了26.36亿元，上涨了222.07%，上涨幅度小于营业收入的上涨幅度。

从费用构成分析，业务及管理费占营业支出总额的89.63%，与2013年度93.98%的占比相比小幅下降。2014年度有报告数据的72家基金管理子公司的业务及管理费用总额为34.27亿元，较2013年的11.16亿元增加了23.11亿元。从业务及管理费用的构成上看，开支最大的是人力资源开支。2014年人力资源开支达到17.65亿元，较2013年的4.57亿元增长了

2.86 倍。人力资源开支占业务及管理费用支出的比例从 2013 年的 40.94% 增长至 51.51%。第二大支出项为办公费开支，从 2013 年的 4.23 亿元增加至 2014 年的 10.42 亿元，增长了 1.47 倍，但占业务及管理费用支出的比例从 2013 年的 37.86% 下降至 30.40%。营销开支占业务及管理费比例为 14.09%，与 2013 年度基本持平，是第三大支出项目。

1. 人力资源支出

从梯队分类看，第二梯队基金管理子公司的人力资源支出占管理费收入比重大于第一梯队，为 22.10%（见表 8－13）。可见，规模越小的基金子公司其人力资源支出负担越重。从工资、奖金及其他人力资源支出比较来看，第一梯队基金管理子公司和第二梯队基金管理子公司占比差异主要为工资部分。第二梯队基金管理子公司工资占管理费收入比例为 8.46%，高于第一梯队占比（4.45%）4 个百分点左右。可见，第一梯队公司经过了一段时间的发展后已聚集了一定的规模效应，而第二梯队公司薪酬负担较仍旧高。此外，第一梯队及第二梯队奖金占管理费收入均在 11% 左右。

表 8－13　2014 年基金管理公司基金管理子公司不同梯队人力资源支出情况

（单位:%）

公司类型	人力资源占管理费收入比例	其中		
		工资占比	奖金占比	其他占比
第一梯队	17.64	4.45	10.98	2.20
第二梯队	22.10	8.46	11.03	2.61

资料来源：中国证券投资基金业协会（AMAC）

2. 办公费开支

从办公费开支的构成来看，日常开支部分和专业服务费部分是办公费开支最主要的来源。2014 年度日常开支部分（主要包括租赁费、物业管理费及水电费、电子设备运转费及修理费和办公目的会议费、差旅费）和专业服务部分［主要包括咨询费（办公费性质）、律师费、会计师费和专户投资咨询费等］分别占办公费开支的 36.04% 和 57.94%，较 2013 年度的占比分别变动 4.86% 和 －8.89%。专业服务费仍旧是基金管理子公司办公费开支的主要部分，其中专户投资咨询费占专业服务费两年比例均超过了 50%。

3. 营销费用开支

与基金管理公司营销费用占营业支出比例较高不同，基于旗下产品“私募”的性质，基金管理子公司侧重于根据特定客户需求量身定制合适的产品，从而摆脱了传统公募基金对销售机构依赖较大的困境，无需建立庞大的销售网络并支付高额的尾随佣金及品牌宣传费用等。从营销费用结构来看，尾随佣金占比较高，达到24.36%；营销目的会议培训费、业务招待费、差旅费分别为22.90%、17.52%及7.72%，营销支出各项目构成较为均衡。

（六）利润

2014年有报告数据的基金管理子公司净利润总额为15.25亿元，较2013年的1.89亿元增加了13.36亿元，增长了7.06倍。2014年共有67家公司盈利5家公司发生亏损（见表8－14）。

表8－14　2014年基金管理公司基金管理子公司盈利情况

盈亏情况	基金管理子公司数量（家）
净利润＞5 000万元	8
1 000万元＜净利润≤5 000万元	28
0＜净利润≤1 000万元	31
亏损	5

资料来源：中国证券投资基金业协会（AMAC）

2014年度，基金管理子公司净利润集中程度仍旧较高，净利润前10名的公司净利润合计7.61亿元，占盈利公司净利润总和的49.73%，但由于2014年度盈利基金管理子公司从2013年的37家增加至67家，该比例较2013年度的82.15%下降了32.42%。

在ROE、ROA、营业利润率和税前利润率方面，全行业营业利润率和税前利润率均大幅上升，ROE和ROA也达到了较高水平（见表8－15）。其中，第一梯队公司的ROE、ROA、营业利润率和税前利润率分别为61.25%、37.23%、41.72%和42.43%，均显著高于行业平均水平，说明资产管理行业不同规模公司盈利能力差距较大，规模越大的公司普遍盈利能力越强。

表 8-15 全行业主要盈利指标一览表 （单位:%）

盈利指标	2014 年（72 家）	2013 年（60 家）	变动	变动比率
ROE	36.53	（注）	（注）	（注）
ROA	22.82	（注）	（注）	（注）
营业利润率	34.08	15.89	18.19	114.47
税前利润率	35.18	18.70	16.48	88.13

注：由于 2012 年 12 月 31 日的净资产和总资产数据缺失，无法计算 2013 年的 ROE 和 ROA，相应变动和变动比率也未予列示

资料来源：中国证券投资基金业协会（AMAC）

三、香港子公司

截至 2014 年底 22 家香港子公司资产总额合计约 27.02 亿元，较 2013 年增长了 14.71%；负债总额合计约 4.26 亿元，较 2013 年增长了 62.70%；净资产总额合计约 22.76 亿元，较 2013 年增长了 8.71%。

2014 年度营业收入合计 10.70 亿元，较 2013 年度增加 28.92%；营业支出合计 9.36 亿元，较 2013 年度增加 33.33%；净利润合计 0.97 亿元，较 2013 年度增加 14.12%。

按照管理费收入多少，可将香港子公司分为第一、第二、第三梯队：管理费收入排名前 6 名的公司为第一梯队（管理费收入在 0.15 亿元以上）；管理费收入排名在第 7 名至第 16 名的公司为第二梯队（管理费收入低于 0.15 亿元）；剩余公司尚未取得管理费收入，为第三梯队。不同规模的香港子公司经营状况差距明显，管理费收入排名前 6 名的第一梯队公司的营业收入、税前利润及净利润分别占整个行业的 91.27%、192.43%、227.74%，行业集中度很高，且第一梯队公司的盈利能力要明显高于规模较小的香港子公司。

（一）资产

截至 2014 年底，香港子公司的总资产合计 27.02 亿元，较 2013 年增长了 14.71%；其中，7 家香港子公司在 2014 年内完成了增资，增资额为 2.62 亿元，另扣除新成立的 1 家香港子公司的总资产 0.01 亿元，经营过程实现总资产增长 0.84 亿元。

从规模来看，2014 年第一梯队公司平均每家总资产达 3.31 亿元，第二梯队公司平均每家总资产为 0.61 亿元，第三梯队公司平均每家总资产为 0.17 亿元，仅为第一梯队公司的 5.14%。占总数 27.27% 的第一梯队公司总资产占据了全行业总资产的 73.55%，占总数 45.46% 的第二梯队公司占据了全行业总资产的 22.68%，而占总数 27.27% 的第三梯队公司仅占到全行业总资产的 3.77%（见表 8－16）。

表 8－16　不同规模基金管理公司香港子公司总资产比较

公司规模	2014 年资产（万元）	2013 年资产（万元）	资产变动率（%）	2014 年资产占总资产比（%）	公司数量（家）	数量占比（%）	2014 年平均每家公司资产（万元）
第一梯队	198 692	175 573	13.17	73.55	6	27.27	33 115
第二梯队	61 291	49 664	23.41	22.68	10	45.46	6 129
第三梯队	10 177	10 271	－0.92	3.77	6	27.27	1 696
合计	270 160	235 508	14.71	100.00	22	100.00	12 280

资料来源：中国证券投资基金业协会（AMAC）

从资产变化分析，货币资金余额较 2013 年增长了 1.89 亿元，增长了 21.34%；占资产总额比例为 39.73%，较 2013 年底的 37.56% 上升了 2.17 个百分点。货币资金的增长一方面来自于全行业收入和盈利能力的上升，另一方面来自于 7 家香港子公司的股东增资。2014 年自有资金投资合计为 8.70 亿元，较 2013 年的 6.20 亿元增长了 40.32%；自有资金投资占资产总额的比例为 32.18%，较 2013 年底的 26.34% 增长了 5.84 个百分点。从自有资金投资构成来看，以公允价值计量且其变动计入当期损益的金融资产占比 74.14%，可供出售金融资产占比 25.83%（见图 8－16）。

（二）负债

截至 2014 年底，香港子公司的负债总规模为 4.26 亿元，较 2013 年增长 1.64 亿元，增长了 62.60%。

在香港子公司的负债结构中，应付职工薪酬、其他负债、应交税费、应付账款、预计负债为最主要的 5 项负债项目。其中，应付职工薪酬 1.98 亿元，占全部负债的 46.43%；其他负债 1.64 亿元，占全部负债的 38.46%，主要为应付股利、预提费用及应付母公司款项；应交税费 0.31 亿

图 8－16　2014 年底香港子公司自有资金投资构成

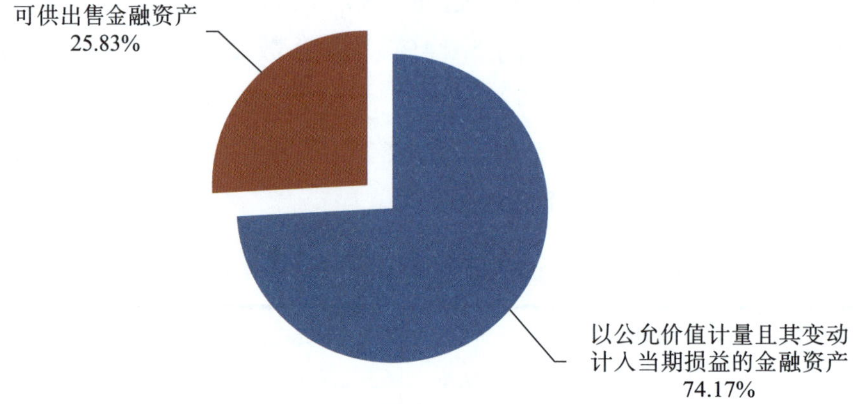

资料来源：中国证券投资基金业协会（AMAC）

元，占全部负债的 7. 28%；应付账款 0. 27 亿元，占全部负债的 6. 42%；预计负债 0. 05 亿元，占全部负债的 1. 10%（见图 8－17）。

图 8－17　2014 年底香港子公司负债情况

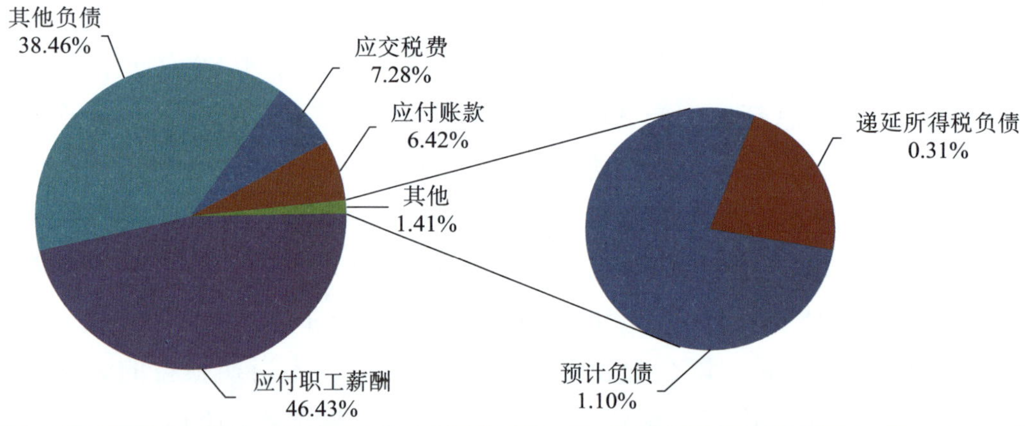

资料来源：中国证券投资基金业协会（AMAC）

（三）净资产

截至 2014 年底，香港子公司净资产总额为 22. 76 亿元，较 2013 年底增长 1. 82 亿元，增长了 8. 69%。

2014 年底香港子公司实收资本余额合计 25. 92 亿元，较 2013 年底增长 2. 63 亿元，增长了 11. 29%。2014 年度新成立了 1 家香港子公司。此外 2014 年度共有 7 家香港子公司的股东进行了增资，合计增资金额达到 2. 62

亿元。

从净资产的构成来看，占比最大的是实收资本，达 113.88%；其次为资本公积，达 1.29%；未弥补亏损占净资产比重为 -10.99%，主要是由于香港子公司仍处于业务发展阶段，目前总体尚处于亏损状态。与 2013 年相比，实收资本、资本公积、盈余公积占净资产比重在 2014 年有所上升；未弥补亏损及其他综合收益占净资产比重出现下降。

从规模来看，2014 年第一梯队公司平均每家净资产达 2.70 亿元，第二梯队公司平均每家净资产为 0.56 亿元，第三梯队公司平均每家净资产为 0.16 亿元，约为第一梯队公司的 5.93%。占总数 27.27% 的第一梯队公司净资产总额占据了全行业净资产的 71.19%，占总数 45.46% 的第二梯队公司占据了全行业净资产的 24.72%，占总数 27.27% 的第三梯队公司仅占到全行业净资产的 4.09%（见表 8 -17）。

表 8 -17　2014 年不同规模基金管理公司香港子公司净资产比较

公司类型	2014 年家数	家数占比（%）	2014 年净资产规模（亿元）	占行业总净资产比重（%）	2014 年平均每家净资产额（亿元）
第一梯队	6	27.27	16.20	71.18	2.70
第二梯队	10	45.46	5.63	24.73	0.56
第三梯队	6	27.27	0.93	4.09	0.16
合计	22	100.00	22.76	100.00	1.03

资料来源：中国证券投资基金业协会（AMAC）

（四）收入

2014 年度，香港子公司实现营业收入 10.70 亿元，较 2013 年度增加 2.40 亿元，上涨 28.92%。其中管理费收入 8.85 亿元，较 2013 年度增加 2.55 亿元，上涨 40.48%。

2013 年度第一梯队公司的管理费收入占全行业的 95.83% 2014 年度该比例为 92.37%，可见行业集中度很高。总体来看，由于业务扩张，整个行业的管理费收入呈上升趋势，其中第一梯队公司和第二梯队公司的增幅分别为 35.49%、151.85%，第二梯队公司收入增长迅速，但收入规模仍和第一梯队公司有较大差距（见表 8 -18）。

表 8－18　2014 年基金管理公司香港子公司营业收入两年变动情况

	2014 年度管理费收入（亿元）	2013 年度管理费收入（亿元）	变动（亿元）	变动率（%）
第一梯队	8.17	6.03	2.14	35.49
第二梯队	0.68	0.27	0.41	151.85
合计	8.85	6.30	2.55	40.48

资料来源：中国证券投资基金业协会（AMAC）

从收入构成来看，2014 年度管理费收入占营业收入的 82.71%，较 2013 年度 75.90% 的占比上升 6.81%，是收入的最主要来源。作为第二大收入来源的投资咨询费收入 2014 年度占营业收入的比重从 2013 年度的 12.41% 下降到 8.88%。

从管理费收入构成来看，2014 年度公募证券投资基金管理费收入占管理费收入的 77.50%，较 2013 年度 70.50% 的占比上升 7.00%，是管理费收入的最主要来源。

从投资咨询费收入构成来看，2014 年度其他二级市场投资咨询占投资咨询费收入的 55.43%，较 2013 年度 52.20% 的占比上升 3.23%，主要为向母公司收取的 QDII 基金产品投资咨询费收入。

（五）支出

2014 年度，香港子公司营业支出 9.36 亿元，较 2013 年度增加 2.34 亿元，上涨 33.33%，上涨幅度稍高于营业收入。其中，业务及管理费 8.45 亿元，较 2013 年度增加 1.72 亿元，上涨 25.56%。

从费用构成来看，2014 年度业务及管理费占营业支出的 90.28%，较 2013 年度 95.87% 的占比下降 5.59%，是支出的最主要来源。

从业务及管理费的构成来看，开支最大的是人力资源开支。2014 年度人力资源开支为 4.37 亿元，较 2013 年度的 3.64 亿元增长了 20.05%，但占业务及管理费的比例从 2013 年度的 54.05% 下降至 51.74%。第二大项支出为办公费开支，较 2013 年度的 1.52 亿元增加至 1.92 亿元，增长了 26.32%，占业务及管理费的比例为 22.68%，与 2013 年度基本持平。

1. 人力资源开支。从分类平均看，第二梯队的人力资源开支占管理费收入的比重明显大于第一梯队公司，分别为169.69%和37.86%。因此，规模越小的香港子公司，其人力资源负担越重。

第一梯队公司工资与奖金比约为1.02，第二梯队公司为1.35，第三梯队公司为2.53，反映出第一梯队公司在业绩激励方面领先于第二梯队公司和第三梯队公司。

2. 办公费开支。从办公费开支的构成来看，日常开支部分和专业服务费部分是办公费开支最主要的来源。2014年度日常开支部分（主要包括租赁费、物业管理费及水电费，电子设备运转费及修理费和办公目的会议费、差旅费）和专业服务部分［主要包括咨询费（办公费性质）、律师费和会计师费］分别占办公费开支的68.83%和23.50%，较2013年度的占比分别上升1.25%和1.58%。

（六）利润

2014年度，22家香港子公司净利润总额为0.97亿元，较2013年度的0.85亿元增加0.12亿元，上升14.12%。2014年度共有6家公司盈利，16家公司亏损（见表8－19）。

表8－19　2014年基金管理公司香港子公司盈亏情况

盈亏情况	香港子公司数量（家）
盈利	6
净亏损低于1 000万元	10
净亏损高于1 000万元	6

资料来源：中国证券投资基金业协会（AMAC）

在ROE、ROA、营业利润率和税前利润率方面，全行业营业利润率和税前利润率均出现下降，ROE和ROA也都在较低水平上（见表8－20）。其中，第一梯队公司的ROE、ROA、营业利润率和税前利润率分别为14.03%、11.80%、26.41%和26.40%，均显著高于行业平均水平。相比之下，规模较小的香港子公司大多仍在亏损。

表 8-20 全行业主要盈利指标一览表 （单位:%）

盈利指标	2014 年（22 家）	2013 年（21 家）	变动	变动比率
ROE	4.44	（注）	（注）	（注）
ROA	3.83	（注）	（注）	（注）
营业利润率	12.52	15.42	-2.90	-18.79
税前利润率	12.52	15.34	-2.82	-18.41

注：由于 2012 年 12 月 31 日的净资产和总资产数据缺失，无法计算 2013 年的 ROE 和 ROA，相应变动和变动比率也未予列示

资料来源：中国证券投资基金业协会（AMAC）

四、年报审计情况

2014 年共 16 家事务所承担了 95 家基金管理公司的年度审计业务（2013 年为 16 家事务所承揽 88 家）。四大国际事务所承揽了 71 家基金管理公司的审计业务（2013 年为 62 家），其中普华永道 33 家（2013 年为 28 家），安永 15 家（2013 年为 13 家），毕马威 13 家（2013 年为 11 家），德勤 10 家（2013 年为 10 家）；另外 12 家内资事务所承揽了 24 家基金管理公司（2013 年为 12 家内资所承揽 26 家）的财务报告审计。

第九章

基金管理人

截至2014年12月底，我国境内共有基金管理公司95家，其中合资公司46家，内资公司49家，共有取得公募基金管理资格的证券公司6家；管理资产合计66 811.36亿元，其中管理的公募基金规模45 353.61亿元，非公开募集资产规模21 457.75亿元。

第一节　股东和股权结构

一、股东背景

（一）国有、民企、外资、个人

从股东背景来看（图9－1），目前大部分基金管理公司的控股股东是国有金融机构以及省级或地方政府背景企业，每家基金管理公司均有国有企业股东参与。

民营企业参股的基金管理公司占比在23%左右。随着基金管理公司股东准入门槛的降低，最近两年在新成立的基金管理公司及老基金管理公司增资扩股的过程中，民营企业的参股比重逐渐提高。

外资企业参股的基金管理公司数量占比为49%，较往年有所下调，主要由于近一年来基金管理公司的新增股东中外资背景企业相对较少。从外资股东所处区域来看，多是来自我国台湾、日本、法国和加拿大的证券公司或者资产管理公司，其他还包括瑞士、意大利等欧洲国家，新加坡、中国香港等亚洲市场和美国的金融机构。

2014 年以来，随着新《证券投资基金法》对于基金管理公司治理结构新规范的发布，基金管理公司股东多元化现象明显，且自然人也出现在基金管理公司股东之列。目前，有 2 家基金管理公司有个人股东参与。

图 9－1 2014 年国有、民营、外资、个人参股基金管理公司数量分布

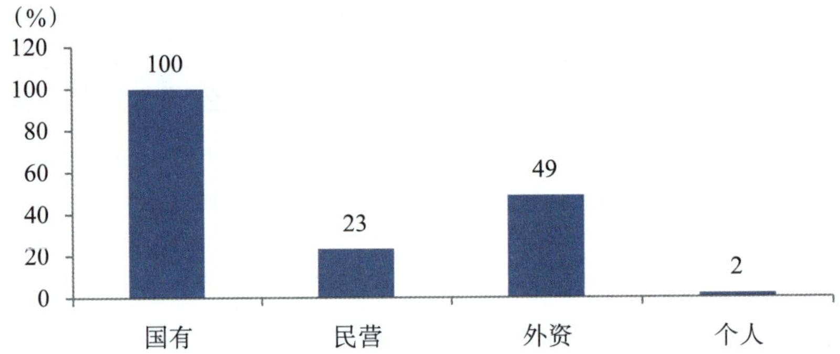

资料来源：Wind、上海证券基金评价研究中心

（二）不同类型股东背景

从主要控股股东所处行业来划分，基金管理公司大致可分为四个类型：银行系、券商系、信托系和综合系。一直以来，无论从基金管理公司数量还是从管理的资产规模来看，券商系基金管理公司都在行业中占据领先地位（见图 9－2、图 9－3）。

2014 年共有 48 家券商系基金管理公司，在全部基金管理公司中占比达 51%。其中，包括 6 家证券资产管理有限公司。

银行系基金管理公司虽然在数量上仅有 14 家，但得益于其在渠道上得天独厚的优势，其净资产规模占比仅次于券商系基金管理公司，约占全部基金管理公司净资产规模的 1/3。

信托系基金管理公司共计 23 家，在全部基金管理公司中占比 24%。与 2013 年相比，信托系基金管理公司在数量上虽然并无变化，但中间涉及部分基金管理公司控股股东变化。

其他综合系基金管理公司共计 10 家，主要包括多类金融机构共同控股或资产管理公司为控股股东的基金管理公司。

图 9－2　2013 年和 2014 年各类型基金管理公司数量

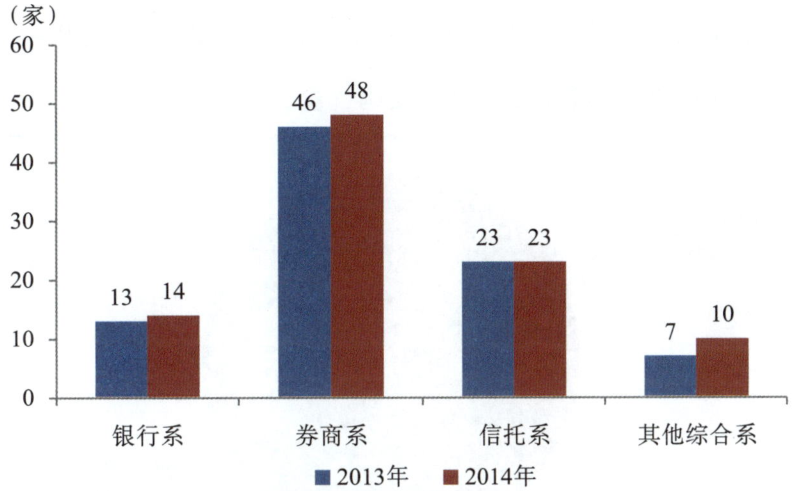

资料来源：Wind、上海证券基金评价研究中心

图 9－3　2014 年各类型基金管理公司数量占比

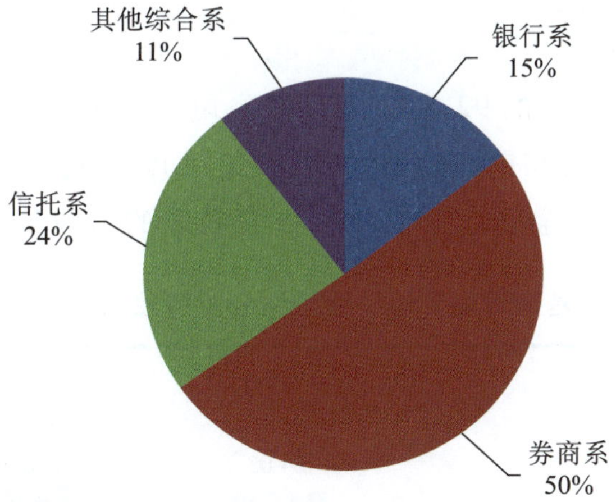

资料来源：Wind、上海证券基金评价研究中心

二、股权结构

（一）绝对控股、相对控股

绝对控股，指单家股东控股比例在 50% 以上或远远高于其他股东控股

比例。相对控股，指多家股东控股比例较为接近或相同。2014 年，53 家基金管理公司采用绝对控股模式，占比达 56%，其中包含 3 家独资控股公司；另外，42 家基金管理公司采用多家股东相对控股模式（见图 9－4）。

图 9－4 2014 年基金管理公司股权结构（参、控股）

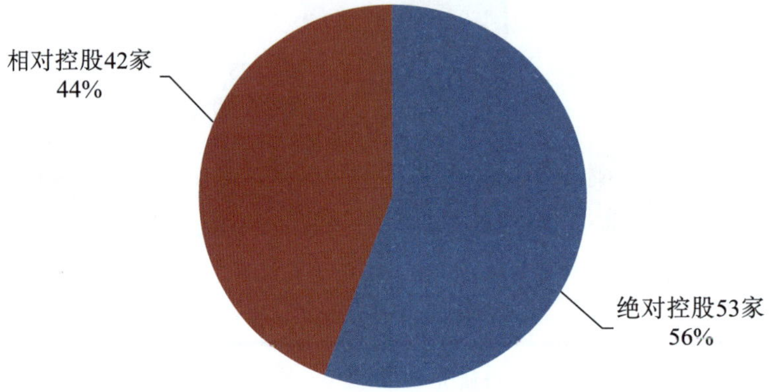

资料来源：Wind、上海证券基金评价研究中心

（二）股权集中度

2014 年在纳入统计的 92 家基金管理公司中，第一大股东持股集中度为 53.61%，前两大股东和前三大股东持股集中度分别为 84.03% 和 95.06%（图 9－5）。大多数基金管理公司的第一大股东的持股比例较高，达到 50%

图 9－5 2014 年基金管理公司参股机构合资和独资情况

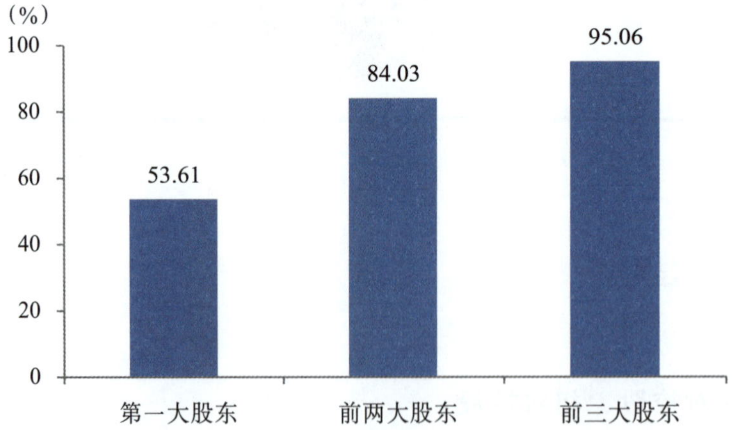

资料来源：Wind、上海证券基金评价研究中心

以上，在公司运作中掌控绝对话语权。约1/3的基金管理公司由两家股东控制全部的股份，另有1/3的基金管理公司由三家股东共同控制100%的股份。个别基金管理公司股东机构较为分散，如富国基金、华安基金、易方达基金等，第一大股东持股比例约在25%左右，由多家股东平均持有股份。

第二节　决策结构

一、董事会构成

基金管理公司的董事会作为股东和管理层之间的隔离墙，目的是防止股东过多干预公司经营管理。董事会对公司的经营运作进行战略性指导和有效监督，公平对待所有股东，维护基金持有人利益。但是在实际的运作过程中，董事和经理人员过于服从大股东的意志而忽视基金持有人的利益、董事长过度干预公司的投资业务等现象屡见不鲜，导致基金管理公司总经理离职。

此外，由于法律法规不尽完善，独立董事的作用很难发挥。如《证券投资基金管理公司治理准则（试行）》规定，基金管理公司的股东对拟任独立董事进行评估，股东会决定独立董事人选，使得独立董事很难保持独立性而“以基金份额持有人利益最大化为出发点”。

二、投资决策委员会构成

基金管理公司大多在内部设有投资决策委员会，负责指导基金资产的运作，确定基金投资策略和投资组合的原则。投资决策委员会是公司非常设机构，也是公司最高投资决策机构，一般由公司总经理、分管投资的副总经理、投资总监、研究总监等相关人员组成。一般情况下，总经理为投资决策委员会主席或主任，督察长列席会议。

基金管理公司投资决策委员会构成可分为两类：一类是由总经理参与

构成，包括研究部门，甚至运营部门相关人士，此种情况一般由总经理担任投资决策委员会主席；另一类是基金管理公司行政人员与投资决策委员会隔离，总经理并不在投资决策委员会中。从实际情况来看，基金管理公司中比较倾向的是总经理参与模式，有利于增强投资决策委员会的话语权，以及决策结果的执行力。

第三节　参与上市公司治理

总体上看，基金管理公司参与上市公司治理的主动性、积极性还较为缺乏，现状不尽如人意。上海市基金同业公会对上海辖区基金管理公司参与上市公司治理的一项调研结果表明：基金管理公司作为机构投资者出席股东大会的积极性不高，参会率极低，极少提出质询且被采纳率不高，极少提出议案，很少提议召开股东大会，提名的董事占比很低，参与公司治理的意愿淡薄，对股东大会议案，极少提出不同意见。调查表明，制约基金管理公司作为机构投资者参与上市公司治理的主要因素包括：上市公司股权结构“一股独大”，导致机构投资者“人微言轻”；对持股比例的限制，导致机构投资者“势单力薄”；增强话语权程序繁杂，导致机构投资者“望而却步”；投资文化与外部环境不理想，导致机构投资者难以“独善其身”；自身治理水平不高，导致机构投资者“力不从心”。

2012 年 12 月，中国证券投资基金业协会发布了《基金管理公司代表基金对外行使投票表决权工作指引》。2014 年 4 月，太极股份《上市公司日常关联交易预计的议案》由于反对票数量巨大而未能获得通过，而投出反对票的正是重仓该股的宝盈基金。2014 年 5 月，华商基金计划挑选对互联网金融具有深刻理解、学术与实践兼备的行业专家，作为派驻恒生电子的董事。2014 年 7 月，瑞康医药发布的定增预案中约定，在认购协议生效后，双方同意在条件成熟时，汇添富基金可以向董事会提名一名董事。

第四节　基金管理公司人力资本情况

一、基金管理公司员工整体情况

截至2014年末，全国95家基金管理公司共有从业人员12 758人，较2013年的11 115人，增加了1 643人，增长幅度为14.8%。

二、基金管理公司高管情况

2014年全年，基金管理公司高级管理人员（董事长、总经理、副总经理和督察长）在职人数为329人，较2013年增加92人。其中，来自中国内地有307人，外籍人士有22人。在外籍人士中，来自中国台湾地区有5人，来自中国香港地区有5人。

从年龄构成来看25～35岁（含25岁）高管人员合计4人，占比约为1.2%；35～45岁（含35岁）高管人员合计147人，占比44.7%；45～55岁（含45岁）高管人员合计151人，占比45.9%；55岁以上（含55岁）合计27人，占比8.2%（图9－6）。2014年，高管人员新注册52人，变更17人，离职25人。

三、基金经理情况

截至2014年末，基金管理公司中经注册的在职基金经理共计1 105人，其中，中国内地的基金经理1 055人，外籍人士30人，来自中国台湾地区的基金经理14人，来自中国香港地区的基金经理6人。

（一）学历构成

从学历构成看，具有硕士学历者共计850人，占比76.9%；具有博士

图 9 – 6　　2014 年基金业高管年龄构成

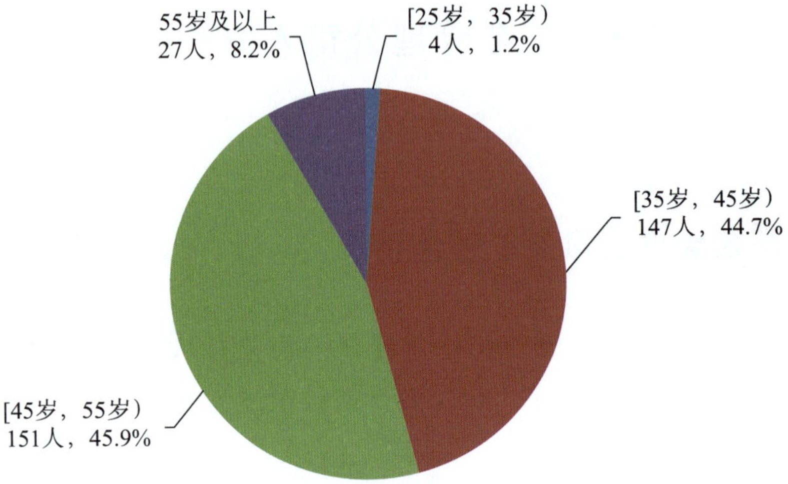

资料来源：中国证券投资基金业协会（AMAC）

学历者共计 129 人，占比 11.7%；本科及以下学历者计 126 人，占比 11.4%（见图 9 – 7）。

图 9 – 7　　2014 年基金经理学历构成

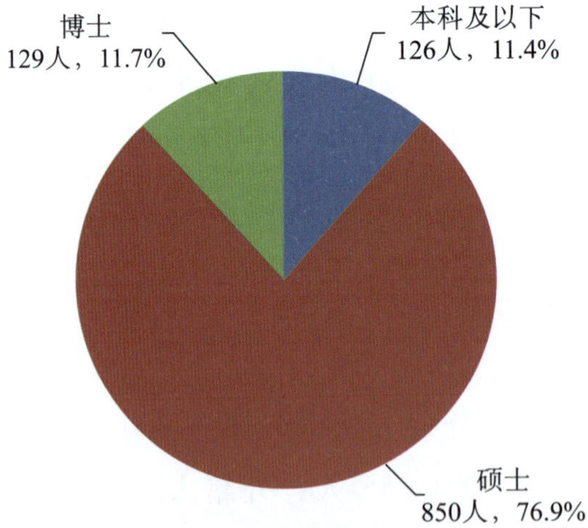

资料来源：中国证券投资基金业协会（AMAC）

（二）从业年限

从基金经理的证券从业年限来看，从业 5 ~ 10 年者占比最高，达 49.0%；其次是 10 ~ 15 年者，占比 33.1%；20 年及以上者仅 27 人，占比 2.7%；5 年以下者 25 人，占比 2.5%（见图 9 - 8）。

图 9 - 8　2014 年基金经理从业年限构成

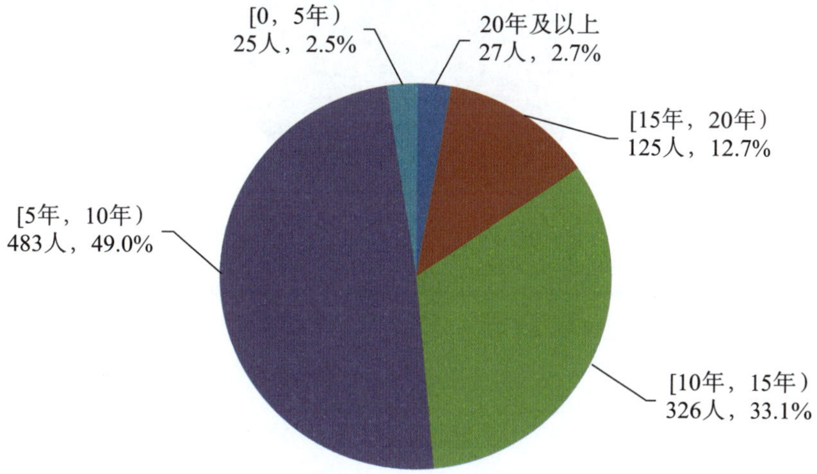

资料来源：上海证券、恒生聚源

（三）任职年限

从基金经理任职年限看，担任基金经理 5 年以上的仅占 10%，3 年以下的占比达 69.1%，其中 1 年以下的占比达 30.6%（见图 9 - 9）。近两年来，基金经理年轻化趋势明显。

（四）基金经理变更

2014 年，基金管理公司基金经理注册人数为 331 人，注销人数为 233 人（其中 170 人离职，63 人转任公司内部其他岗位），基金经理注销率创历史新高。

图 9－9　2014 年基金经理任职年限构成

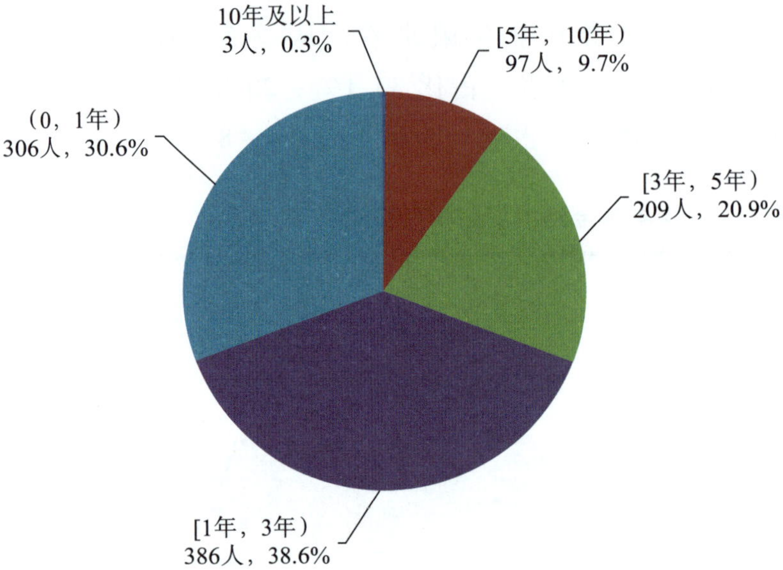

资料来源：上海证券、恒生聚源

第十章

基金持有人

为把握基金持有人结构性特征，了解基金持有人对基金的认知，深入理解基金持有人的资产配置偏好，2015 年第一季度，中国证券投资基金业协会连续第八年对个人基金投资者情况进行抽样调查。本次调查通过 82 家基金管理公司和 13 家独立基金销售机构，根据随机抽样原则对基金持有人进行问卷调查。本次问卷调查最终有效样本共 56 890 份，错误样本剔除率在 1% 以内。

此外，本章第一节报告了中国证监会“开放式证券投资基金投资者结构季报表”年度汇总数据，对全部基金个人投资者的账户结构和不同年龄段账户构成情况进行了分析总结。

第一节　个人投资者基本情况

一、账户结构

根据“开放式证券投资基金投资者结构季报表”，截至 2014 年底，基金账户总数 46 408. 82 万户，较 2013 年末上升了 17 635. 36 万户；其中有效账户数①为 12 741. 59 万户，较 2013 年底增加了 4 044. 49 万户，增幅 46. 5%。2008 年至 2013 年，基金有效账户数相对稳定；2014 年有显著增长，个人有效账户数和机构有效账户数增幅分别达到为 46. 5% 和 43. 1%，

① 有效账户数是指统计期末基金账户数中持有基金份额的账户数量。

投资者开户热情显著提高（见图 10－1）。

图 10－1　开放式证券投资基金投资者有效账户情况

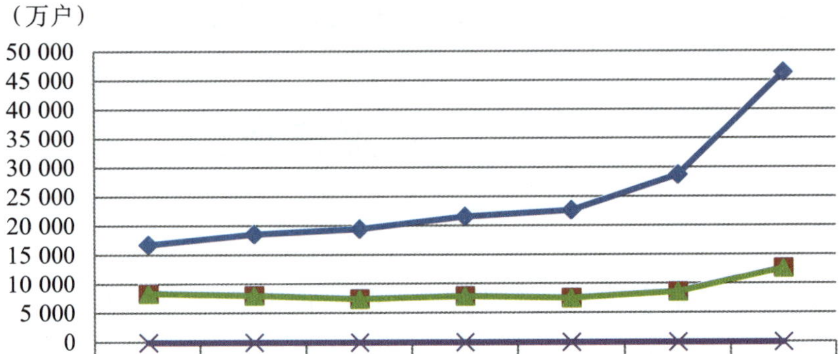

	2008年	2009年	2010年	2011年	2012年	2013年	2014年
基金账户总数	16 846.51	18 640.66	19 533.39	21 636.55	22 717.42	28 773.46	46 408.82
基金有效账户总数	8 459.42	8 092.47	7 494.94	7 973.62	7 635.71	8 697.1	12 741.59
其中：个人有效账户数	8 454.35	8 084.09	7 491.45	7 968.36	7 630.14	8 691.34	12 733.88
其中：机构有效账户数	5.07	3.76	3.46	5.26	5.57	5.38	7.70

资料来源：中国证券投资基金业协会（AMAC）

个人投资者账户持有基金净值的大小分为 5 个档次，分别是：1 万元以下、1 万～5 万元、5 万～10 万元、10 万～50 万元及 50 万元以上。2014 年底，持有开放式基金资产净值在 10 万元以下的基金投资者有效账户数约占 95. 71%，净值在 10 万元以上的基金投资者有效账户数约占 4. 29%，分别比 2013 年下降和上升 0. 1 个百分点；基金市场小额投资者占绝对大多数的基本情况未发生改变。具体结构上，1 万元以下小额基金账户、50 万元以上高净值账户占比较 2013 年均有所上升（见表 10－1）。

表 10－1　个人投资者开放式基金资产净值账户占比情况　（单位：%）

基金净值规模	2008 年	2009 年	2010 年	2011 年	2012 年	2013 年	2014 年
1 万元及以下	97. 50	96. 47	96. 90	61. 73	58. 67	60. 68	67. 17
(1 万元～5 万元]				30. 69	32. 00	29. 82	23. 53
(5 万元～10 万元]				4. 50	5. 15	5. 31	5. 01
(10 万元～50 万元]	2. 23	3. 18	2. 82	2. 77	3. 66	3. 72	3. 78
50 万元以上	0. 27	0. 35	0. 28	0. 31	0. 52	0. 47	0. 51

资料来源：中国证券投资基金业协会（AMAC）

二、不同年龄段账户构成情况

根据“开放式证券投资基金投资者结构季报表”，2014 年不同年龄段账户数、账户净值及户均持有净值如下：

（一）不同年龄段有效账户数

2014 年末，30 岁以下的投资者一跃成为最主要的开放式基金个人投资者账户数主力，占比达 32.09%（见图 10－2），与 2013 年末相比提高 14.9 个百分点。40 岁以上投资者账户数占比明显下降（见图 10－3）。

图 10－2　2014 年开放式证券投资基金有效账户个人投资者年龄结构

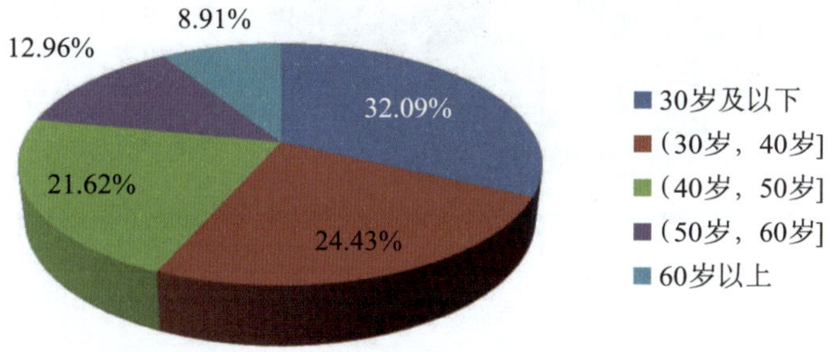

资料来源：中国证券投资基金业协会（AMAC）

图 10－3　2011 年来开放式证券投资基金不同年龄段个人投资者有效账户结构情况

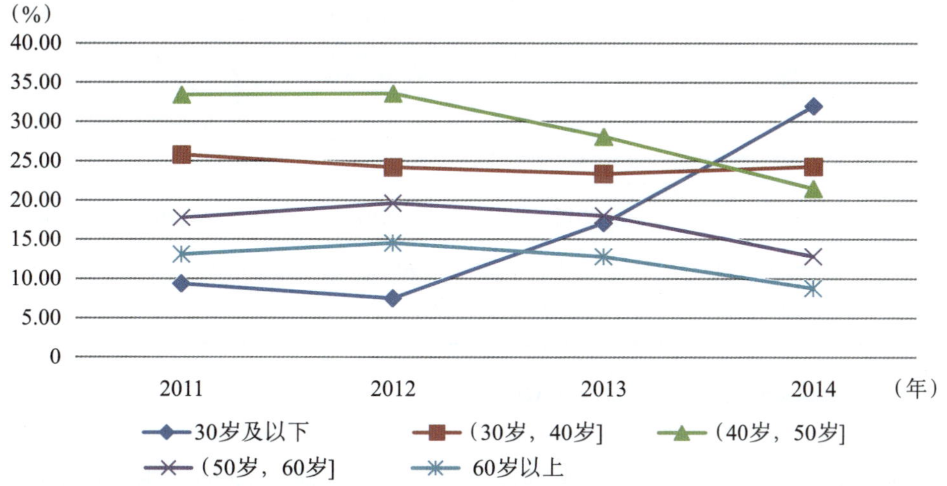

资料来源：中国证券投资基金业协会（AMAC）

（二）不同年龄段持有基金市值情况

2014 年末，40～50 岁之间的个人投资者仍是持有基金资产规模最大的群体，占全部个人投资者所持有的基金资产总额的 28.91%（见图 10－4），但与 2013 年末相比下降了 2.16 个百分点。30 岁以下的个人投资者持有基金资产规模最小，仅占个人持有的全部基金资产总额的 11.48%，但是与 2013 年末相比，提高了 4.31 个百分点（见图 10－5）。

图 10－4 2014 年底不同年龄段个人投资者持有市值占比

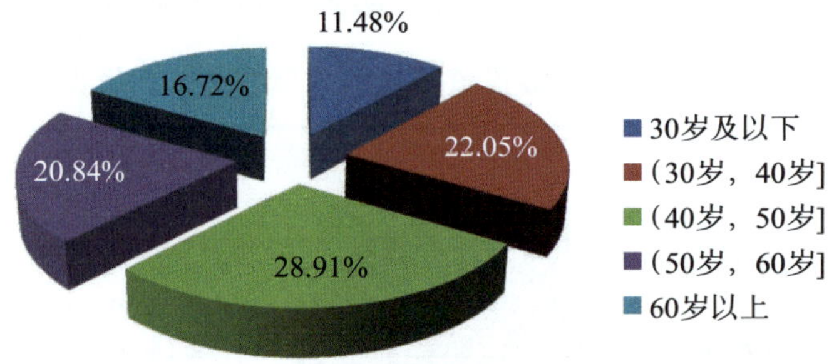

资料来源：中国证券投资基金业协会（AMAC）

图 10－5 2011 年来不同年龄段个人投资者持有市值占比情况

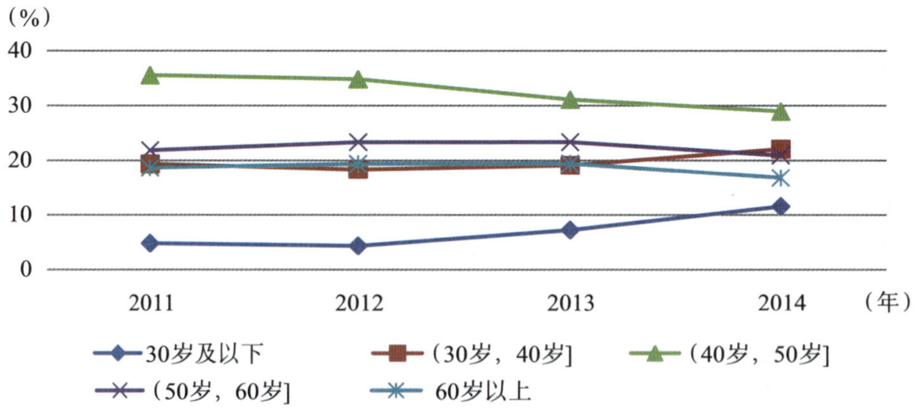

资料来源：中国证券投资基金业协会（AMAC）

总体而言，40 岁以下开放式基金投资者持有基金净值占比较 2013 年上升，40 岁以上开放式基金投资者持有基金净值占比呈下降状态，与账户数变化一致；各年龄段持有基金市值占比更加接近。

（三）户均持有基金净值情况

2014 年，60 岁以上的投资人群每户平均持有开放式基金净值最高，达到 4.28 万元（见图 10－6）。

图 10－6　2014 年底不同年龄段个人投资者平均每户持有基金净值

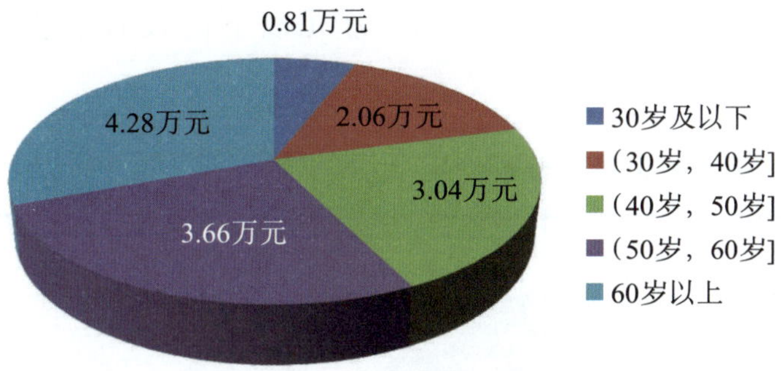

资料来源：中国证券投资基金业协会（AMAC）

最近七年，平均每户净值最高的投资者均为 60 岁以上的投资人群。2014 年各年龄段平均每户持有基金净值较 2013 年增减情况各异，其中 30 岁以下投资人群平均每户持有基金净值下降，30 岁以上投资人群平均每户持有基金净值上升（见图 10－7）。

图 10－7　2011 年来不同年龄段个人投资者平均每户持有基金净值情况

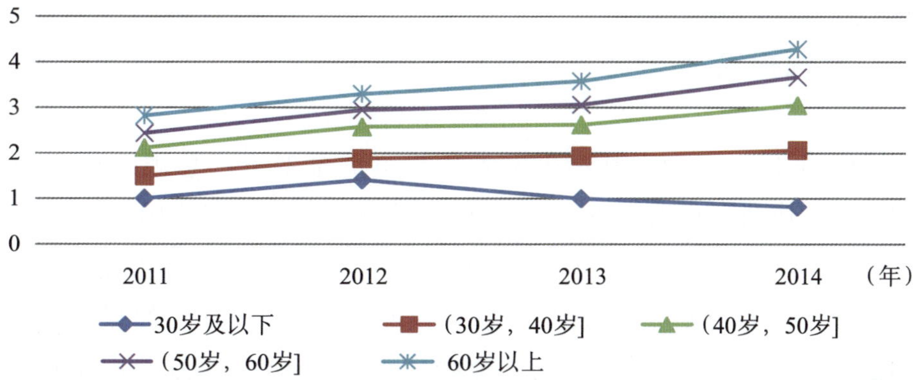

资料来源：中国证券投资基金业协会（AMAC）

三、收入水平

根据中国证券投资基金业协会《证券基金期货个人投资者投资情况调查报告（2014 年）》，2014 年 39% 的个人基金投资者税后年收入在 5 万元到 10 万元之间，比 2013 年提升 2 个百分点，占比最高；5 万元以下的投资者占 26%，与 2013 年持平；10 万元至 15 万元的投资者占 20%，比 2013 年降低 2 个百分点；税后年收入在 15 万元以下的投资者占到 85%（见图 10－8）。

图 10－8　个人基金投资者年收入

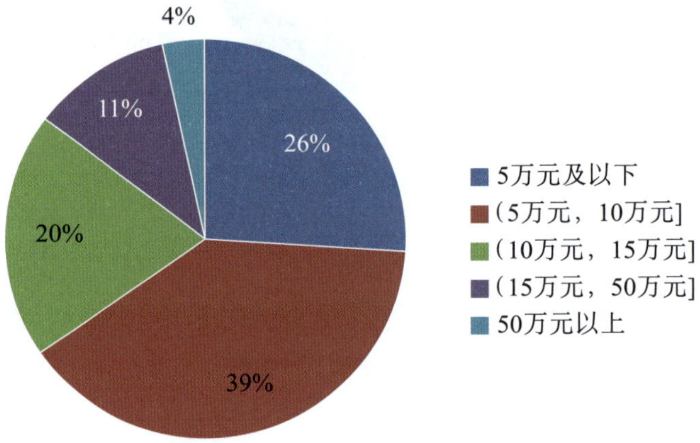

资料来源：中国证券投资基金业协会（AMAC）

四、金融投资规模

与 2013 年相比，个人基金投资者所投资的金融资产总规模在 50 万元以上的比例明显升高，提升了 8 个百分点，达到 26%（见图 10－9）。

金融资产规模在 10 万～50 万元的投资者比例为 31%，占比最大，但比 2013 年下降 6 个百分点。金融资产总规模在 5 万～10 万元的投资者比例为 22%，比 2013 年下降 3 个百分点。金融资产总规模在 5 万元以下的投资者比例为 21%，比 2013 年上升 1 个百分点。金融资产总规模在 50 万～100 万元的投资者占比 16%，比 2013 年上升了 5 个百分点。金融资产总规模在

图 10-9　个人基金投资者金融资产总规模

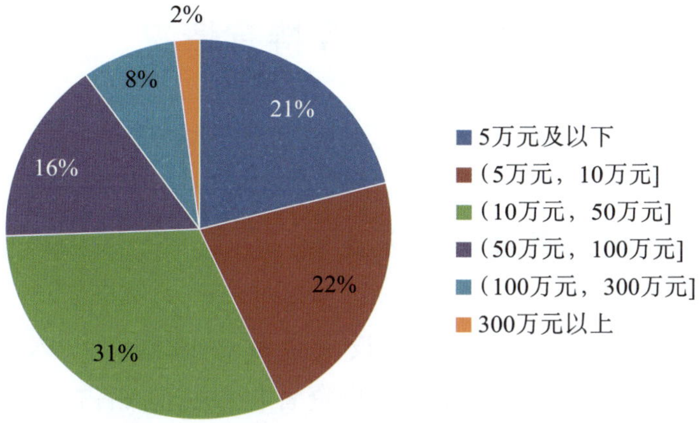

资料来源：中国证券投资基金业协会（AMAC）

100 万元以上的投资者占比 10%，比 2013 年高了 3 个百分点，其中金融资产在 100 万~300 万元的投资者比例为 8%，300 万元以上的投资者比例为 2%（见图 10-10）。

图 10-10　2012 年来个人基金投资者金融资产总规模

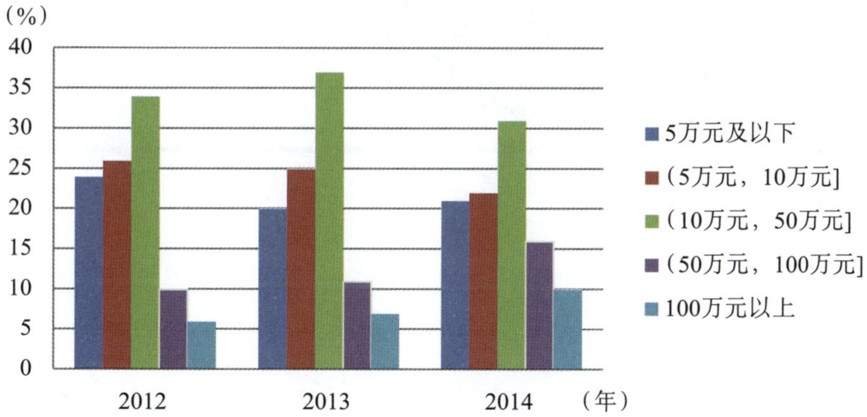

资料来源：中国证券投资基金业协会（AMAC）

第二节 基金持有情况

一、投资金额占家庭年收入比重

在个人基金投资者中，31%将投资金额占家庭年收入的比重控制在10%～30%之间，占比最高；77%的投资者将投资金额占家庭年收入的比重控制50%以下（见图10－6）。

图10－11 个人基金投资者基金资产占金融总资产的比重

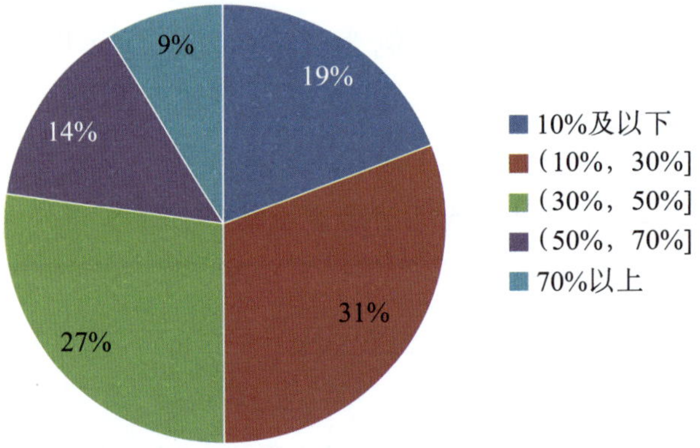

资料来源：中国证券投资基金业协会（AMAC）

二、基金投资经验

调查数据显示，投资基金的时间在5年以上的个人基金投资者占比最大，达42%，比2013年增加1个百分点。其次是投资年限在2～5年之间的个人基金投资者，占比17%，比2013年减少2个百分点。可见，过半（59%）投资者都投资基金市场在2年以上，与2013年数据基本持平。投资基金时间在1～2年之间的投资者占比15%，在半年到一年之间的投资者占比 14%，在半年以内的投资者占比 12%（见图 10－12）。

图 10－12　　个人基金投资者投资基金的时间

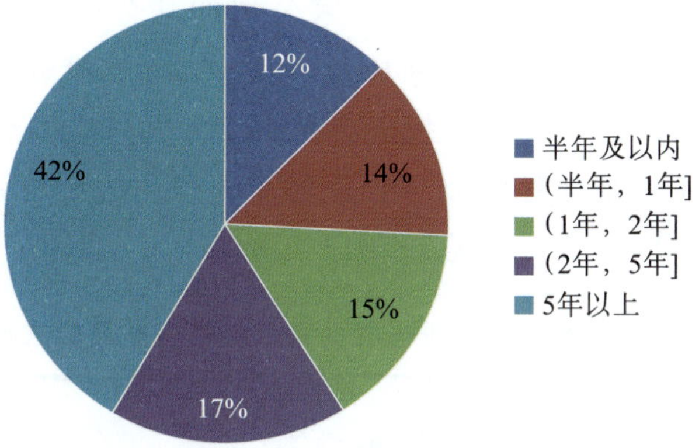

资料来源：中国证券投资基金业协会（AMAC）

三、持有单只基金的平均时间

持有基金时间为半年到 1 年的投资者比例最高，占比为 26%，相比 2013 年增加 4 个百分点。持有时间为 1～3 年的投资者为 23%，相比 2013 年下降 9 个百分点。持有期限为少于 6 个月、3～5 年、5 年以上的投资者所占比例与 2013 年相似，分别为 18%、16%、17%（见图 10－13）。

图 10－13　　个人基金投资者持有单只基金的平均时间

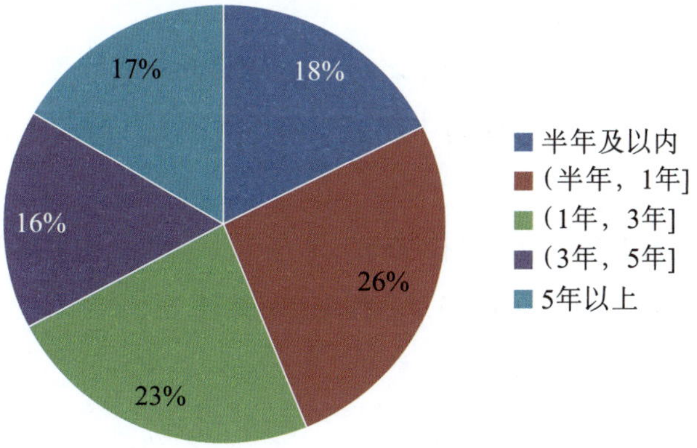

资料来源：中国证券投资基金业协会（AMAC）

四、持有公募基金的家数

只有18%的基金投资者仅持有一家公司的基金产品，23%个人基金投资者持有2家基金管理公司的公募基金产品，23%的投资者持有3家基金管理公司的公募基金产品，23%的投资者持有5家及以上基金管理公司的公募基金产品，持有4家基金管理公司的公募基金产品的投资者反而只有13%，占比最少（见图10-14）。情况与2013年相似。

图10-14 2014年基金个人投资者持有公募基金产品的家数

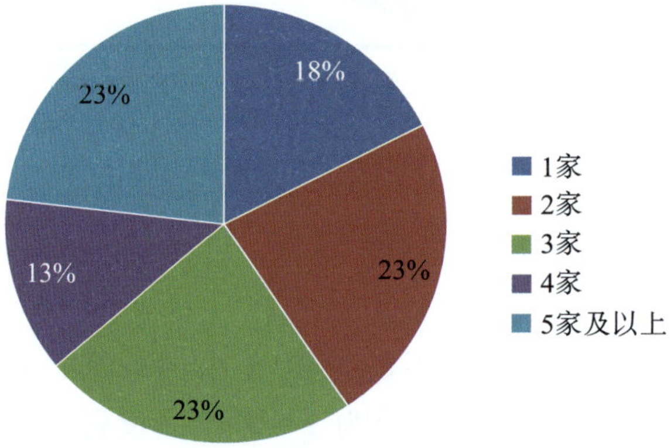

资料来源：中国证券投资基金业协会（AMAC）

五、个人基金投资者盈亏情况

自投资以来，有盈利的投资者占比为62%（见图10-15），相比于2013年的38%大幅上升。有亏损的投资者仅占18%，相比于2013年的35%下降了近一半。

此外，仅就2014年一年的投资情况来看，61%的投资者获得盈利（见图10-16），相比于2013年的37%有显著提升。

图 10－15　个人基金投资者投资以来的盈亏情况

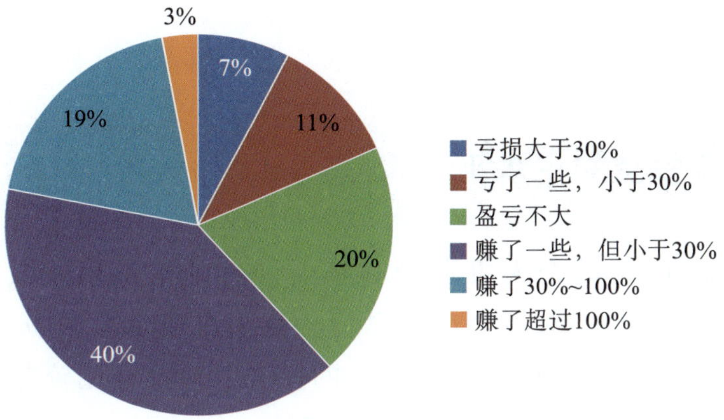

资料来源：中国证券投资基金业协会（AMAC）

图 10－16　个人基金投资者 2014 年盈亏情况

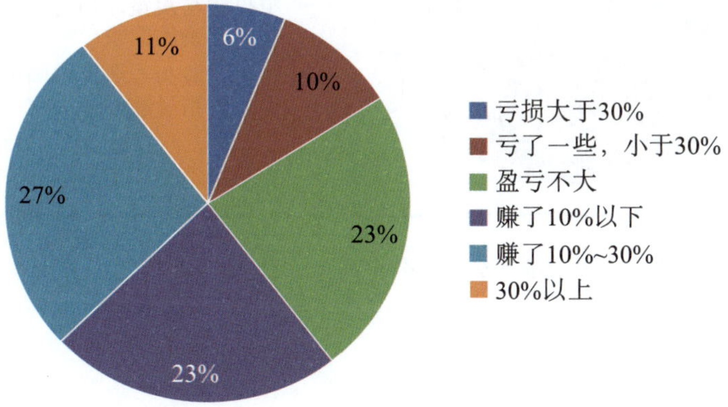

资料来源：中国证券投资基金业协会（AMAC）

第三节 基金认知及行为偏好

一、基金投资知识水平

数据显示，63% 的个人投资者对基金仅有基本认识或没有入门知识，比 2013 年上升了 7%；对基金比较熟悉、认为可以自主投资决策的个人投资者占 29%，已经初具规模；仅有 8% 的投资者对投资比较专业，可以向他人提供投资指导或经验分享（见图 10－17）。

图 10－17 个人基金投资者投资知识水平

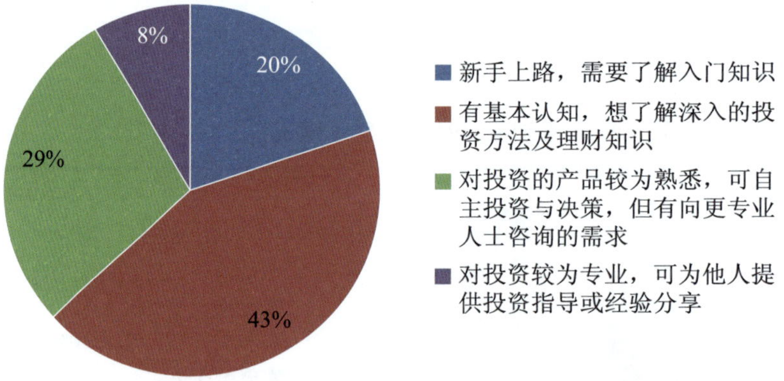

资料来源：中国证券投资基金业协会（AMAC）

二、基金投资目的

调查表明，个人基金投资者中多数将“获得比银行存款更高的收益”作为重要的投资目的，其次则是“分散投资风险”与“养老储备”。与 2013 年相似，选择“获得比银行存款更高的收益”的投资者远超过选择其他的目的的投资者（见图 10－18）。

图 10 – 18　个人基金投资者投资目的

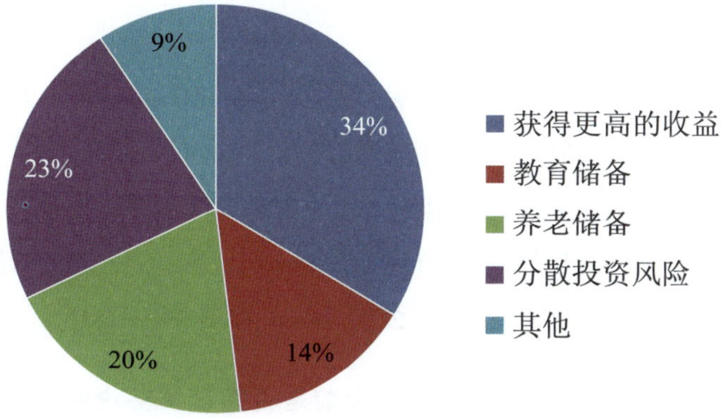

资料来源：中国证券投资基金业协会（AMAC）

三、如何看待基金

调查表明，53%的投资者对基金表示信赖，比 2013 年有所上升；33%的投资者认为基金投资没有明显优势，较 2013 年数据有所下降；9%的投资者认为基金投资业绩不佳，相比于 2013 年下降了一半；另有 5%投资者表示不再相信基金，这一比例和 2013 年基本持平（见图 10 – 19）。

以上数据说明，与 2013 年相比，投资者对基金的信任度明显增强。

图 10 – 19　个人基金投资者如何看待基金

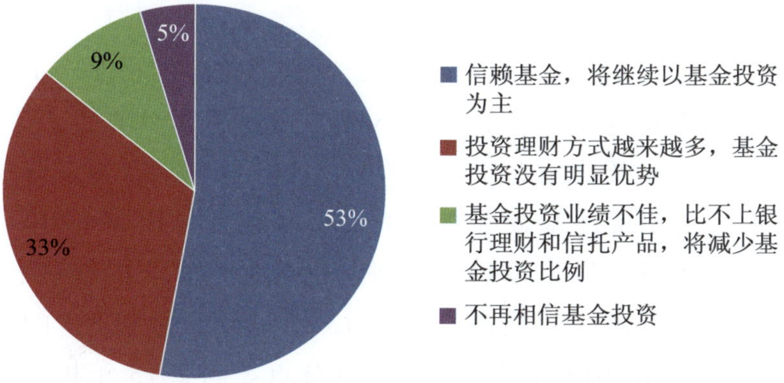

资料来源：中国证券投资基金业协会（AMAC）

四、是否阅读招募说明书

37% 的投资者在购买基金前不会阅读招募说明书，与 2013 年相比上升了 4 个百分点。其中，15% 的投资者因为看不懂而不读，22% 的投资者因为内容太多不知道看什么内容而不读。49% 的投资者在买基金前会在一定程度下阅读招募说明书，其中 12% 的投资者在销售人员的指导下看，37% 的投资者有时候会看，但不知道看什么内容（见图 10－20）。

图 10－20　个人基金投资者购买基金前是否阅读招募说明书

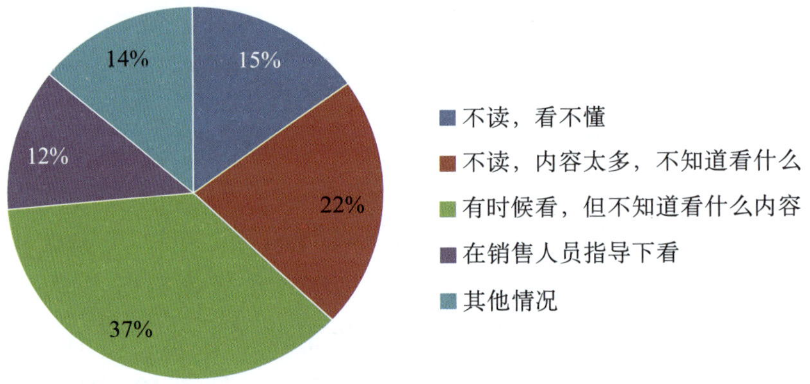

资料来源：中国证券投资基金业协会（AMAC）

五、基金合同中最关注的条款

从统计结果看（见图 10－21），投资者最为关注的是基金的业绩比较基准、资产配置及收益分配条款，占比 34%，比 2013 年增加了 3 个百分点。最关注基金交易方式及费用的投资者占比 21%，比 2013 年下降了 1 个百分点。16% 的投资者最关注基金持有人的权利和义务，比 2013 年下降了 3 个百分点。13% 的投资者最关注基金管理人及基金托管人的权利和义务。8% 的投资者最关注基金的信息披露，和 2013 年一致。另有 8% 的投资者不怎么关注基金合同，比 2013 年减少了 1 个百分点。与 2013 年相比，2014 年整体比例变化不大，投资者依然更关注基金的业绩与基金的交易方式与费用相关的条款。

图 10－21　基金个人投资者对于基金合同中最关注的条款

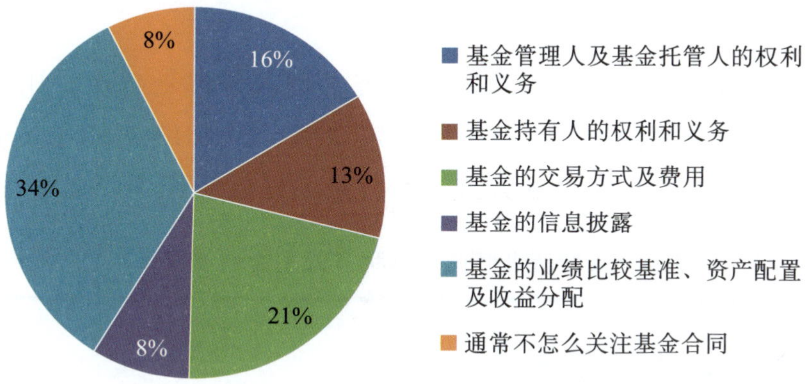

资料来源：中国证券投资基金业协会（AMAC）

六、认为目前基金费率如何

调查显示，共有 68% 的投资者认为目前基金费率偏高。其中接近一半（42%）的投资者认为目前的基金费率较高，这部分投资者占比最高，但比 2013 年下降了 4 个百分点；认为目前基金费率太高的投资者占比 26%，比 2013 年下降 2 个百分点。只有 24% 的投资者认为目前基金费率是合理的，比 2013 年增加 6 个百分点。另有 8% 的投资者不了解相关费率，与 2013 年持平（见图 10－22）。

图 10－22　基金个人投资者认为目前基金费率如何

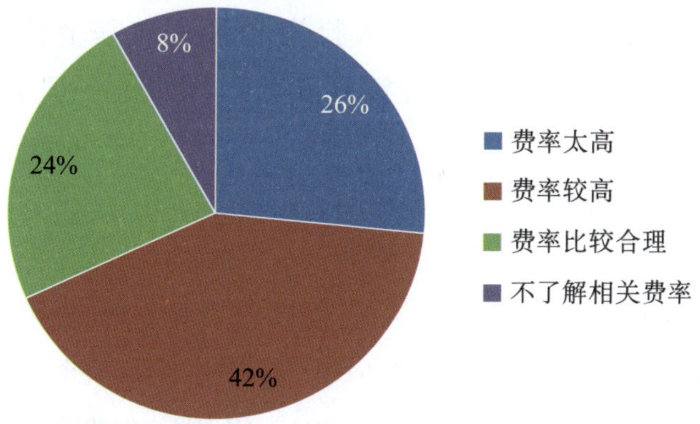

资料来源：中国证券投资基金业协会（AMAC）

七、倾向于哪种方式基金收费费率

关于基金收费费率方式，54%的投资者更偏好浮动费率，比2013年减少8个百分点；28%的投资者更偏好固定费率；比2013年增加6个百分点；18%的投资者对基金收费费率方式没有特别偏好（见图10－23）。

图10－23　基金个人投资者倾向于哪种方式基金收费费率

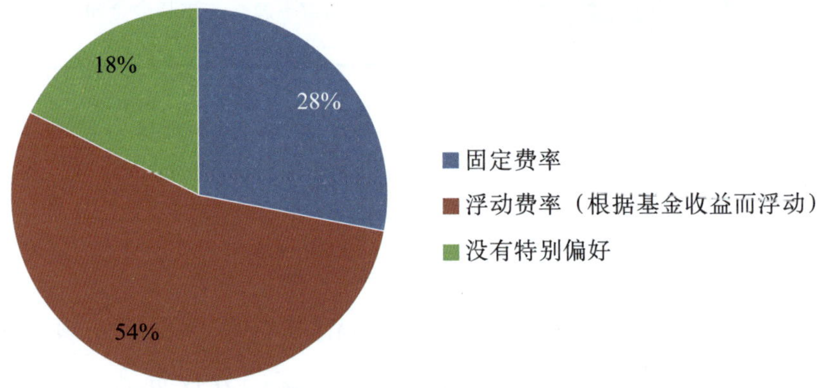

资料来源：中国证券投资基金业协会（AMAC）

八、购买基金关注的问题

数据表明，投资者在选择基金管理公司时，最看重公司的基金业绩（见图10－24）。除此之外，基金个人投资者最关注基金管理公司名气，与2013年数据相似。除此之外，投资策略和公司规模也受到了投资者的关注。

九、预期年收益率

调查表明（见图10－25），个人基金投资者中，预期年收益率在10%～30%人数占比43%，位列第一，与2013年相比下降1个百分点。21%的投资者预期年收益率为30%～50%，是2013年相应预期投资者比例的3倍。17%的投资者预期年收益率为5%～10%，这一比例不到2013年相应收益

图 10－24 基金个人投资者买基金关注的问题

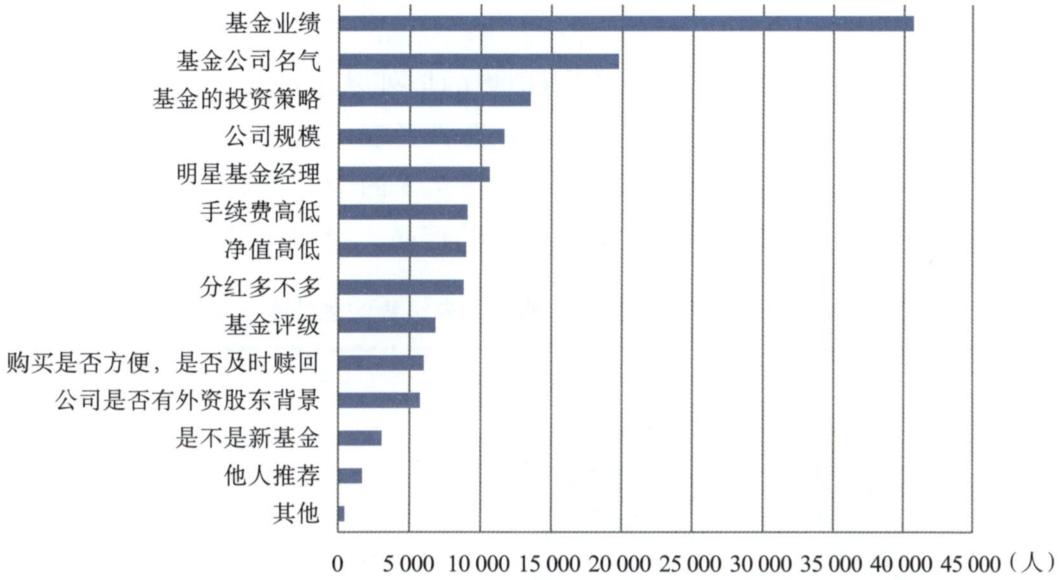

资料来源：中国证券投资基金业协会（AMAC）

区间所占比例的一半。总的来说，2014 年个人基金投资者对投资收益率的预期大幅上升。

图 10－25 个人基金投资者预期年收益率

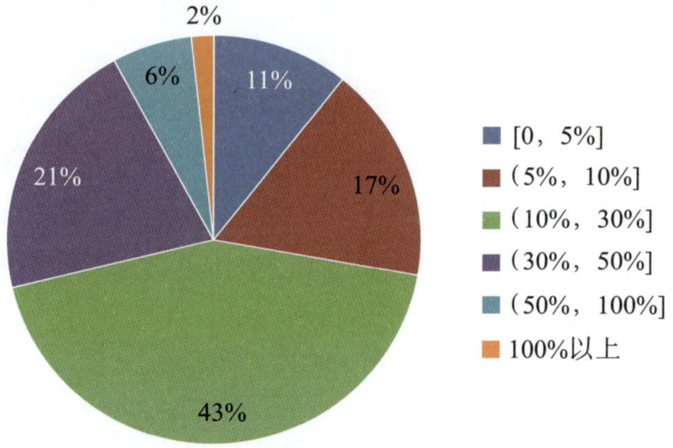

资料来源：中国证券投资基金业协会（AMAC）

十、是否会购买国内销售的境外基金产品

有61%的投资者表示会购买国内销售的境外基金产品，其中30%的投资者表示只要产品好就买，其余31%的投资者表示要综合考虑公司能力、产品业绩等多个因素（见图10－26）。约占1/3的个人基金投资者表示暂时不会购买自己不了解的外国基金管理公司的产品，与2013年调查结果一致。

图10－26 基金个人投资者是否会购买国内销售的境外基金产品

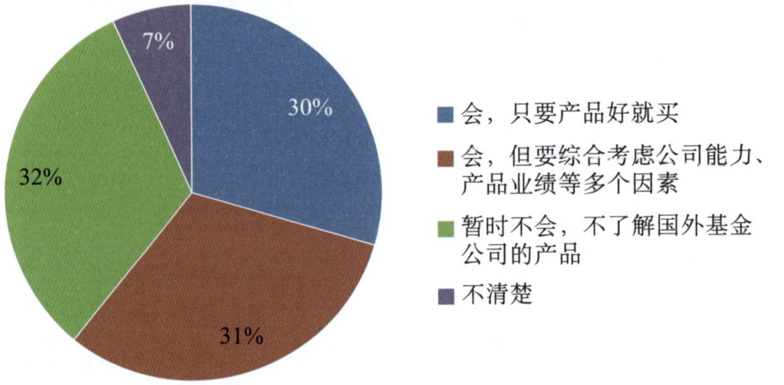

资料来源：中国证券投资基金业协会（AMAC）

十一、是否考虑投资海外市场：六成投资者考虑投资

61%的投资者表示会考虑投资海外市场，与2013年数据持平。其中31%的投资者表示还未投资但是已经在做准备；22%的投资者表示已经购买了QDII基金；8%的投资者表示已经通过其他渠道投资；相对较少的（28%）投资者表示不会考虑投资海外市场，和2013年数据一致11%的投资者表示不清楚（见图10－27）。

图 10－27　　基金个人投资者是否考虑投资海外市场

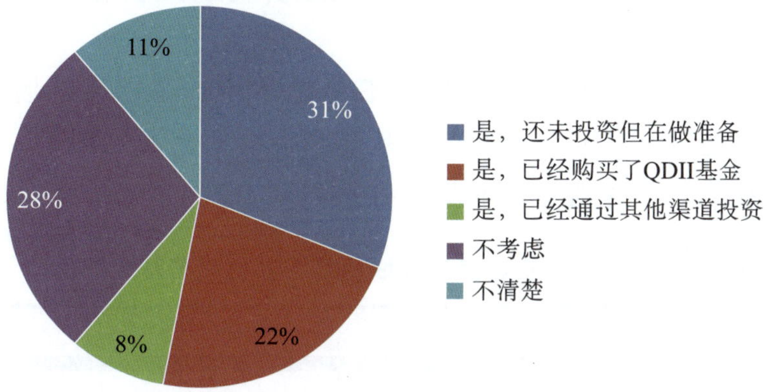

资料来源：中国证券投资基金业协会（AMAC）

十二、对互联网金融产品的看法

2014 年，互联网金融产品大量涌现，成为投资者关注的热点。调查表明，大多数个人基金投资者认为互联网金融产品“方便、用户体验好”，且拥有“产品选择多、收益率高”、“费用低”等优点，辅以“各种优惠或奖励活动”，对互联网基金产品评价较高（见图 10－28）。

图 10－28　　个人基金投资者对互联网金融产品看法

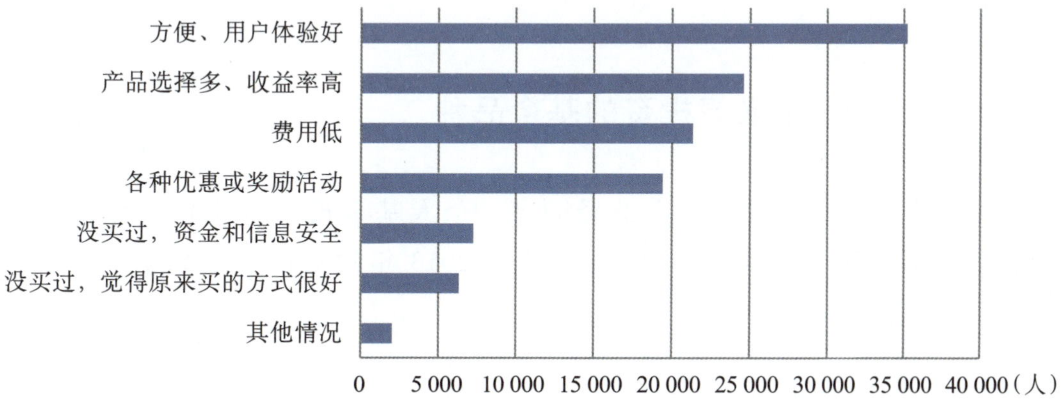

资料来源：中国证券投资基金业协会（AMAC）

十三、除货币市场基金外，通过互联网购买其他哪些基金产品

从投资者的整体选择来看，如果不考虑顺序，除货币市场基金外，更多的投资者会通过互联网购买股票型基金和指数基金（见图 10－29）。2013 年数据中排在第二位的则是保本基金。

图 10－29 基金个人投资者通过互联网购买其他哪些基金产品

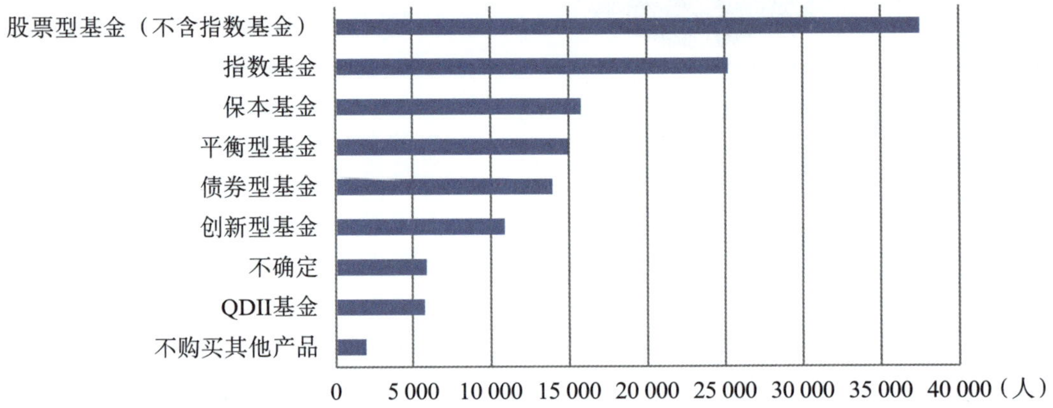

资料来源：中国证券投资基金业协会（AMAC）

此外，按照投资者的选择顺序来看，股票型基金在投资者的第一选择中占比最高，达到 43%；第二选择中最偏好指数基金，占比 32%（见图 10－30）。

十四、2015 年最想投资的基金品种

统计结果表明，如不考虑选择顺序，个人基金投资者比较关注偏股型基金、指数基金（见图 10－31）。相比于 2013 年的数据，指数基金的关注度有了明显的提升。

图 10－30　基金个人投资者通过互联网购买其他哪些基金产品（按重要性排列）

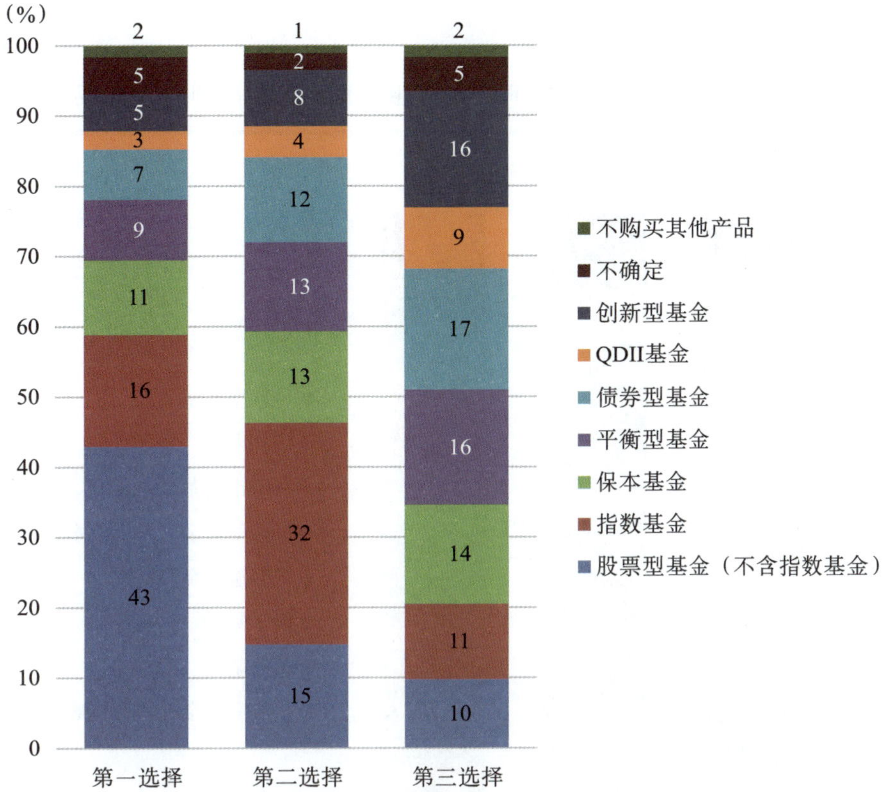

资料来源：中国证券投资基金业协会（AMAC）

图 10－31　个人基金投资者 2015 年最想投资的基金品种

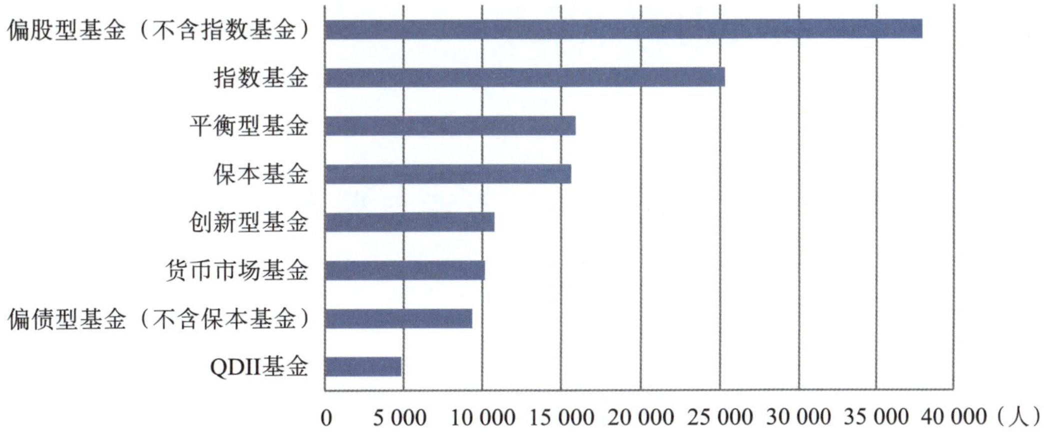

资料来源：中国证券投资基金业协会（AMAC）

对于第一选择，投资者比较偏好偏股型基金，45%的投资者在第一选择中选择偏股型基金；第二选择中31%的投资者比较偏好指数型基金，占比最高（见图10－32）。

图10－32 个人基金投资者2015年最想投资的基金品种（按重要性排列）

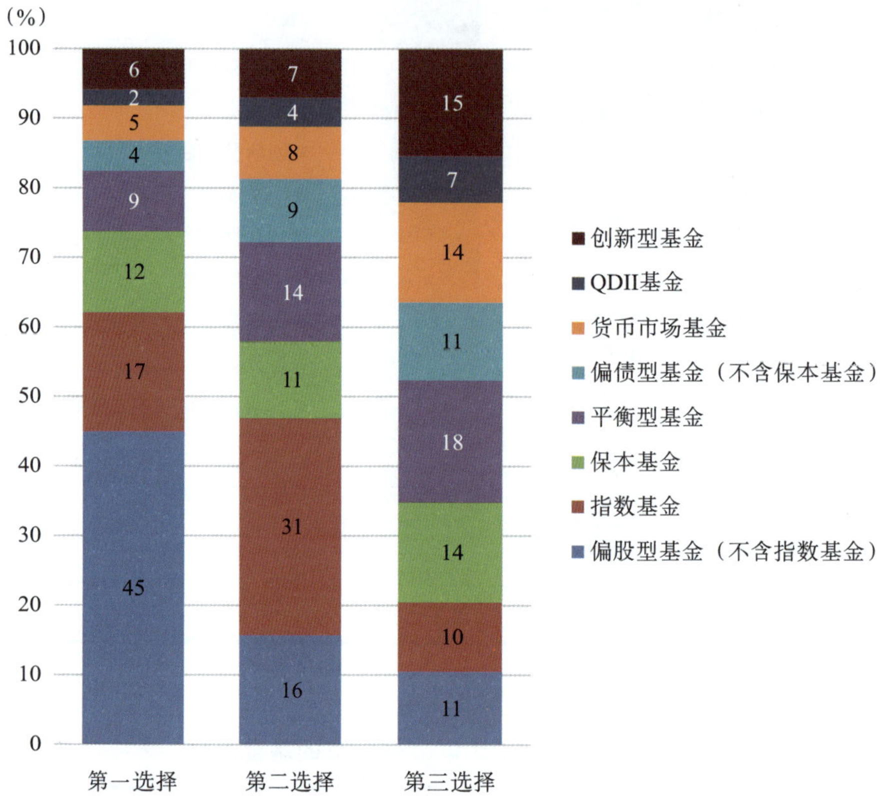

资料来源：中国证券投资基金业协会（AMAC）

第四节 个人基金投资者与养老金管理

一、个人预期的养老资金来源

调查表明，在个人基金投资者中，有49%的人认为退休后养老金的主要来源是基本养老保险，另有26%的投资者退休后主要靠个人储蓄养老，12%的投资者会依靠商业养老保险，9%的投资者依靠企业年金，另有4%的投资者依靠房屋租金或其他（见图10-33）。可见，基本养老保险和个人储蓄是投资者最主要的养老资金来源。

图10-33　个人基金投资者退休后养老金的主要来源

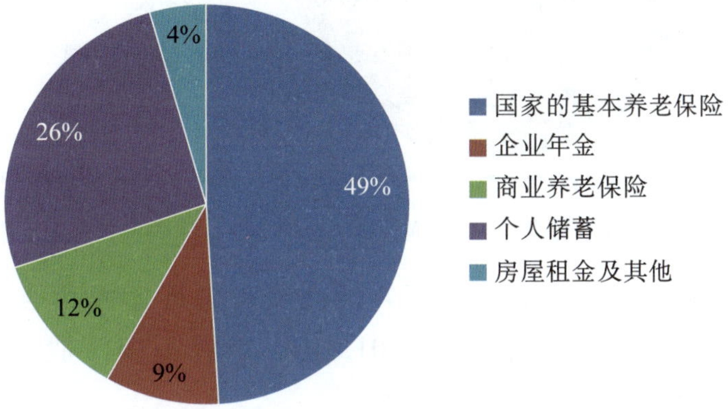

资料来源：中国证券投资基金业协会（AMAC）

二、个人养老资金投资管理意愿

调查表明，在基金投资者人群中，27%选择通过投资基金来管理个人养老资金，占比最高，但比2013年下降了6个百分点；其次是银行存款和购买国债，占比26%；购买商业养老保险的投资者占比21%；通过买股票或者其他方式管理个人养老资金的投资者占比较小（见图10-34）。此外，相比2013年，股票投资所占比例大幅上升，已非常接近商业养老保险。可见，无论对基金投资者，还是对非基金投资者，基金对养老资金管理的价值还没有得到广泛认可。

三、养老基金产品偏好

调查结果显示，40%的投资者会选择“养老”或“生命周期”为主题的基金，这比2013年减少了1个百分点；12%的投资者会选择短期理财基

图 10－34 个人基金投资者管理养老金的投资方式

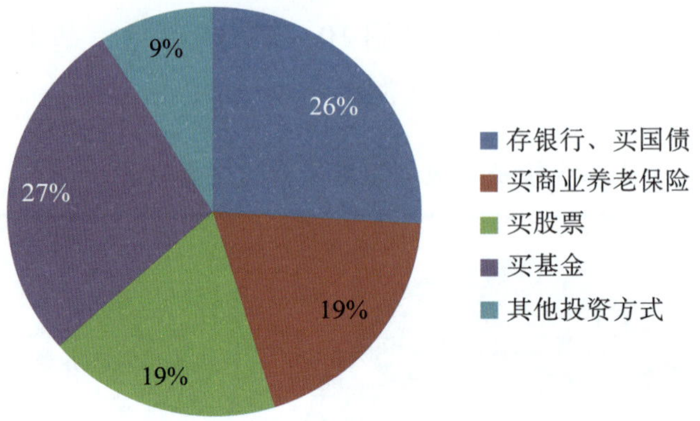

资料来源：中国证券投资基金业协会（AMAC）

金，比 2013 年减少 3 个百分点；12% 的投资者会选择债券基金，和 2013 年数据一致（见图 10－35）。相比于 2013 年，选择投资于股票基金的个人投资者比例上升 6 个百分点，达到 15%。

图 10－35 个人基金投资者认为适合养老的基金形式

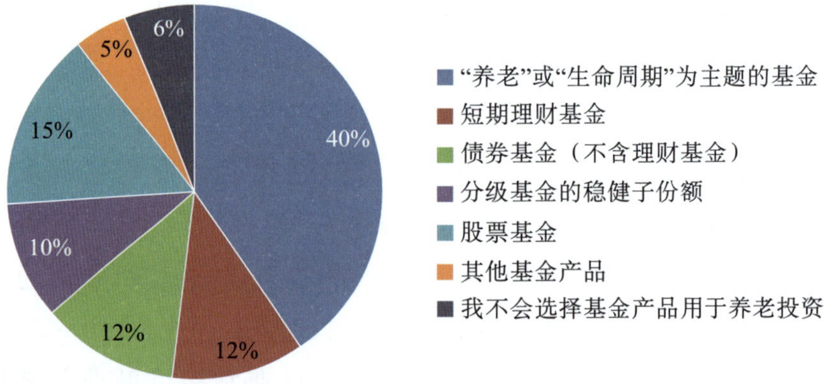

资料来源：中国证券投资基金业协会（AMAC）

四、对于基本养老保险的缴费水平和收益率的看法

46% 的基金个人投资者认为目前的缴费水平太高；27% 认为水平适中；12% 的投资者认为目前比例不够，还希望多缴一些；还有 15% 的投资者表示不清楚（见图 10－36）。

图 10－36　基金个人投资者如何看待基本养老保险的缴费水平

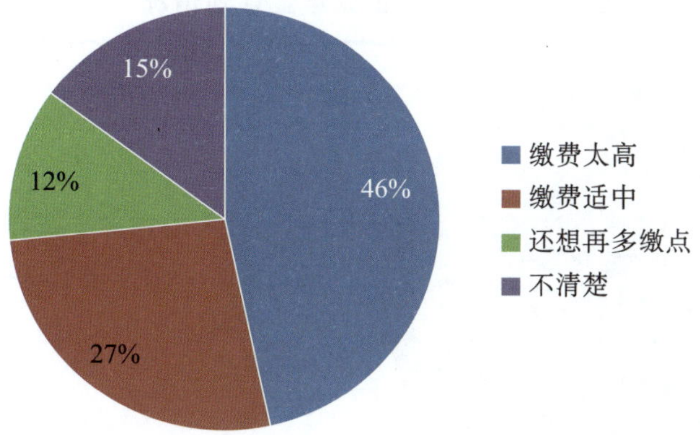

资料来源：中国证券投资基金业协会（AMAC）

对于养老保险的收益率，45% 的投资者认为目前收益率太低，24% 的投资者认为收益率适中，只有 14% 的投资者认为目前的收益率较高。此外，有 17% 的投资者表示不清楚（见图 10－37）。

图 10－37　基金个人投资者如何看待基本养老保险的收益率

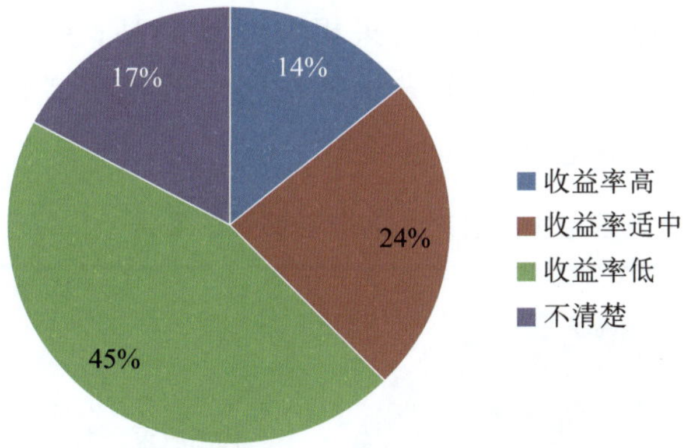

资料来源：中国证券投资基金业协会（AMAC）

五、参加企业年金计划情况

数据表明，46% 的个人基金投资者没有参加企业年金计划；40% 的投资者参加了年金计划，其中 24% 的投资者希望选择投资什么产品，16% 的投资者不希望自己选择；14%的投资者对于这个问题表示不清楚（见图10－38）。

图10－38 个人基金投资者参加企业年金计划情况

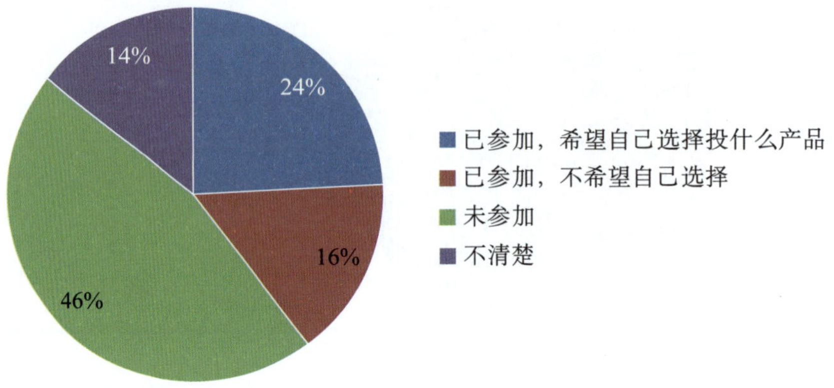

资料来源：中国证券投资基金业协会（AMAC）

六、对个人养老储蓄的看法

数据表明，对于个人养老保险，42%的投资者表示无论国家是否有优惠政策，都会主动储蓄防老或者购买相关寿险产品；41%的投资者表示如果国家出台优惠政策，会考虑养老储蓄；10%的投资者认为国家发放养老金已足够，不再考虑养老储蓄（见图10－39）。

图10－39 个人基金投资者对个人养老储蓄的看法

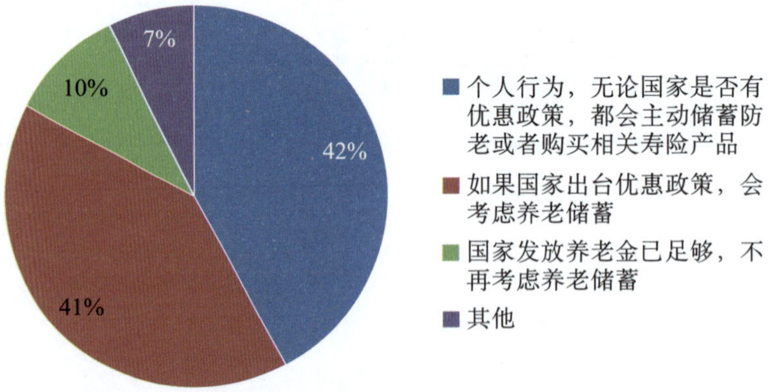

资料来源：中国证券投资基金业协会（AMAC）

七、投资者希望获取的养老金方面的信息

基金投资者中，希望了解“我国养老理财产品介绍及购买方法”的占比最高，为 35%，2013 年数据为 34%，基本一致；其后依次是“个人如何进行养老规划”（32%）、“我国养老保障体系介绍”（22%）、“养老金的发展趋势介绍”（11%）（见图 10－40）。基金投资者对养老金信息需求的优先顺序与 2013 年数据一致。

图 10－40　基金投资者希望获取的养老金方面的信息

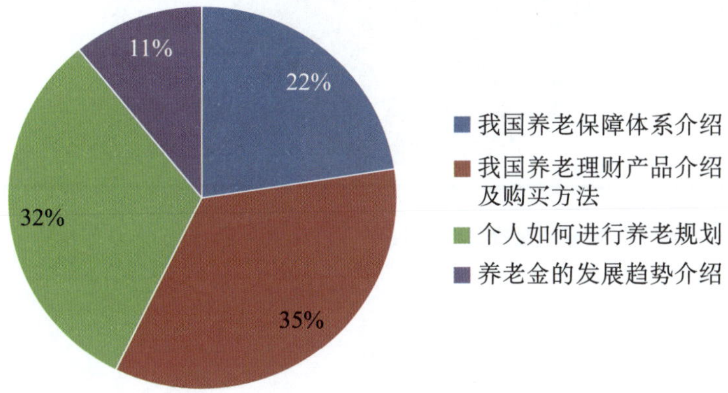

资料来源：中国证券投资基金业协会（AMAC）

第五节　个人基金投资者满意度

一、对基金管理公司提供的基金信息披露满意度

信息披露要做到绝对透明公开，投资者的权益才能得到保障。统计表明，绝大多数投资者对于基金管理公司提供的基金信息披露表示满意，占比 90%，相比 2013 年增加 6 个百分点。其中，有 25% 的投资者对此表示非

常满意，比 2013 年增加了 4 个百分点。与此同时，仅有 10% 的投资者对信息披露表示不满意，比 2013 年下降 6 个百分点（见图 10－41）。说明基金个人投资者整体对于 2014 年基金管理公司提供的基金信息披露更为满意。

图 10－41　基金个人投资者对基金管理公司提供的基金信息披露满意度

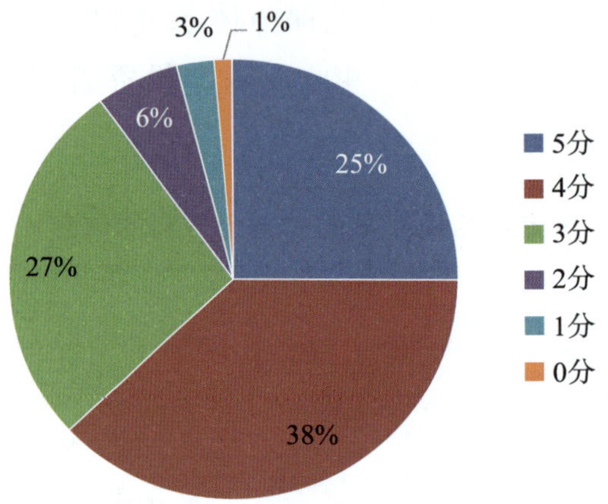

资料来源：中国证券投资基金业协会（AMAC）

二、对投资基金的回报满意度

87% 的投资者对 2014 年的投资基金的回报持满意态度，比 2013 年增加了 16 个百分点，其中有 20% 的投资者表示非常满意，比 2013 年增加了 5 个百分点；另外有 13% 的投资者对 2014 年投资基金的回报不满意，比 2013 年减少了 16 个百分点，其中只有 1% 的投资者表示非常不满意，比 2013 年减少了 4 个百分点（见图 10－42）。总体来说，2014 年基金个人投资者对于基金的回报的满意度整体有所提高。

三、对基金收取的管理费用比例满意度

有 76% 的投资者对向基金收取的管理费满意，给出了 3－5 的分数，这比 2013 年增加了 12 个百分点，其中非常满意的占 17%，比 2013 年增加了 3 个百分点。另有 24% 的投资者对管理费不满意，比 2013 年减少了 12 个百分点，其中非常不满意的占 3%，比 2013 年减少了 3 个百分点（见图 10－43）。

图 10－42　基金个人投资者对投资基金的回报满意度

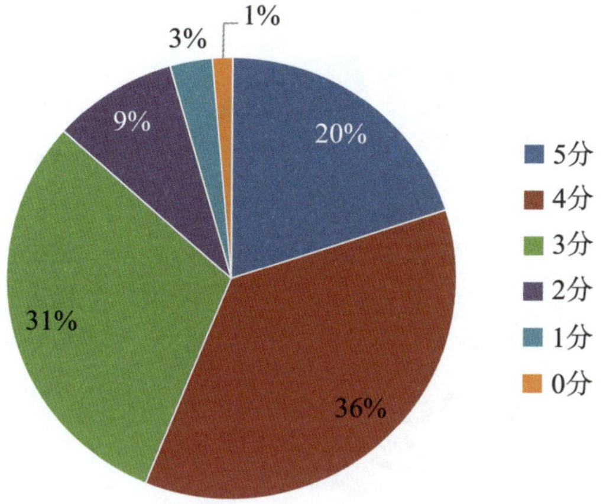

资料来源：中国证券投资基金业协会（AMAC）

说明 2014 年基金个人投资者整体对于基金收取的管理费用更加满意。

图 10－43　基金个人投资者对基金收取的管理费用比例满意度

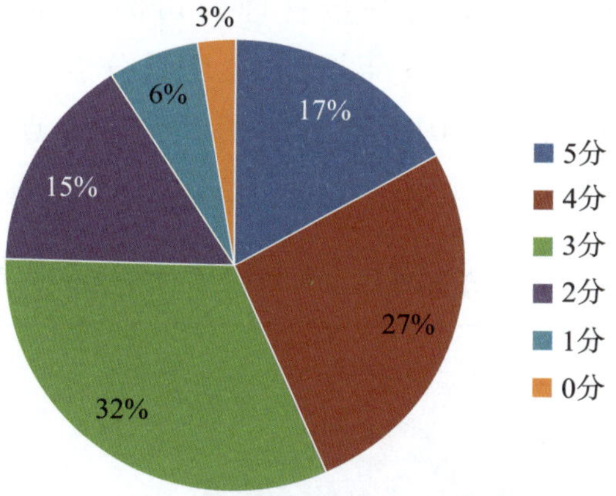

资料来源：中国证券投资基金业协会（AMAC）

四、对基金管理公司的投资能力满意度

大多数个人基金投资者对基金管理公司的投资能力持满意态度，占 88%（见图 10－44），比 2013 年增加 11 个百分点；仅有 1% 的投资者对基金管理公司的投资能力非常不满意，和 2013 年相比下降了 2 个百分点。

图 10－44 基金个人投资者对基金管理公司的投资能力满意度

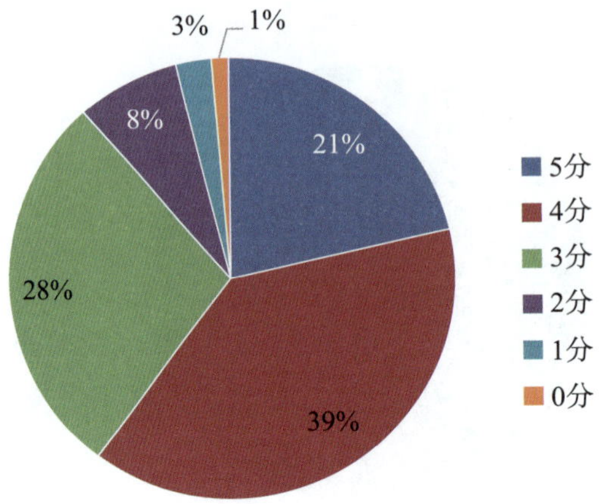

资料来源：中国证券投资基金业协会（AMAC）

五、对基金管理公司保护持有人利益表现的满意度

数据表明，87%的投资者对基金管理公司保护持有人利益的表现持满意态度（见图 10－45），比 2013 年增加 11 个百分点，其中有 22%的投资者对此表现表示非常满意，比 2013 年增加了 5 个百分点。此外，还有 2%的投资者对此表现表示非常不满意，相比于 2013 年的数据下降了 2 个百分点。

图 10－45 基金个人投资者对基金管理公司保护持有人利益表现的满意度

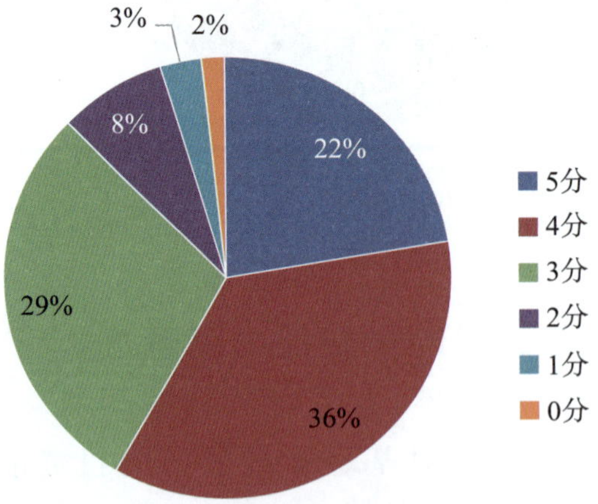

资料来源：中国证券投资基金业协会（AMAC）

六、对基金销售机构满意度

从个人基金投资者对基金销售机构的评价上看，绝大多数投资者表示比较满意，占比 89%（见图 10－46），相比于 2013 年上升 6 个百分点，说明基金销售机构得到了绝大多数投资者的认可。其中有 27% 的投资者对基金销售机构表示非常满意，比 2013 年增加了 5 个百分点。另外，仅有 1% 的投资者表示对基金销售机构非常不满意，相比于 2013 年下降了 1 个百分点。

图 10－46　基金个人投资者对基金销售机构满意度

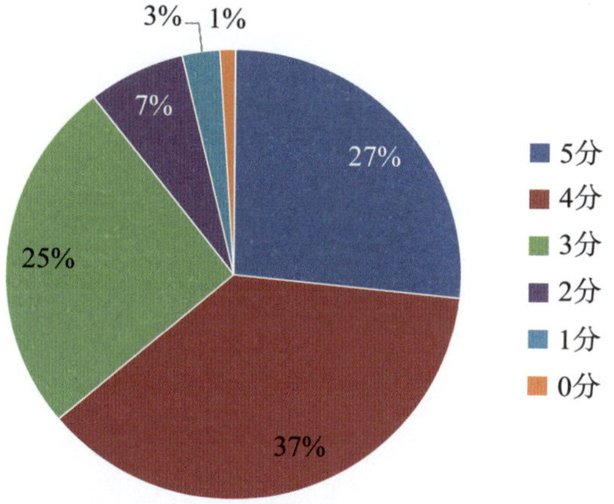

资料来源：中国证券投资基金业协会（AMAC）

七、对当前基金业监管水平满意度

数据显示，有 85% 的投资者对当前基金业监管水平比较满意（见图 10－47），比 2013 年增加了 10 个百分点。其中有 21% 的投资者对当前基金业监管水平非常满意，比 2013 年增加了 4 个百分点。另外，有 2% 的投资者对当前基金业监管水平非常不满意，比 2013 年减少了 2 个百分点。

图 10－47 基金个人投资者对当前基金业监管水平满意度

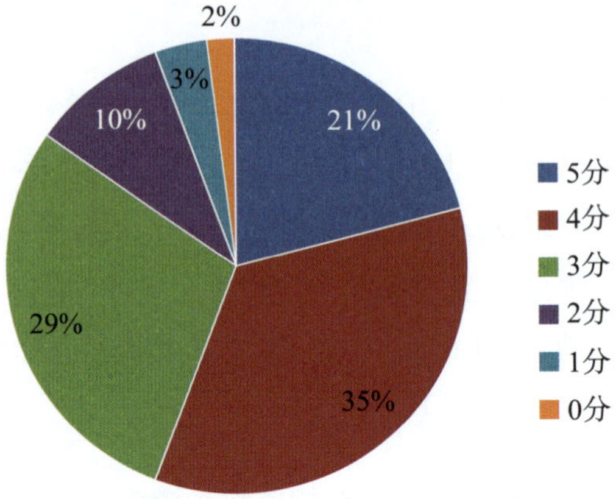

资料来源：中国证券投资基金业协会（AMAC）

第十一章

行 业 创 新

第一节　基金产品与业务创新

一、嘉实元和：公募基金首次投资非上市公司股权

中国证券监督管理委员会《关于大力推进证券投资基金行业创新发展的意见》明确指出，支持有条件的机构围绕市场需求自主开发跨境跨市场、覆盖不同资产类别、多元化投资策略、差异化收费结构与收费水平的公募基金产品。2014 年 9 月 2 日，嘉实元和直投封闭混合型发起式基金获批，参股重组后的中石化销售公司。公募基金首次获准投资非上市公司股权，意味着公募型股权投资基金诞生。

二、广发百发 100：大数据指数型公募基金诞生

2014 年 9 月 15 日，广发中证百度百发策略 100 指数型基金获批发行。与传统指数型基金不同的是，广发百发 100 指数基金首次引入了大数据概念，在指数成分股的筛选上加入了百度搜索因子，该因子根据投资者在百度上最近一个月的搜索总量和搜索增量来建模，试图将投资者情绪风向转化为投资指标，同时加入反转因子，将涨幅过高的股票剔除出成分股，试图防止出现股票冲高回落后导致净值下降的情况。

三、互联网货币市场基金创新升级

2014年，互联网巨头与基金管理公司合作，推出创新货币基金产品，如腾讯微信理财通对接华夏、易方达、广发和汇添富四家基金管理公司旗下货币基金，京东商城、百度、苏宁易购等互联网巨头也和基金管理公司合作推出类余额宝的货币基金产品。中信银行、兴业银行、民生银行、邮储银行等商业银行纷纷推出宝类货币基金产品，如兴全基金和兴业银行联合推出掌柜钱包。中国电信与汇添富合作推出电信添益宝，中国联通与富国基金管理公司合作推出沃百富，安信基金与中国联通合作推出联通话费宝等。

四、行业主题基金大量出现

2014年3月11日第一只主动管理型军工行业主题基金——长盛航天海工装备成立，2014年3月25日第一只高端装备主题基金——长盛高端装备制造成立。随后，行业主题基金如雨后春笋般出现在公募市场，分别涵盖医药、军工、互联网、高端装备、国企改革等主题。行业主题基金是公募基金走向精细化、工具化的重要尝试，在2014年取得了较好的发展业绩，也是未来公募基金发展的重要方向。

五、分级基金爆发式增长

2014年，行业指数分级基金取得爆发式快速发展，主导了2014年第四季度产品设计和创新发展方向。2014年先后有16只行业指数分级基金成立，涵盖了A股市场主要的热门行业，包括证券、军工、环保、有色、地产、食品、传媒、信息或TMT。这些创新类行业指数基金在2014年下半年特别是11月下旬降息后的股市大涨中表现突出，频繁出现上折现象，基金规模成倍增加。行业指数分级基金的快速发展是基金业产品设计不断深化的结果，投资者对分级基金的需求从以往的宽基指数分级过渡到了更细分的行业指数分级，并且逐渐成为了A股投资者“加杠杆”投资的重要投资工具。

六、ETF 产品创新

（一）沪港通 ETF

2014 年沪港通正式运行，公募基金利用沪港通的制度优势，推出了沪港通 ETF 产品。2014 年 12 月 9 日，华夏沪港通恒指 ETF 和南方恒生指数 ETF 两只沪港通 ETF 同日发行。与以往走 QDII 渠道的 ETF 不同，沪港通 ETF 的优势是成本更低，交易更便捷。沪港通 ETF 采用上海证券交易所全现金替代申购赎回的模式，投资者申购的基金份额 T +1 可用，赎回资金一般情况下 T +4 可用，与普通跨境 ETF 一般申购后 T +2 可用、赎回时间为 T +7 相比，大大提高了资金的使用效率。

（二）城投债 ETF

2014 年 10 月，海富通推出上证可质押城投债 ETF，募集金额 66.7 亿元，为 2014 年募集规模最大的债券型基金。这只 ETF 的创新之处在于打通银行间和上海证券交易所两大债券主要交易市场，在银行间市场对 ETF 产品标的城投债券进行交易，但 ETF 份额则在上海证券交易所质押和交易，较好地解决了交易所市场城投债流动性不足，而银行间市场城投债质押困难的难题。

七、理财产品创新

2014 年 7 月 11 日，中国证券监督管理委员会发布了修订后的《公开募集证券投资基金运作管理办法》（以下简称《办法》）。《办法》第三十条明确规定，80% 以上的基金资产投资于其他基金份额的，为基金中基金（FOF）。FOF 将成为公募基金发展的新方向，给基金管理公司、证券公司、商业银行、保险公司开展大类资产配置业务提供了重要机遇。

第二节 公司治理创新

公司治理是公司发展的基础。有别于一般企业，基金管理公司的公司治理具有特殊性。基金管理是以人力资本为主要资本形态的行业，基金管理公司资本金要求不高，管理运作的是投资者的受托资产。因此，基金管理公司的治理应当充分体现行业特点，坚持基金持有人利益优先的原则，做好人力资本与股东的平衡关系，充分体现人力资本的价值。

一、股权激励新进展

2013 年 12 月 27 日，国务院发布了《关于管理公开募集基金的基金管理公司有关问题的批复》，对基金管理公司股东资质作出了较为明确的要求。其中，公开募集基金的基金管理公司主要股东为法人或者其他组织的，净资产不低于 2 亿元；主要股东为自然人的，个人金融资产不低于 3 000 万元，在境内外资产管理行业从业 10 年以上。对于基金管理公司持有 5% 以上股权的非主要股东，国务院该批复规定：非主要股东为法人或者其他组织的，净资产不低于 5 000 万元，非主要股东为自然人的，个人金融资产不低于 1 000 万元，且在境内外资产管理行业从业 5 年以上。曾经制约基金管理公司治理结构改善的政策障碍已经逐步消除。

2014 年 4 月 25 日，中欧基金发布公告称，经公司 2014 年股东会决议，公司股东国都证券和北京百骏公司，分别将其持有的公司各 10% 的股权转让给股东以外的自然人窦玉明、刘建平、周蔚文、许欣和陆文俊，其中，窦玉明和刘建平各占公司注册资本的 4.9%，周蔚文和许欣各占公司注册资本的 4.1%，陆文俊出资占公司注册资本的 2%。

2014 年 6 月底，天弘基金 200 余名员工通过新疆天瑞博丰股权投资合伙企业、新疆天惠新盟股权投资合伙企业、新疆天阜恒基股权投资合伙企业、新疆天聚宸兴股权投资合伙企业四家企业持股天弘基金，其中郭树强实际持有天弘基金的股权约占天弘基金总股份的 2.42%，占本次股权激励总数的 22%；紧随其后的是周晓明，出资 2 200 万元左右，持股 1.75%；其余三位副总陈钢、宁辰、张磊分别持股 1.16%、0.23% 和 0.28%，督察长童建林持股 0.29%。

新注册基金管理公司中第一家进行股权激励的是创金合信基金管理公司。该公司 2014 年 7 月 21 日取得中国证券监督管理委员会核发的“基金管理资格证书”，注册资本 1.7 亿元，第一创业证券出资比例为 70%，深圳市金合信投资合伙企业（有限合伙）出资比例为 30%，该公司为创金合信员工的持股平台，其中总经理苏彦祝通过金合信持有创金合信 10.48% 的股份。

其他还有一批基金管理公司通过新增股份，老股东转让或者新设基金管理公司的方式进行股权激励，包括了永赢基金管理公司、鸿德基金管理公司、金信基金管理公司、嘉盛基金管理公司等。

对股权激励的真正价值应该有清醒的理性认识。基金管理公司在探索实施专业人士持股等长效激励约束机制过程中，应当体现行业长期经营理念，牢牢坚持基金持有人利益优先的原则，有效统一持有人利益、员工利益和股东利益，做好基金投资者保护；要坚持激励与约束相结合、收益与风险相匹配的原则，坚持依法规范、公开透明，调动公司核心人才的积极性和创造性，将员工的收入水平与风控水平、合规水平、职业操守相挂钩，通过递延支付等多元化薪酬体系，促进员工树立长期理念，强化员工的合规风控意识。从境外基金管理公司现有经验看，成功的基金经理激励制度并不完全取决于是否采取股权激励，而是该公司的整体薪酬制度是否合理，是否注重基金的长期业绩，以及是否真正有利于基金持有人的长期利益。

二、股权结构和组织形式创新

股权结构是公司治理的重要手段。历史上基金管理公司有过集中持股、分散持股机制设计，有过以管理层为核心、总经理负责制的股权治理设计。新形势下，基金管理公司股权多元化趋势越来越明显，从最初的券商股东，到外资机构、信托股东，再到银行、保险乃至私募等金融机构均可以成为基金管理公司主要股东。

2014 年 6 月 5 日，首家创业投资系公募基金管理公司红土创新基金管理有限公司在深圳市成立，深圳创新投资集团 100% 持有该公司股权。7 月 2 日，由昆吾九鼎投资出资 99%、北京同创九鼎投资出资 1% 设立的九泰基金管理有限公司在北京市成立。此外，新沃资本控股发起设立的新沃基金管理有限公司和中科招商旗下的中科沃土基金管理有限公司所申请的公募基金牌照都在 2014 年获得受理。

第三节 中后台服务创新

一、《基金业务外包服务指引（试行)》发布

2014 年 11 月 25 日，中国证券投资基金业协会发布了《基金业务外包服务指引（试行)》（以下简称《指引》)。《指引》第二条明确规定了外包服务的范畴——为基金管理人提供销售、销售支付、份额登记、估值核算、信息技术系统等业务的服务。《指引》的发布为基金行业进一步走向规模经济和专业化分工提供了制度条件，为中小基金管理公司创新发展提供了极大空间。基金服务机构虽然受基金管理人、基金托管人的委托而提供中介服务，但基金服务机构对广大基金份额持有人负有信托义务，因为基金持有人是中介服务的真正受益人，也是中介服务成本的最终承担者。因此，基金服务机构应当以广大基金份额持有人利益最大化作为自己的最高执业准则。

二、中后台运营创新

随着基金产品数量爆发式增长，基金产品创新层出不穷，如何为日趋复杂的基金产品提供高效、稳定的运营支持成为基金管理公司的共同挑战。

行业机构纷纷探索中后台运营创新。博时基金开发实施了“IROBOT 机器人”和“FOM 基金运营管理平台”项目。“IROBOT 机器人”项目实现了标准化运营模块（智能数据接收读取、凭证制作、账务核对、净值披露、头寸处理、债券价格制作、定期报告、临时报告等标准化作业）的自动化

处理，可同步并行所有产品核算工作，整个估值过程无需人工干预即可自动完成，可以稳定支持该公司所有基金品种（公募、年金、专户、社保）和境内所有投资标的的估值核算（股票、债券、期货等）业务，大大减轻了人工操作工作量，提高了基金运营效率，为公司基金管理规模和产品数量快速增长提供了运营保障。

“FOM 基金运营管理平台”定位于基金运营跨系统的统一作业调度和全面运营风险管理。通过对注册登记系统、资金清算系统、估值核算系统、直销系统、投资决策支持系统、ETF 运作系统、客户关系管理系统、中国证券登记有限责任公司注册登记管理系统、知识管理系统进行整合与对接，对基金运营过程中潜在风险进行识别、跟踪、解决，对基金运营过程中主要风险点进行“事前及时提醒、事中预警跟踪、事后问责考核”全方位风险监控，通过“可视化”界面进行全部门风险集中展示，便于业务人员及时快速定位、及时处理风险事项，也便于管理者实时掌握基金运营状态。

三、专业后台外包服务机构兴起

随着《证券投资基金法》对私募投资基金合法地位的确认，私募投资基金独立发行产品成为可能。在此背景下，为私募管理人提供涵盖产品设计、合同撰写、运营体系构建咨询、信息披露等在内的专业后台外包服务机构应运而生。

上海重阳投资管理公司“重阳 A 股阿尔法对冲基金”是依新《证券投资基金法》和中国证券投资基金业协会《私募投资基金管理人登记和基金备案办法（试行）》成立的第一只契约型私募投资基金。该基金由招商证券担任托管人并提供后台外包服务。招商证券推出的私募投资基金综合服务平台，既可以为私募投资基金管理人提供信息披露、直销管理、投资者服务，还支持私募投资基金份额在证券公司 OTC 柜台转让或通过中证资本市场发展监测中心报价系统进行转让，解决私募投资基金流动性问题。此外，该平台可以支持港股通估值清算，支持新三板托管业务，解决了托管行结算模式下不能支持融资融券、个股期权、港股通等创新投资标的的问题。

随着《基金业务外包服务指引（试行）》的推行，行业中后台外包业务将迎来快速发展。

第二篇

政策环境篇

第十二章

法律与监管环境

当前，我国正处于全面深化改革新时期，经济发展进入新常态，对资本市场提出了更高的要求和期望。为大力推动资产管理行业持续发展，全面增强服务实体经济能力，2014 年监管转型不断推进，政府着力实施科学监管、适度监管，行业发展环境进一步优化。

第一节　法律和监管动态

一、资本市场全面进入改革季

为进一步促进资本市场健康发展，健全多层次资本市场体系，2014 年 5 月 9 日，国务院发布《关于进一步促进资本市场健康发展的若干意见》（以下简称《若干意见》），从经济社会发展全局的高度，对新时期资本市场改革、开放、发展和监管等方面进行了统筹规划和总体部署。《若干意见》提出，到 2020 年形成结构合理、功能完善、规范透明、稳健高效、开放包容的多层次资本市场体系。值得一提的是，《若干意见》单独对培育私募市场作出了具体部署，这在国务院文件中尚属首次。

为贯彻落实《若干意见》要求，2014 年 5 月 13 日、6 月 13 日，中国证券监督管理委员会相继发布《关于进一步推进证券经营机构创新发展的意见》《关于大力推进证券投资基金行业创新发展的意见》。两个文件共同构成资本市场改革的政策支持体系框架，彰显了中国证券监督管理委员会对资本市场改革的决心与信心。《关于大力推进证券投资基金行业创新发展的意见》提出，大力发展证券投资基金，加快推动基金管理公司向现代资产管理机构转型，是当前促进资本市场健康发展的重要任务，并从加快建设现代资产管理机构、支持业务产品创新、推进监管转型等三个方面明确了推进基金行业创新发展的主要任务和具体举措。

二、监管转型不断推进

根据党中央国务院关于深化机构改革和职能转变、进一步简政放权的要求，2014 年 2 月，中央机构编制委员会办公室批复同意中国证券监督管理委员会内设机构和职能调整方案。在机构调整过程中，按照功能监管和一事一管的要求，将发行、上市、机构、基金和期货等部门进行整合。同时，适应新的监管形势，增设债券、私募、创新业务和“打非”等部门，理顺了部门职责，较好地解决了监管真空和监管重复等问题。

与此同时，为减轻市场主体负担，提高市场效率和监管效能，2014 年，中国证券监督管理委员会对备案类事项进行全面清理，共取消和调整 155 项备案类事项，其中取消 151 项，调整 4 项。根据审慎监管原则，制定管理规范和标准，完善监管手段，加大事中检查、事后稽查处罚力度等措施，进一步加强了对投资者的保护和有关业务活动的监督和管理。

三、公募基金注册制正式落地

2014 年 7 月 11 日，中国证券监督管理委员会发布《公开募集证券投资基金运作管理办法》（以下简称《管理办法》）及其实施规定，将公募基金产品的审查由核准制改为注册制。在注册制下，中国证券监督管理委员会对基金募集的注册审查以要件齐备和内容合规为基础，以充分的信息披露和投资者适当性为核心，以加强投资者利益保护和防范系统性风险为目标，中国证券监督管理委员会不对基金的投资价值及市场前景等作实质性判断或者保证，不限制产品发行数量，不人为调控审查节奏，不干预产品发行时间，简易程序注册审查时间不超过 20 个工作日，大大提升了基金发行的市场化程度与发行效率。

《管理办法》另一个亮点是松绑 FOF 产品，规定 80% 以上基金资产投资于其他基金份额的为 FOF。《管理办法》同时规定，一只基金持有其他基金（不含货币市场基金）的市值不得超过基金资产净值的 10%，但基金中基金除外。允许公募基金设立发行 FOF，鼓励公募基金产品创新，给基金管理人带来了新的发展机会，也为投资者提供了更多的投资选项。

四、私募投资基金确立监管基准

2014 年 2 月 7 日，私募投资基金登记备案启动。8 月 21 日，《私募投资基金监督管理暂行办法》（以下简称《办法》）正式实施，明确了全口径登记备案制度、合格投资者制度、私募投资基金募资规则、投资运作有关规则、差异化行业自律和监管五项制度安排，体现了功能监管原则、适度监管原则以及负面清单式的监管探索。

《办法》的实施意味着私募投资基金行业进入规范发展新阶段。一方面，《办法》确立了符合私募投资基金行业运作特点的适度监管制度，有助于各类私募投资基金健康规范发展，保护投资者合法权益；另一方面，为建立健全促进私募投资基金特别是创业投资基金发展的政策体系奠定了法律基础，有助于推动财税、工商等部门加快完善私募投资基金财政、税收和工商登记等相关政策，提升私募投资基金发展环境，推动私募投资基金在建设多层次资本市场、推进经济结构战略性调整等方面发挥更大作用。

五、沪港通拓宽公募投资渠道

2014 年 4 月 10 日，中国证券监督管理委员会正式批复开展沪港通互联互通机制试点。根据相关规定，沪港通总额度为 5 500 亿元人民币，参与港股通个人投资者资金账户余额应不低于人民币 50 万元。试点历时 7 个月后，沪港通于 11 月 17 日正式运行，实现了上海与香港两大证券市场的互联互通。沪港通是中国资本市场对外开放的重要内容，有利于加强两地资本市场联系，推动资本市场双向开放，具有以下三方面积极意义：一是有利于通过一项全新的合作机制增强我国资本市场的综合实力；二是有利于巩固上海和香港两个金融中心的地位；三是有利于推动人民币国际化，支持香港发展成为离岸人民币业务中心。

作为两地的重要机构投资者，公募基金积极筹备推出沪港通产品。12月9日，南方恒指ETF、华夏沪港通恒生ETF及联接基金等首批三只沪港通基金正式发行，意味着普通投资者将不再受沪港通“50万元资产门槛”的束缚，可借道该基金低门槛投资港股。从产品层面看，沪港通业务将为投资者提供更多投资境外产品的渠道，将以往QDII的窄车道拓宽为多产品的宽车道。其次从业务一体化角度考虑，沪港通业务将被正式运用到以后基金的产品设计中，加深实现A+H的一体化。

六、QFII、RQFII所得税政策问题得以明确

2014年RQFII试点进一步扩展到法国、韩国和德国。

2014年11月14日，财政部、国家税务总局、中国证券监督管理委员会联合下发《关于沪港股票市场交易互联互通机制试点有关税收政策的通知》，2014年11月17日起至2017年11月16日止，对内地个人投资者通过沪港通投资香港联交所上市股票取得的转让差价所得，三年内暂免征收个人所得税。自2014年11月17日起，对香港市场投资者（包括企业和个人）投资上海证券交易所上市A股取得的转让差价所得，暂免征收所得税；对香港市场投资者（包括单位和个人）通过沪港通买卖上交所上市A股取得的差价收入，暂免征收营业税；香港市场投资者通过沪港通买卖、继承、赠与上海证券交易所上市A股，按内地现行税制规定缴纳证券交易印花税；内地投资者通过沪港通买卖、继承、赠与联交所上市股票，按照香港特别行政区现行税法规定缴纳印花税。上述税收政策对支持沪港通试点顺利开展，促进中国内地与香港资本市场双向开放和健康发展将发挥积极作用。

第二节 2015年行业监管环境展望

一、公募基金创新发展环境改善

2015年是公募基金创新发展的关键一年。一是资产管理行业竞争对公

募基金创新发展提出新要求。公募基金遭到私募投资基金和其他资产管理产品的严峻挑战，公募基金行业人力资本流失严重，混合所有制改革进展缓慢，股权激励和公司治理尚未取得全面成效，客观上对现有监管环境提出变革要求。二是社会财富管理需求日趋多元为公募基金创新发展提供新机遇。家庭金融资产开始从储蓄账户向投资账户大量转移，创业需求、养老需求持续增长，移动互联场景和大数据分析带来资产管理行业技术革命，公募基金将从产品驱动全面转向客户需求驱动，为适应上述变化，监管环境必须更加友好、有弹性，以支持公募基金产品、业务、运营模式的不断创新。

二、私募业务底线监管和自律规则进一步清晰

在私募投资基金和私募资管业务统一监管并由协会实施自律管理伊始，中国证券监督管理委员会和中国证券投资基金业协会即分别提出了私募投资基金“三条底线”和私募资管“八条底线”，为私募业务画出了不可触碰的线线。2015 年 3 月 5 日，为落实“郑州会议”提出的“八条底线”，加强对证券期货经营机构私募资产管理业务的自律管理，中国证券投资基金业协会发布了《证券期货经营机构落实资产管理业务“八条底线”禁止行为细则（2015 年 3 月版）》，进一步明确了“八条底线”的具体内容。该细则从资产管理的本质特征出发，对私募资产管理人的忠诚义务和专业义务提出了要求。

从监管角度来说，忠诚义务体现为四条监管底线。一是不得有非公平交易、利益输送、利用未公开信息交易等损害客户利益的行为。这些行为直接损害了投资人利益，违背了“持有人利益至上”原则，动摇了资产管理行业的立业之本。二是不得不适当地宣传和销售产品，误导和欺诈客户。为追求管理人利益，对过往业绩做不实陈述，对未来业绩做不适当宣传，以预期收益率的名义误导、暗示投资者刚性兑付，有悖于资产管理的本质。三是不得利用资管产品进行商业贿赂。管理人为谋求不当利益进行商业贿赂，不但有违公平竞争精神，也为法律所不容。四是不得利用资管产品投资高污染、高耗能等国家所禁止的行业和产业。一些行业产能严重过剩，风险集聚。如果违规投资，不仅违反国家产业政策，而且极易给投资者造

成损失。

专业义务同样体现为四条监管底线。一是不得承诺保本保收益。投资者风险自担、收益自享是资产管理的应有之义，违规保本保收益与资产管理的本质不相容。二是不得开展资金池业务。资金池业务实质上是一种信贷业务，要求以资本充足率作为风险控制手段。资产管理机构不具备开展资金池业务的条件，如果进行借新还旧滚动管理，极易滑向庞氏骗局。三是不得实行当期激励。当期激励会鼓励投资管理人员过度冒险，偏离投资者风险偏好，有悖于资产管理的专业审慎原则。四是资管产品的杠杆倍数不得超过 10 倍。2008 年金融危机的教训证明，杠杆过高是引发系统性风险的重要原因。我国还处于“新兴加转轨”的市场阶段，市场波动较大，对杠杆使用尤其要慎重。10 倍杠杆是中国证券监督管理委员会监管领域资管业务风险控制的基本要求。

2015 年，各类公私募业务的合同规范、运作与信息披露规范将进一步明确，风险与合规监测将进一步加强，对非法集资、合同欺诈等重大违法违规行为的查处将进一步强化。

三、资本市场加速双向开放

随着上海自贸区先行先试、沪港通成功运行，以及“一带一路”开放战略的推进，我国经济与其他经济体的融合度将进一步提高，资本市场将迎来全面深化开放的新时期。2015 年，十八届三中全会提出的“推动资本市场双向开放”目标将在政策层面有新的实质性突破。在本土市场，境内资产管理机构开展各类资产管理业务的政策便利将不断增加，如私募机构开展公募业务符合市场需求和政策取向；在资产管理之外进行多种牌照经营有望取得实质性突破；“互联网 +”在资产管理领域的颠覆性创新将获得政策的宽容与支持；境外资产管理机构有望在上海自贸区和 QFII/RQFII 项下获得更多投资便利等。在境外市场，境内资产管理机构将获得更多的自主投资便利，如简化 QDII 资格审批、放宽 QDII 投资限制、鼓励境外并购和设立经营机构等；在政策层面，与香港市场、亚洲市场乃至欧美市场的标准互认与监管协调将进一步推进；以 QFII/RQFII 为突破口，境内资产管理机构在境外业务的拓展将得到政策层面更多的重视和支持。

第十三章

行业自律与创新发展

2014 年是宏观经济进入"新常态"之年，是资本市场改革"挂档提速"之年，也是协会稳妥推进改革创新、积极履职尽责的重要一年。这一年，中国证券投资基金业协会以"自律、服务、创新"为宗旨，以"行业用户、市场欢迎、监管信赖、社会公信"为发展目标，积极履行新《证券投资基金法》赋予的职责，大力夯实公募基金发展基础，全力做好私募投资基金备案登记和自律管理，积极促进资管和理财行业规范发展，在推动行业自律规范、促进行业创新发展等方面取得了积极成效。

第一节 积极履行基金法赋予职责 推动行业功能性自律管理

一、私募投资基金登记备案工作取得阶段性成果

2014 年是我国私募投资基金行业发展历程中具有里程碑意义的一年。根据《证券投资基金法》、中央机构编制委员会办公室对私募股权基金的职责分工和中国证券监督管理委员会授权，中国证券投资基金业协会（以下简称"协会"）于 2014 年初发布了《私募投资基金管理人登记和基金备案办法（试行）》，并于 2 月 7 日正式启动私募投资基金登记备案工作，基本摸清行业底数。截至 2014 年底，共登记私募投资基金管理人 5 052 家，备案基金 7 514 只，规模 20 506 亿元，私募投资基金从业人员 8.6 万人，

境内主要私募证券、股权、创投基金管理人基本完成登记。

在私募投资基金登记备案工作中，协会探索初步形成了一套高效、便捷的登记备案工作模式。在工作理念上，遵循私募规律，强调服务意识。在工作手段上，采用全口径电子化报备，定期发布4期常见问题并设立咨询热线电话和电邮，举行20余次登记备案办法培训，提高日常业务咨询服务水平。在审核流程上，明确“首办负责、交叉复核、集体决策”，确保审核流程标准化和程序化。在审核内容上，制定审核底稿，明确审核要点，不做实质判断。同时，对登记备案结果进行有限度的信息公示，强调社会监督，维护了管理人的商业秘密。随着私募投资基金集中登记备案阶段的结束，协会理清思路框架，提出在登记备案工作转入常态后，下一步将分别从行政和自律两个方面着手改进登记备案工作。

二、顺利承接证券公司、基金管理公司及其子公司资管产品备案和风险监测职责

2014年7月1日，协会与中国证券业协会、中证资本市场发展监测中心签署《私募产品备案职责移交备忘录》，协会开始承接二者原承担的证券公司及其子公司资产管理业务、直接投资业务、基金管理公司及其子公司特定客户资产管理业务等有关私募产品的备案管理、风险（统计）监测等职责。随着备忘录的签订，三方顺利完成私募产品备案职责、业务、系统、人员的移交工作，实现了证券公司、期货公司、私募证券基金、私募股权基金、创业投资基金、基金管理公司及其子公司的私募产品统一备案，为行业功能性自律管理奠定坚实基础。同时，启动资产证券化业务事后备案工作，发布《资产支持专项计划备案管理办法》。

资管产品备案工作中，协会在原有备案工作基础上，逐步优化工作模式。积极探索建立备案确认机制、警示机制、整改机制、叫停机制和合规存疑解决机制，对证券公司私募业务实行分类备案管理，并在备案审查、日常监测和执业检查方面予以区别对待。开展风险监测，完成风险监测报

告7期，以“八条底线”[①] 为重点监测内容，监测线索97个，有效提高证券公司和基金管理公司及其子公司风险意识。配合资产证券化备案办法，强化信息披露，针对《资产支持专项计划说明书》的内容与格式出具指引，要求凡对投资者投资决策有重大影响的信息，均应披露；发布风控指引、负面清单，引导管理人做好风险控制；发布《个人/机构投资者资产支持证券认购协议与风险揭示书》，要求投资人对《说明书》中披露的重要事项逐一确认并签字。

第二节 完善自律规范，加强自律检查

一、强化行业自律制度建设

2014年，协会在总结梳理行业现行法律法规的基础上，继续制定起草公募基金、私募投资基金、资管产品、FOF等各类行业自律规则、业务指引。发布《公开募集证券投资基金销售公平竞争行为规范》，对基金管理公司和销售机构的商业贿赂、不正当竞争等行为进行规范。发布《基金管理公司风险管理指引》，完善内部控制机制与全面风险管理体系。发布《基金从业人员执业行为自律准则》，规范从业人员行为。发布《基金业务外包服务指引》，促进公募、私募投资基金管理人业务外包服务规范开展。

二、完善行业自律工作机制

党的十八届四中全会提出，支持各类社会主体自我约束、自我管理，发挥社会组织在社会治理、法治社会建设中的积极作用。2014年，协会继

① “八条底线”具体内容为：（1）不得有非公平交易、利益输送、利用未公开信息交易违法行为等损害客户利益的行为；（2）不得违规承诺保本保收益；（3）不得不适当地宣传、销售产品，误导欺诈客户；（4）不得开展资金池业务；（5）不得利用资管产品进行商业贿赂；（6）资管产品的杠杆率不得超过十倍；（7）不得投资于高污染、高能耗等国家禁止投资的行业；（8）不得对业务人员、管理团队实施当期激励。

续强化内部治理，完善行业自律工作机制，推动市场在资源配置中起决定性作用。制定发布《纪律处分实施办法》《投诉处理办法》《纠纷调解规则》《自律检查规则》4项基础自律规则，配套初步建立投诉、受理、检查、调解、答复工作机制。成立私募证券委员会、国际会员委员会、基金管理公司子公司联席会，筹建私募股权和私募创投专业委员会，修订《专业委员会工作指引》，不断发挥市场主动性，推动各专业委员会积极开展调查研究、制定自律规则、解决行业问题，努力实现行业自己管好自己的良性循环。同时，修订协会《章程》，为提高协会治理全面代表性做好准备。紧跟行业发展动态，吸纳基金管理公司子公司、电商平台等成为会员；引导获得基金托管资格的各类机构加入协会；研究启动私募投资基金管理人入会工作。

三、开展自律检查工作，建立纪律处分工作机制

2014年，协会配合中国证券监督管理委员会机构部对6家证券公司、8家基金子公司进行资产管理业务联合检查；根据投资者投诉和风险监测信息，先后组织对深圳吾思、中益汇金（中农德金、中富知金）等10家私募投资基金管理人进行现场检查。同时，以“查审分离”为原则，以《纪律处分实施办法》为依据，依托自律监察委员会，严格履行程序，撤销深圳吾思基金管理有限公司私募投资基金管理人登记，将有关责任人加入黑名单，开出私募行业“第一张罚单”，初步树立自律权威，形成有效震慑。在以上工作基础上，总结经验，建立纪律处分工作机制，明确对于触碰行业底线、违反自律规定的机构及相关人员，采取自律管理措施；对于其中涉嫌违法犯罪的线索，向监管部门和司法机关移交：做到监管措施及自律措施各有所适用，并行不悖，共同规范行业秩序，促进行业健康发展。

第三节　推动行业创新，激发行业活力

一、逐步完善行业产品链条

2014年，协会大力推动行业产品创新，通过推出资产证券化产品，推动实体经济通过标准化定价和流通机制实现从资产到资本的转化。以资产证券化业务为突破口，支持各类资产管理机构创设标准化金融产品，推动证券、货币、期货、期权市场投资品种多元化，增强金融服务实体经济能力。推动出台以公募基金为投资标的基金产品（FOF），起草《证券投资基金销售机构基金理财业务管理办法（试行）》。推动市场推出MBS、REITs等各类产品，满足多元投资需求。开展个人退休账户（IRA）专题研究，起草全国“两会”IRA提案，推动多元养老金体系发展和养老金专业化投资运营。

二、推动优化行业服务和投资回报

推动基金托管机构提供多样化增值服务，出台《基金业务外包服务指引》，支持基金管理人特色化、差异化发展，降低运营成本，提高核心竞争力。加大基础设施及平台建设，引入中证指数作为交易所债券第三方估值机构，在债券估值市场引入竞争机制。不断完善创新基金产品估值方法与标准，发布《证券投资基金国债期货投资会计核算业务细则（试行）》《2015年1季度固定收益品种的估值处理标准》，为市场主体参与国债期货、交易所上市债券排除估值障碍。针对行业关注的风险准备金问题，完成了基金管理公司风险准备金制度改革建议草案，起草了《关于证券投资基金托管人提取公开募集证券投资基金风险准备金有关问题的通知》。

三、建立健全行业标准

2014年，为推进市场持续健康发展，协会研究起草了各类业务规范，健全行业标准。发布《基金管理公司及其子公司特定客户资产管理业务电子签名合同操作指引》及数据接口规范，规范专户业务电子签名合同的操作流程，统一行业数据接口。与中国证券业协会、中国期货业协会联合发布《中国证券期货市场场外衍生品交易主协议（2014年版）》及配套文件。

第四节 推动解决行业共性问题，提供专业化公共服务

一、推动解决行业问题

在公募基金方面，积极沟通专项风险准备金税务处理、银行间基金债券开户信息系统测试外包等问题。全面开展摸底调研，形成关于推动公募基金创新发展的报告，提出构建良性循环行业生态链等解决思路。发布《关于进一步完善基金管理公司治理相关问题的意见》。回应行业呼吁，完成基金管理公司风险准备金制度改革建议草案。

在私募投资基金方面，完成专户及私募投资基金银行间市场开户协调工作，与人民银行沟通制定私募机构进入银行间市场的后台业务规则。举办厦门投洽会、河南项目对接会等多项私募投资基金项目、国内外资金及政策对接会，推动私募投资基金参与全国股份转让系统、区域股权交易所等多层次资本市场建设。配合中国证券监督管理委员会私募部推动完善财政、税收和工商登记等政策制度。与浦东金融局、虹口金融办、前海管理局、横琴管委会、浙江金融办、中关村管委会等私募投资基金比较集中的地方政府建立日常联系，协助制定《横琴新区促进私募投资基金业发展实施办法》，为行业发展创造良好地方政策环境。

二、降低行业运营成本

规范信息服务商开展业务，与恒生、金证、赢时胜、大智慧、胜科金仕达5家信息服务谈签署《战略合作备忘录》，推动信息服务商开放数据接口、软件开源、定价协商、软件测试等工作。规范开户费用，与中国证券登记结算有限责任公司、期货保证金中心协调，解决契约型私募证券基金的证券及期货交易账户开户问题，据测算行业降低成本13 860万元左右。

三、积极反映行业诉求

就《关于加强企业债券回购风险管理相关措施的通知》等政策征求行业意见，上报监管机构。针对私募政策探索建立与地方政府合作机制，搭建行业沟通交流平台，针对销售、产品、合规风控、人力资源、份额登记、估值核算、清算交易、信息技术、财务业务等条线，分别建立相应微信群，拓展了解行业需求途径。

四、坚持数据发布，开展各类研究

2014年，协会坚持每日发布《资产管理行业新闻摘报》，每周编译《国际动态简报》，每月发布基金市场数据，每季度通报全球共同基金规模及销售数据，发布10期《国际动态简报特刊》。

同时，编写出版《中国证券投资基金业年报（2013）》《基金公司社会责任报告（2013）》《投资者调查分析报告（2013）》《中国资产管理行业税收研究报告》《国际动态简报100期汇编》《基金公司财务分析报告（2013年度）》等各项年度报告。完成《2014年全球创业投资者信心调查报告》，并通过中国证券监督管理委员会作为内参件上报国务院。完成《私募基金创新发展需求调查报告》《货币市场基金发展与监管》《众筹发展报告》《艺术品投资研究报告》《大宗商品投资价值研究及公募基金参与期货市场路径选择报告》《“营改增”对基金行业影响报告》，完成《基金参与金融衍生品市场》课题研究。

五、优化从业人员服务，促进人才队伍稳定发展

2014 年，协会继续做好从业人员资质管理，发布《关于基金托管人高级管理人员任职备案的通知》，接受托管人高管备案。进一步规范从业人员行为，发布《基金从业人员执业行为自律准则》，倡导从业人员秉持职业道德，坚守受托人责任，推动行业锻造一支诚实守信、为广大投资人认可的从业人员队伍；推动基金管理公司执行《基金从业人员证券投资管理指引》，收集基金管理公司证券投资管理制度，完成《基金从业人员证券投资管理制度总结报告》；拟定《基金从业人员证券投资管理指引》评估方案，研究建立行业从业人员黑名单制度；完善诚信信息管理档案，增强基金从业人员诚信观念；完成《关于统一资产管理行业投研人员管理标准的研究报告》；制作《利用未公开信息交易违法行为典型案例分析》读本，加强从业人员尤其是投研管理人员的教育警示力度。

六、稳妥开展行业培训及考试

2014 年，协会大力整合各类资源，独立或合作开展行业法规、高管人员、专题业务、创新业务、私募登记备案办法等各类培训共 43 期，专家讲坛 16 期，累计参加人数超过 1.5 万人，累计培训学时达 228 学时，平均满意度达到 93.47%。

同时，制定《基金从业人员后续职业培训体系规划》并草拟配套规则，提升培训工作前瞻性、规范性。整理出版专家讲坛汇编《逐鹿大资管时代》，分享境外专家思想火花。组织行业专家，编写基金从业人员资格考试教材，并研究将教材推广进入高校。

七、继续开展投资者教育与保护

2014 年，协会在以往投资者调查传统做法基础上，在内容上增加了互联网销售规范、货币基金风险、股票发行注册制改革等市场热点，在投放回收方式上开拓了网络、微信等问卷渠道，整理完成了《投资者调查分析

报告（2013）》，为行业开展投资者教育、保护提供参考。同时，立足投资者需求，编辑完善《证券投资基金投资者教育手册》，在注重投资知识普及的同时，对私募投资基金产品风险和销售陷阱进行提示。继续联合媒体开展投教专题活动，宣传基金行业法规和政策，登载“基金热点问答”等投资者教育素材。畅通投资者投诉渠道，形成“12386”热线工作日常联动机制，累计处理200多条投资者诉求，开展2次纠纷调解工作，为投资者维护合法权益提供了灵活、便捷、高效的处理途径。

八、加强舆论引导，提升行业形象

2014年，协会开设了官方微信订阅号，扩大宣传覆盖面，加强协会新闻平台建设，获得了市场认可。继续通过通气会、座谈会、专项培训班等多种方式，引导媒体理性、客观、专业开展报道。及时回应行业热点及媒体负面报道，澄清事实，并创新性的提出倡议媒体及中国证券监督管理委员会使用“基金从业人员利用非公开信息交易股票行为”等法律语言，努力为行业营造良好舆论环境。制定《基金业协会新闻发布工作实施细则》，梳理内部新闻工作流程，建立了重大新闻应急处理机制。

九、搭建双向开放平台，推动行业“走出去”

2014年，协会推动成立了国际会员委员会，邀请贝莱德（BlackRock）、高盛（Goldman Sachs）、富达（Fidelity）、领航（Vangard）等30家国际领先资产管理机构高管等作为委员会成员，并推动委员会为资产管理行业和资本市场双向开放建言献策，全力支持中国资产管理行业国际化进程。参加第19届亚洲、大洋洲投资基金业协会（AOIFA）、美国投资公司协会（ICI）会议等重要国际会议，成功加入国际基金业协会（IIFA）董事会，有力地提高了我国资产管理行业和协会的国际影响力。在华盛顿、伦敦等多地举办QFII推介会，鼓励境外机构进入我国资本市场。与明晟（MSCI）、澳大利亚驻华大使馆、芝加哥商品交易所（CME）、全美房地产投资信托协会（NAREIT）等境外机构针对养老金体系、房地产投资信托基金合办多次专题研讨会，为会员提供国际交流机会。开展资产管理行业国际业务发展问卷调查，深入分析反馈情况，形成联合报告，为推动行业国际业务发展提供参考。制定与境外行业协会签署合作谅解备忘录（MOU）的基本框架，并与另类投资管理协会（AIMA）、卢森堡基金业协会（ALFI）、欧洲基金与资产管理协会（EFAMA）、爱尔兰基金业协会（IFIA）、法国资产管理协会（AFG）签署 MOU。

第十四章

行业国际环境

第一节　国际监管动态

一、金融监管动态

（一）美国继续完善《多德—弗兰克法案》

金融危机后，美国提出一揽子金融改革方案，即《多德—弗兰克法案》。该法案涉及修订或设立议案共计398件，截至2014年12月1日，已经通过的议案231件，已经提案但尚未通过的议案73件，尚未提出的议案94件。所有议案中，对基金业直接影响较大的是已经推出的沃克尔法则和货币市场基金改革方案。

沃克尔法则于2013年12月由美国证监会（SEC）、美联储及商品期货交易委员会（CFTC）等机构共同通过，限制银行及其子公司从事自营交易、发起对冲基金及私募股权基金。2014年7月，美国证监会通过第二次货币市场基金改革方案，最大主要措施为货币市场基金由固定净值变为目标浮动净值。

（二）全球加强金融衍生工具监管

金融危机后，2009年的20国集团（G20）匹兹堡峰会上，各国曾提出场外衍生品监管改革的两个目标：一是提高场外衍生品市场的透明度，降低系统性风险；二是建立可支撑全球经济增长的开放式全球性金融系统。为此，G20峰会制定了四项目标，即场外衍生品市场电子化平台建设、集中清算制度、交易信息库制度和更高的资本要求。

2014年10月，欧洲证券与市场管理局（ESMA）发布中央清算系统监管技术标准草案，将对场外衍生品逐步进行强制清算。5月，ESMA对欧洲金融工具市场指引（MiFID II）的监管技术标准和实施技术标准公开征求意见，并于12月发布资本要求监管的监管技术标准。7月18日，香港金融管理局（HKMA）与证券期货委员会（SFC）联合发布《证券期货场外衍生品交易报告与记录保存规则征求意见稿》，建立交易信息库制度。

二、基金业监管动态

（一）美国货币市场基金监管改革

2014年7月，美国证监会正式通过了货币市场基金改革法规，要求机构型优质货币市场基金采用浮动净值，同时允许非政府货币市场基金在危机时期收取流动性费用，设置赎回门槛，应对挤兑风险。此次改革是继2010年货币市场基金改革后又一次较大的改革，试图从根本上改变货币市场基金的运营方式，维护货币市场基金和金融体系的稳定。

（二）欧洲正式实施欧盟可转让证券集合投资计划（UCITS V）

2014年9月17日，欧盟正式实施UCITS V。UCITS是欧盟地区证券投资基金跨境管理和销售的规则指引，UCITS计划可在其他成员国面向个人投资者发售，不需在当地再次申请注册。该指引为欧盟各国监管机构信息共享与协作奠定了基础。UCITS V在之前规则的基础上，加强了托管和监督职责、管理人薪酬及惩罚措施的条款，使该计划进一步完善。

（三）欧盟AIFMD进入正式实施阶段

2014年7月，AIFMD一年过渡期结束，进入正式实施阶段。AIFMD是在金融危机全球蔓延背景下为维护欧盟金融市场稳定及保护投资者利益而制定的，是欧盟建设单一金融市场统一监管体系的一部分。AIFMD 对另类投资基金管理人的资格认证、运作管理（包括薪资限制、利益冲突、风险管理、流动性管理、证券化产品头寸管理和估值方法等）、托管方的责任、信息披露要求和杠杆计算方法等方面做出了一系列要求。AIFMD 建立了欧盟另类投资基金行业的平台，为促进欧盟乃至全球私募投资基金业的跨界发展提供了渠道，极大地影响了私募投资基金行业的市场结构。

第二节　国际市场动态

一、公募基金

截至 2014 年底，全球公募基金数量共计 79 669 只，净资产总额合计 313 814. 25 万亿美元。

（一）公募基金类别结构

从公募基金规模来看，全球股票型基金规模达 13. 9 万亿美元，占比 44. 3%，为最主要的公募基金类型；债券型基金规模 7. 4 万亿美元，占比 23. 6%；货币市场基金 4. 5 万亿美元，占比 14. 4%；混合型基金 4. 0 万亿美元，占比 12. 7%；其他类型公募基金 1. 6 万亿美元，占比为 5. 0%（见图 14 －1）。

从不同地区来看，美洲地区公募基金类型与全球结构基本一致；欧洲地区公募基金中混合型基金占比高于货币市场基金；亚太地区则相反，货币市场基金占比超过债券型基金和混合型基金（见图 14 －2）。

从国家或地区角度来看，美国和卢森堡在各类公募基金中的排名都比较靠前，不发达国家和地区在货币市场基金和其他类型基金中的占比较高（见表 14 －1）。这与该国或地区金融市场发达程度相关，经济不发达地区股票市场也比较落后，因而股票、债券和混合型基金的规模较小，货币市场基金和其他基金规模相对较高。

图 14－1　全球公募基金规模：按运作方式

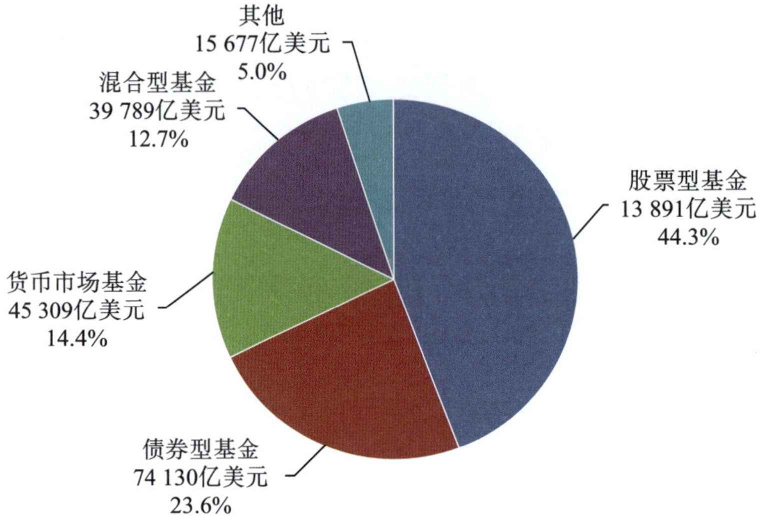

资料来源：国际投资基金协会（IIFA）

图 14－2　全球公募基金分类规模：按地区

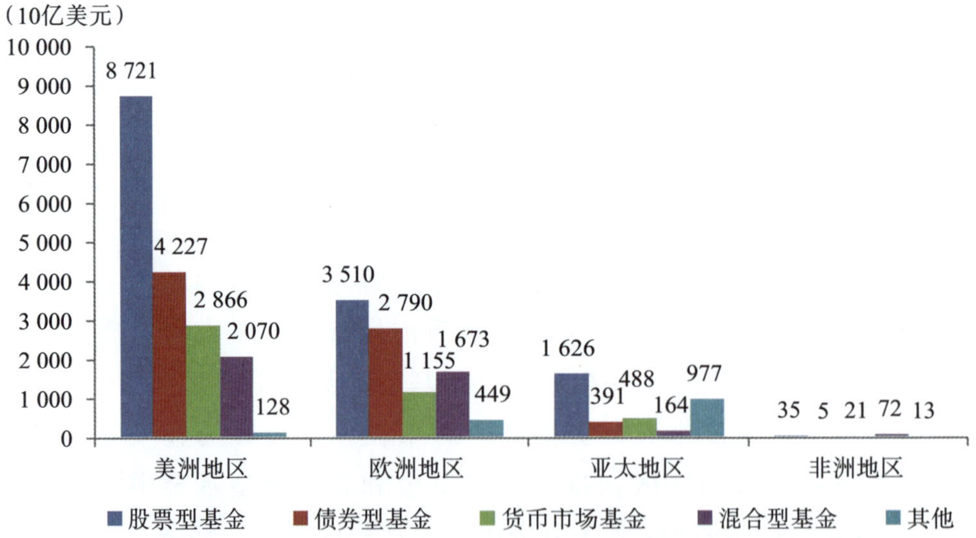

资料来源：国际投资基金协会（IIFA）

表 14－1　全球公募基金分类规模排名　（单位：百万美元）

股票型基金		债券型基金		货币市场基金		混合型基金		其他	
国家/地区	规模	国家/地区	规模	国家/地区	规模	国家/地区	规模	国家/地区	规模
美国	8 314 314	美国	3 460 928	美国	2 725 260	美国	1 351 839	澳大利亚	871 293
卢森堡	1 039 482	卢森堡	1 096 406	爱尔兰	378 957	卢森堡	585 405	卢森堡	182 695
英国	732 580	巴西	569 635	法国	349 277	加拿大	495 006	英国	129 391
澳大利亚	645 200	爱尔兰	499 185	中国大陆	336 193	法国	349 594	巴西	107 718
日本	643 642	法国	290 983	卢森堡	304 275	巴西	197 765	韩国	81 916
爱尔兰	512 661	英国	211 984	韩国	76 293	意大利	126 593	爱尔兰	78 977
法国	386 469	加拿大	124 061	墨西哥	49 046	瑞士	121 538	加拿大	19 436
加拿大	322 031	瑞士	123 877	巴西	44 828	英国	99 634	法国	14 949
中国大陆	211 780	西班牙	121 512	印度	28 312	中国大陆	97 095	德国	14 428
瑞典	176 304	日本	120 499	中国台湾	23 981	德国	88 584	南非	13 380

资料来源：国际投资基金协会（IIFA）

（二）公募基金地区结构

从基金数量看，欧洲公募基金数量最多，达 35 163 只，占全球公募基金数量的 44.1%；其次为美洲，22 962 只，占全球数量的 28.8%；亚太地区公募基金 20 373 只，全球占比 25.6%；非洲地区 1 171 只，占比 1.5%（见图 14－3）。

图 14－3　全球公募基金数量分布：按地区

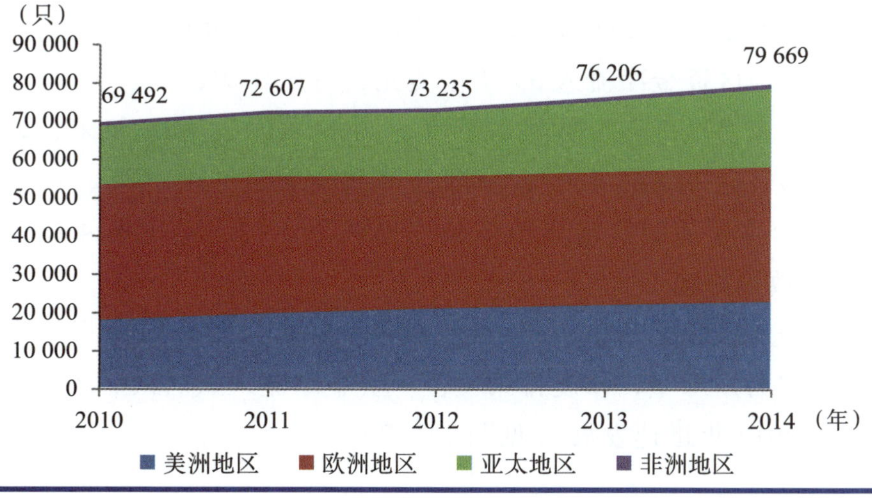

资料来源：国际投资基金协会（IIFA）

从净资产规模来看，2014 年美洲公募基金净资产合计 18.01 万亿美元，占全球规模的 57.4%；欧洲公募基金净资产合计 9.58 万亿美元，占全球规模的 30.5%；亚太地区公募基金净资产合计 3.65 万亿美元，占比 11.6%；非洲地区 0.15 万亿美元，占比 0.5%（见图 14－4）。

图 14－4　全球公募基金规模分布（2010～2014 年）

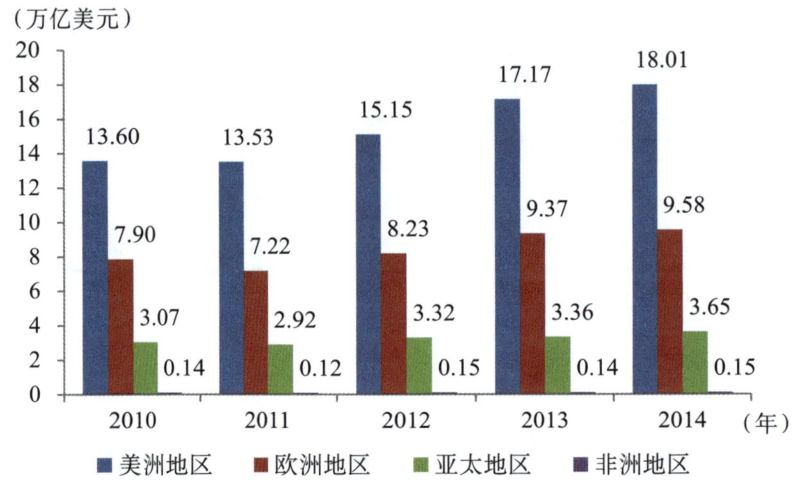

资料来源：国际投资基金协会（IIFA）

从资金流入流出看（见图 14－5），各地区均实现资金净流入，但是流入规模较 2013 年大幅下降。其中美洲仍然为资金净流入最高的地区，2014 年净流入 2 057.4 亿美元，占比 56.6%；欧洲地区资金净流入 708.3 亿美元，占比 19.5%；亚太地区资金净流入超过欧洲，达 838.2 亿美元，占比 23.0%；非洲地区资金净流入 33.9 亿美元，占比 0.9%。

从不同国家及地区基金数量来看（见图 14－6），2014 年末，韩国公募基金数量最多，达 11 063 只，占全球公募基金数量的 13.9%，占亚太地区的 54.3%。卢森堡基金数量排第 2 位，巴西第 3 位，美国第 4 位。中国以 1 764只基金数量排第 13 位。

从资金净流入看，2014 年当年，美国公募基金资金净流入最高，其次为中国，再次为卢森堡，印度排第 8 位。资金净流入跃居次席表明中国公募基金行业在 2014 年迅速发展（见图 14－7）。

图 14－5　全球公募基金资金净流入（2010～2014 年）

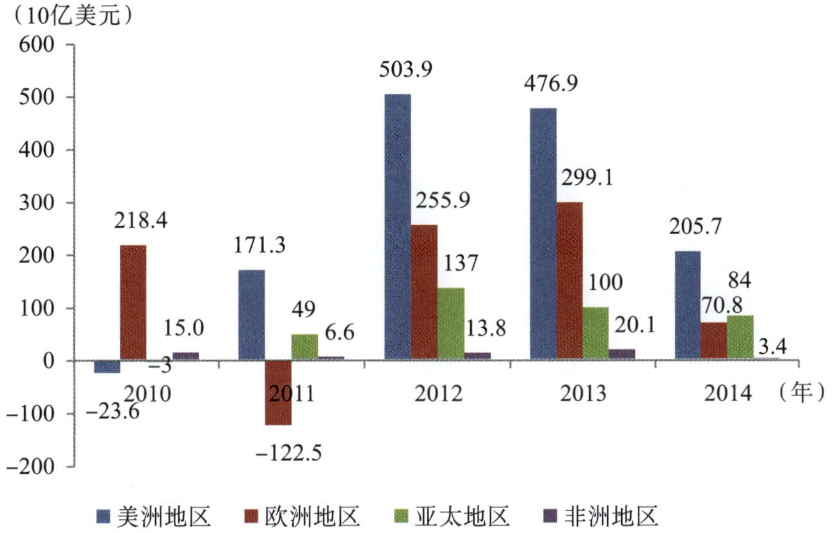

资料来源：国际投资基金协会（IIFA）

图 14－6　公募基金数量排名前十的国家

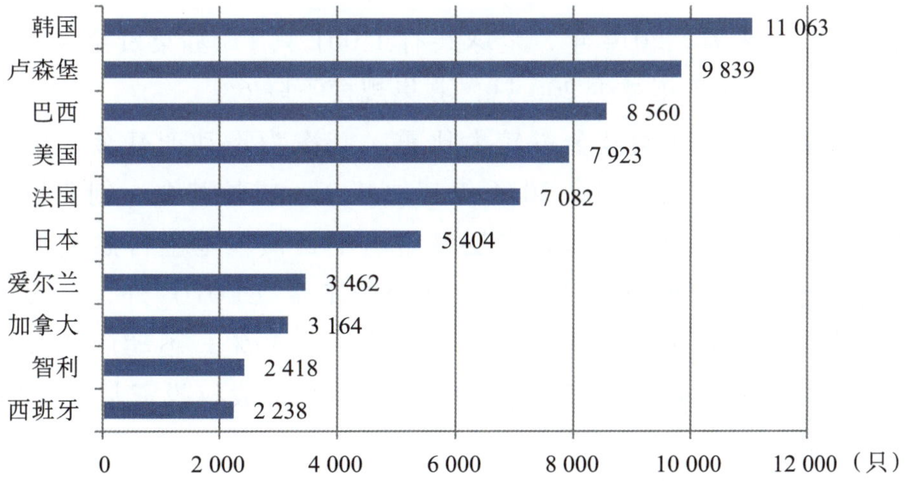

资料来源：国际投资基金协会（IIFA）

图 14－7 公募基金资金净流入排名前十的国家

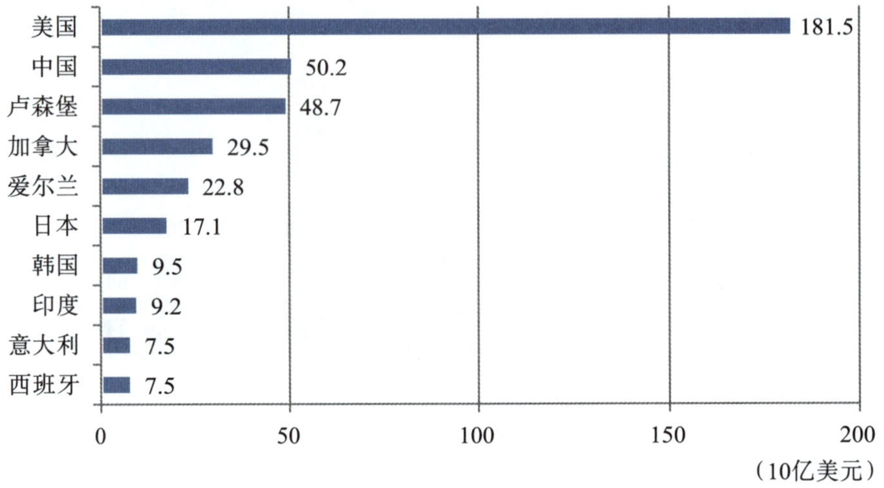

资料来源：国际投资基金协会（IIFA）

二、私募股权投资基金（PE）

（一）募集

从基金募集来看，2014 年，全球共有 1 001 只 PE 募集资金 4 999 亿美元，基金数量比 2013 年减少 200 只，募集规模下降 6%。

在新募基金中，并购基金占较大比重，其次为不动产基金，再次为创业投资基金。与 2013 年相比，2014 年其他基金、成长基金、创业投资基金及次级基金出现较大幅度增长，夹层基金、不良债权基金自然资源基金呈现较大幅度下跌。自 2009 年以来，除基金的基金（FOF）外，募集规模均呈现增长趋势，其中基础设施基金年均增长率达 30%，不动产基金和不良债权基金年均增长率 12%。2003～2014 年全球私募股权投资基金（PE）基金募集情况见图 14－8。

图 14－8 全球私募股权投资基金（PE）基金募集情况（2003～2014）

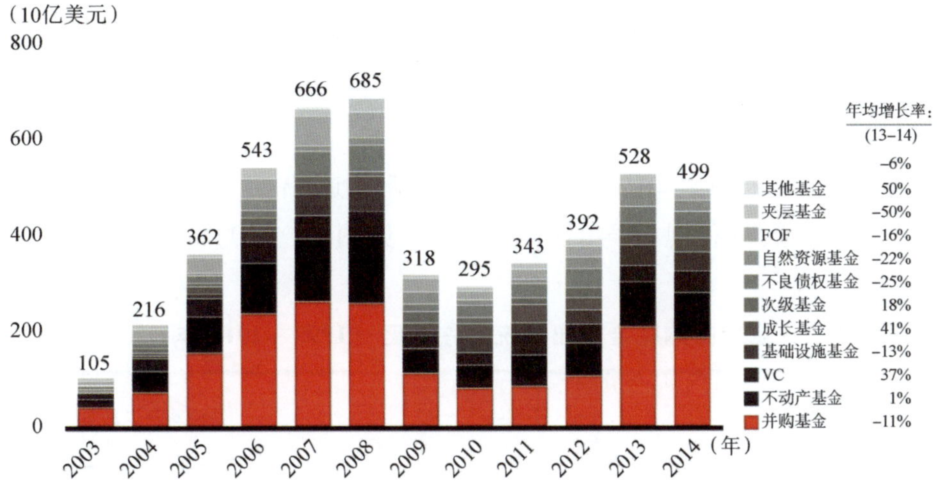

资料来源：贝恩咨询公司（Bain & Company）

（二）投资

从基金投资来看，2014 年全球 PE 并购交易 1 955 笔，规模 2 520 亿美元，交易笔数比 2013 年增加，但规模下降 40 亿美元。截至 2014 年底，全球将近 6 000 家 PE 公司共持有 1.2 万亿美元未投资资金（见图 14－9）。

图 14－9 全球私募股权投资基金（PE）投资情况

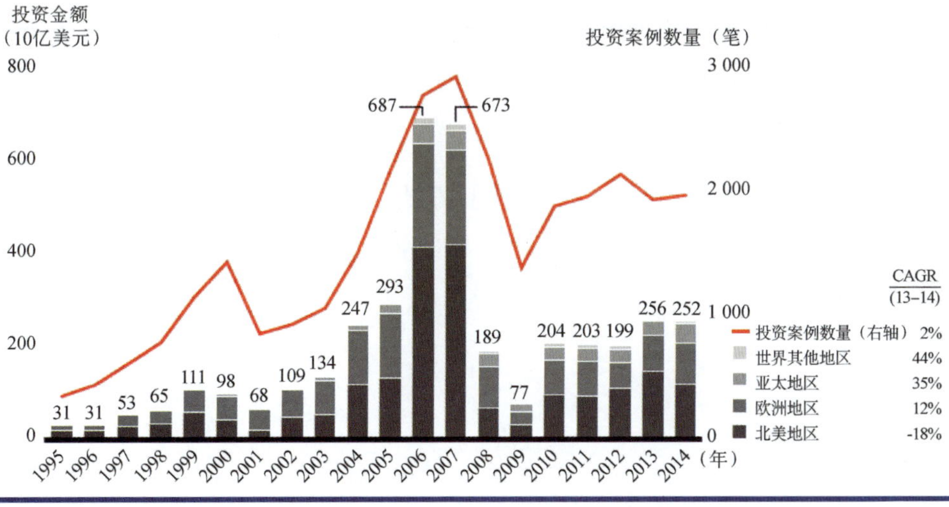

资料来源：国际投资基金协会（IIFA）

未投资金拟投资的基金类型主要为并购基金，其次为不动产基金。与2013 年相比，2014 年基金投资除成长基金和夹层基金外，都出现增长趋势，其中不动产基金和基础设施基金分别增长 16% 和 15% 。

（三）退出

从基金退出来看，2014 年全球并购基金退出交易 1 250 笔，规模达 4 560 亿美元，数量和规模均创历史新高（见图 14－10）。

图 14－10　全球并购基金退出情况：按地区（1995～2014 年）

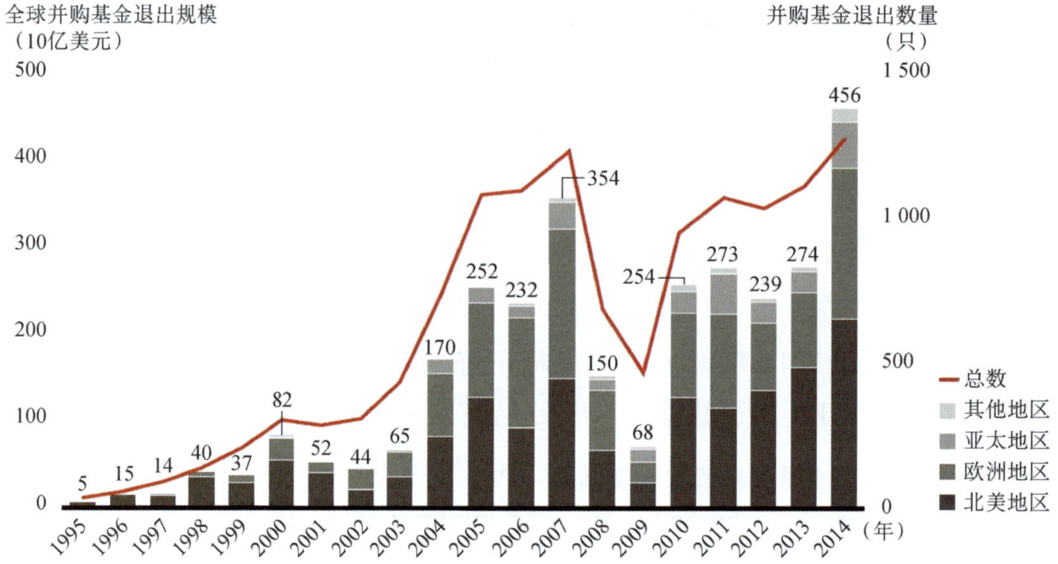

资料来源：贝恩咨询公司（Bain & Company）

战略退出一直是最主要的项目退出方式，其次为股权转让，最后为 IPO 退出。2014 年受美国股市复苏影响，IPO 退出规模超过股权转让退出（见图 14－11）。

图 14－11　全球并购基金退出情况：按退出方式（1995～2014 年）

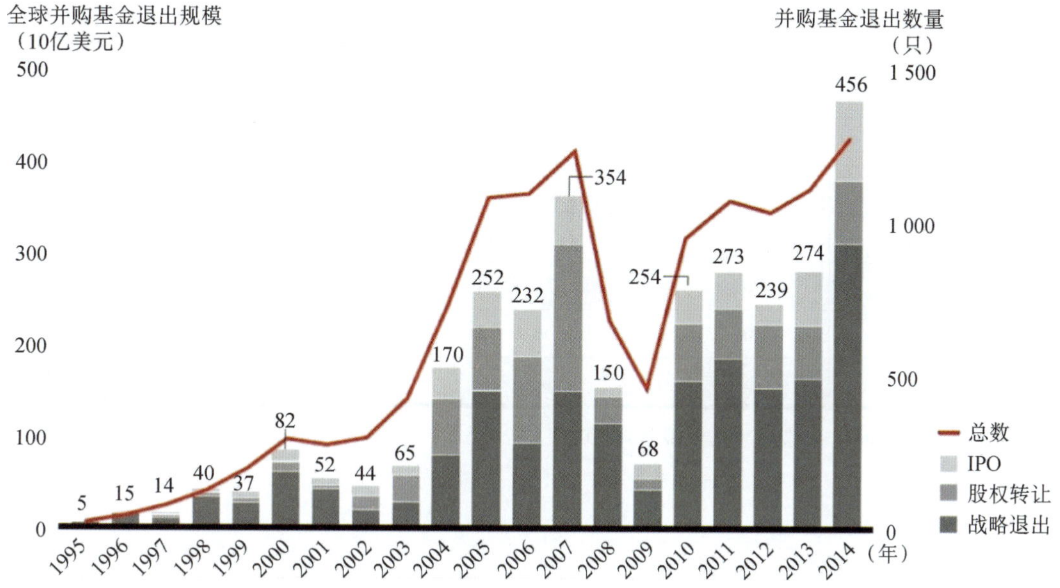

资料来源：贝恩咨询公司（Bain & Company）

三、对冲基金

根据 Preqin 的数据，截至 2014 年底，全球对冲基金管理规模共计 3.019 万亿美元，其中 2014 年新增资产管理规模 3 550 亿美元。

从地区来看，北美地区，尤其是美国对冲基金管理规模增长 2 610 亿美元，亚太地区对冲基金规模增长 330 亿美元至 1 450 亿美元，欧洲地区受 AIFMD 实施的影响，资产管理规模增长有限。

根据 Preqin 全球对冲基金调查报告，2014 年全球对冲基金平均收益率仅为 3.87%，远低于 2013 年的 12.25%。从不同策略来看，信用策略业绩最高，为 5.59%，其次为相对价值策略和多策略，分别为 4.56% 和 4.30%，事件驱动策略则由 2013 年的最高盈利变为最低盈利水平。长期来看，2 年平均收益率最高的为股票策略，3 年和 5 年平均收益率最高的策略为信用策略。最低的为宏观策略。

表 14－2 全球对冲基金平均收益率 （单位:%）

对冲策略	2014 年	2013 年	2012 年	2 年平均收益率	3 年平均收益率	5 年平均收益率
股票策略	3.86	15.41	11.04	9.48	10.00	7.59
宏观策略	1.99	4.77	8.39	3.37	5.02	5.70
事件驱动策略	1.54	15.62	12.38	8.35	9.68	8.63
信用策略	5.59	9.36	15.58	7.46	10.10	10.88
相对价值策略	4.56	8.95	7.60	6.73	7.02	7.17
多策略	4.30	8.38	8.98	6.32	7.20	6.88
总体	3.78	12.25	10.80	7.93	8.88	7.74

资料来源：Preqin 全球对冲基金报告（2015）

第三篇

行业数据篇

一、公开募集证券投资基金概况 I（开放式和封闭式）

年份 Year	基金只数（只） Number of Funds（unit）			基金份额（亿份） Fund Units（100 million units）			基金资产规模（亿元） Fund Asset Value（100 million yuan）		
	合计 Total	封闭式 Close – ended Funds	开放式 Open – ended Funds	合计 Total	封闭式 Close – ended Funds	开放式 Open – ended Funds	合计 Total	封闭式 Close – ended Funds	开放式 Open – ended Funds
2004	161	54	107	3 308. 79	817. 00	2 491. 79	3 246. 34	809. 71	2 436. 63
2005	218	54	164	4 714. 18	817. 00	3 897. 18	4 691. 38	822. 17	3 869. 21
2006	307	53	254	6 220. 67	812. 00	5 408. 67	8 565. 05	1 623. 64	6 941. 41
2007	346	36	310	22 339. 84	844. 14	21 495. 70	32 762. 32	2 442. 17	30 320. 15
2008	439	33	406	25 741. 78	890. 32	24 851. 46	19 403. 25	758. 95	18 644. 30
2009	547	31	516	23 518. 55	945. 02	22 573. 53	26 024. 80	1 238. 78	24 786. 02
2010	704	39	665	23 955. 33	1 119. 80	22 835. 53	25 040. 86	1 299. 00	23 741. 86
2011	914	57	857	26 510. 37	1 371. 32	25 139. 05	21 918. 55	1 234. 15	20 684. 40
2012	1 173	68	1 105	31 708. 41	1 424. 85	30 283. 56	28 661. 81	1 413. 01	27 248. 80
2013	1 551	130	1 421	31 167. 18	1 953. 94	29 213. 24	30 011. 54	1 987. 56	28 023. 98
2014	1 899	135	1 764	42 032. 7	1 256. 71	40 776. 00	45 374. 30	1 366. 81	44 007. 49

资料来源：中国证监会（SRC）

二、公开募集证券投资基金概况 II（ETF 和 LOF）

年份	ETF		LOF	
	只数（只）	份额（亿份）	只数（只）	份额（亿份）
2004	1	101.56	1	10.91
2005	1	101.56	13	672.87
2006	5	185.86	17	875.41
2007	5	185.86	26	1 240.51
2008	5	185.86	28	1 252.46
2009	9	228.46	37	1 397.28
2010	20	270.14	55	1 443.55
2011	37	301.32	80	1 525.31
2012	50	817.06	94	1 582.40
2013	87	1 031.95	106	1 671.49
2014	105	1 082.55	121	1 818.37

资料来源：上海证券、恒生聚源

三、开放式基金概况：按投资类型（2008 ~ 2014 年）

年份	股票型			混合型			债券型			货币市场型			QDII		
	只数（只）	份额（亿份）	规模（亿元）	只数（只）	份额（亿份）	规模（亿元）	只数（只）	份额（亿份）	规模（亿元）	只数（只）	份额（亿份）	规模（亿元）	只数（只）	份额（亿份）	规模（亿元）
2008	162	10 866. 30	7 242. 57	138	7 395. 81	5 193. 09	61	1 745. 23	1 880. 36	40	3 891. 73	3 892. 43	10	1 094. 01	522. 41
2009	239	12 454. 50	13 702. 50	158	6 692. 64	7 478. 45	81	765. 82	839. 37	43	2 581. 41	2 581. 41	10	1 017. 35	742. 24
2010	332	12 945. 64	13 214. 94	166	6 651. 08	7 300. 67	103	1 359. 03	1 449. 76	46	1 532. 77	1 532. 78	28	940. 50	735. 50
2011	439	13 548. 16	10 421. 59	191	6 736. 21	5 671. 22	140	1 380. 82	1 401. 85	51	2 948. 85	2 948. 86	51	913. 45	576. 02
2012	538	13 598. 55	11 564. 46	217	6 467. 76	5 619. 47	233	3 823. 86	3 922. 43	62	5 722. 40	5 722. 41	67	875. 46	632. 02
2013	610	11 794. 06	11 026. 24	288	5 917. 75	5 624. 77	346	3 260. 97	3 309. 02	94	7 475. 74	7 475. 93	83	764. 71	588. 02
2014	699	10 772. 46	13 142. 02	395	5 525. 28	6 025. 23	409	3 048. 65	3 482. 28	171	20 804. 36	20 862. 43	90	625. 26	495. 54

资料来源：中国证监会（CSRC）

四、开放式基金（认）申购与赎回（季度，2011~2013年）

季度	合计			偏股型			债券型			货币市场型			QDII		
	认申购额	赎回额	净认申赎	认申购额	赎回额	净认申赎	认申购额	赎回额	净认申赎	认申购额	赎回额	净认申赎	认申购额	赎回额	净认申赎
2011Q1	4 471	5 115	-644	1 403	1 821	-418	448	449	-1	2 620	2 845	-225	59	50	9
2011Q2	5 686	5 029	658	2 219	1 687	532	747	455	292	2 720	2 887	-167	44	58	-14
2011Q3	4 078	3 885	193	1 585	1 297	288	263	425	-162	2 231	2 163	68	54	37	17
2011Q4	6 432	4 386	2 046	1 457	1 195	262	424	323	101	4 551	2 868	1 683	7	21	-14
2011 总和	20 668	18 415	2 253	6 664	6 000	664	1 882	1 652	230	12 122	10 763	1 359	164	166	-2
2012Q1	7 598	7 761	-163	1 161	1 390	-229	706	632	74	5 731	5 739	-8	22	19	3
2012Q2	10 245	8 431	1 814	1 670	1 509	161	2 165	1 110	1 055	6 411	5 813	598	27	26	1
2012Q3	10 134	9 492	643	1 366	1 227	139	2 846	2 322	523	5 923	5 943	-19	153	47	106
2012Q4	12 592	9 241	3 351	1 405	1 248	158	3 785	2 607	1 178	7 402	5 386	2 016	48	83	-35
2012 总和	40 569	34 925	5 644	5 601	5 373	228	9 501	6 672	2 829	25 467	22 880	2 586	249	177	73
2013Q1	12 439	13 779	-1 340	1 678	2 391	-713	3 835	3 788	47	6 926	7 600	-674	38	59	-20
2013Q2	11 631	13 430	-1 800	2 208	2 280	-72	3 063	2 954	109	6 359	8 196	-1 837	36	54	-18
2013Q3	12 322	11 252	1 070	2 138	2 949	-810	2 444	2 153	292	7 739	6 150	1 589	15	44	-29
2013Q4	16 289	13 909	2 380	2 143	2 150	-7	2 152	2 280	-128	11 994	9 479	2 515	24	53	-29
2013 总和	52 681	52 370	311	8 168	9 769	-1 602	11 495	11 176	319	33 018	31 425	1 593	113	209	-96
2014Q1	27 335	22 660	4 674	2 284	2 684	-400	1 718	2 153	-435	23 306	17 772	5 534	27	51	-24
2014Q2	26 679	25 125	1 554	1 732	1 596	136	1 716	1 645	71	23 214	21 836	1 378	18	49	-31
2014Q3	30 492	29 501	992	2 524	3 348	-824	1 661	1 576	85	26 273	24 525	1 747	35	52	-17
2014Q4	41 660	38 572	3 082	7 048	6 983	65	2 637	2 149	488	31 933	29 375	2 557	42	65	-28
2014 总和	126 166	115 859	10 302	13 588	14 611	-1 023	7 732	7 523	209	104 725	93 509	11 216	121	216	-100

资料来源：中国证监会（CSRC）

五、基金管理公司基本经营数据统计表（2014年）

序号	公司代码	基金管理公司全称	公募基金			封闭式			开放式			股票型		
			只数	份额（亿份）	规模（亿元）	只数	份额（亿份）	规模（亿元）	只数	份额（亿份）	规模（亿元）	只数	份额（亿份）	规模（亿元）
1	50010000	国泰基金管理有限公司	49	511.72	563.96				44	506.83	556.32	17	285.45	334.41
2	50020000	南方基金管理有限公司	57	1911.94	2021.77	3	38.26	40.10	50	1754.97	1883.27	22	401.92	474.12
3	50030000	华夏基金管理有限公司	46	2718.84	3322.41				41	2590.42	3215.04	14	642.89	1094.86
4	50040000	华安基金管理有限公司	54	771.70	885.29	1	11.30	12.86	47	739.13	851.37	23	340.80	445.66
5	50050000	博时基金管理有限公司	53	1075.72	1132.15	5	12.11	12.97	43	1045.75	1100.15	16	443.92	513.43
6	50060000	鹏华基金管理有限公司	57	626.77	690.27	6	28.99	31.60	48	594.97	655.52	24	277.93	318.69
7	50070000	长盛基金管理有限公司	37	384.83	434.24	3	4.40	4.54	33	380.09	429.31	10	89.79	112.72
8	50080000	嘉实基金管理有限公司	68	2263.84	2726.02	10	165.14	171.75	52	1969.68	2461.16	25	714.49	1131.97
9	50090000	大成基金管理有限公司	47	801.77	754.03	1	2.95	3.33	44	796.08	747.65	20	177.98	181.18
10	50100000	富国基金管理有限公司	53	870.89	952.37	7	82.51	88.34	43	783.43	856.14	18	449.37	484.60
11	50110000	易方达基金管理有限公司	60	1958.17	2220.40	5	70.03	81.49	50	1878.09	2130.92	22	575.56	715.91
12	50120000	宝盈基金管理有限公司	14	358.40	394.44	1	20.00	20.91	13	338.40	373.53	5	120.97	132.52
13	50130000	融通基金管理有限公司	27	441.38	474.83	7	37.27	50.64	19	402.84	422.94	9	215.11	256.79
14	50140000	银华基金管理有限公司	44	861.92	950.70	2	21.82	22.80	39	835.65	924.50	15	346.20	416.71
15	50150000	长城基金管理有限公司	24	485.90	475.66	2	31.25	32.64	22	454.65	443.02	10	250.13	245.37
16	50160000	银河基金管理有限公司	24	284.77	342.16	2	31.06	35.26	22	253.72	306.89	12	102.64	142.22
17	50170000	泰达宏利基金管理有限公司	24	193.86	233.00	3	27.27	34.82	20	166.11	197.69	12	96.83	116.04
18	50180000	国投瑞银基金管理有限公司	31	429.40	465.61	2	11.32	11.92	28	417.73	453.38	9	193.63	215.86
19	50190000	万家基金管理有限公司	19	140.10	124.46	3	8.72	9.27	16	131.38	115.18	6	53.32	44.78
20	50200000	金鹰基金管理有限公司	17	66.26	62.89				17	66.26	62.89	7	13.71	13.10

续表 1

序号	公司代码	基金管理公司全称	混合型			债券型			货币型			QDII		
			只数	份额（亿份）	规模（亿元）	只数	份额（亿份）	规模（亿元）	只数	份额（亿份）	规模（亿元）	只数	份额（亿份）	规模（亿元）
1	50010000	国泰基金管理有限公司	17	168. 34	163. 27	8	14. 44	20. 04	2	38. 60	38. 59	5	4. 88	7. 64
2	50020000	南方基金管理有限公司	11	185. 38	222. 30	16	184. 78	205. 80	4	1021. 15	1021. 15	4	118. 71	98. 41
3	50030000	华夏基金管理有限公司	12	404. 56	568. 23	10	145. 59	154. 56	5	1397. 37	1397. 38	5	128. 42	107. 37
4	50040000	华安基金管理有限公司	8	137. 57	138. 42	14	51. 77	59. 85	3	220. 29	220. 30	6	21. 27	21. 06
5	50050000	博时基金管理有限公司	10	239. 06	205. 68	18	49. 02	68. 15	4	325. 86	325. 86	5	17. 87	19. 04
6	50060000	鹏华基金管理有限公司	8	98. 72	111. 37	20	110. 55	120. 29	2	136. 76	136. 77	3	2. 82	3. 15
7	50070000	长盛基金管理有限公司	14	132. 75	157. 84	10	9. 02	10. 37	2	152. 93	152. 93	1	0. 35	0. 38
8	50080000	嘉实基金管理有限公司	12	405. 06	476. 42	19	138. 66	147. 91	6	876. 61	876. 61	6	129. 02	93. 11
9	50090000	大成基金管理有限公司	9	396. 83	332. 03	11	81. 49	95. 04	5	142. 73	142. 74	2	2. 74	3. 05
10	50100000	富国基金管理有限公司	9	170. 17	197. 99	20	183. 34	198. 85	3	63. 05	63. 05	3	4. 96	7. 89
11	50110000	易方达基金管理有限公司	9	207. 58	280. 00	17	199. 25	235. 58	7	965. 73	980. 91	5	10. 05	7. 99
12	50120000	宝盈基金管理有限公司	7	143. 34	166. 73	1	5. 70	6. 80	1	88. 39	88. 39			
13	50130000	融通基金管理有限公司	8	154. 18	144. 69	8	18. 34	19. 60	1	52. 49	52. 49	1	1. 26	1. 25
14	50140000	银华基金管理有限公司	8	72. 24	82. 94	13	155. 60	163. 99	5	283. 43	283. 66	3	4. 45	3. 40
15	50150000	长城基金管理有限公司	6	115. 47	103. 71	6	47. 11	53. 39	2	73. 19	73. 19			
16	50160000	银河基金管理有限公司	4	33. 29	40. 14	7	29. 04	40. 00	1	119. 80	119. 80			
17	50170000	泰达宏利基金管理有限公司	4	35. 26	44. 95	6	53. 34	63. 57	1	7. 95	7. 95	1	0. 49	0. 48
18	50180000	国投瑞银基金管理有限公司	9	69. 03	75. 32	8	40. 66	48. 39	4	125. 73	125. 73	1	0. 35	0. 31
19	50190000	万家基金管理有限公司	2	23. 15	14. 70	8	16. 85	18. 20	3	46. 78	46. 78			
20	50200000	金鹰基金管理有限公司	6	30. 36	26. 86	3	12. 44	13. 17	1	9. 76	9. 76			

续表 2

序号	公司代码	基金管理公司全称	公募基金			封闭式			开放式			股票型		
			只数	份额（亿份）	规模（亿元）	只数	份额（亿份）	规模（亿元）	只数	份额（亿份）	规模（亿元）	只数	份额（亿份）	规模（亿元）
21	50210000	招商基金管理有限公司	44	1081.66	1163.85	1	21.17	24.32	40	1058.71	1137.95	16	171.82	199.23
22	50220000	华宝兴业基金管理有限公司	30	518.89	586.66				27	516.33	584.39	17	239.96	277.71
23	50230000	摩根士丹利华鑫基金管理有限公司	18	105.93	134.31	2	26.95	28.25	16	78.98	106.06	8	47.37	65.35
24	50240000	国联安基金管理有限公司	23	235.72	244.00	1	5.22	6.12	22	230.50	237.88	10	64.93	79.04
25	50250000	海富通基金管理有限公司	32	264.69	287.39	4	6.93	7.78	26	256.21	277.71	12	74.81	72.58
26	50260000	长信基金管理有限责任公司	17	183.25	177.59	3	13.74	15.25	13	169.25	162.10	7	138.67	120.31
27	50270000	泰信基金管理有限公司	15	109.95	100.68	1	0.68	0.71	14	109.27	99.97	7	28.34	34.54
28	50280000	天治基金管理有限公司	10	46.64	39.50				10	46.64	39.50	3	32.84	23.50
29	50290000	景顺长城基金管理有限公司	39	525.99	594.64	1	1.75	1.81	37	524.09	592.63	26	326.75	404.81
30	50300000	广发基金管理有限公司	57	1275.60	1334.70	1	4.77	5.35	50	1262.51	1318.60	19	376.20	405.87
31	50310000	兴业全球基金管理有限公司	14	802.20	913.96				14	802.20	913.96	7	100.37	166.90
32	50330000	诺安基金管理有限公司	37	613.34	656.29	5	46.50	48.44	29	555.80	599.20	13	197.53	213.90
33	50340000	申万菱信基金管理有限公司	18	469.95	486.27	1	1.06	1.21	17	468.89	485.06	10	412.74	435.80
34	50350000	中海基金管理有限公司	22	200.94	173.94	4	28.96	31.46	18	171.98	142.48	4	4.87	5.53
35	50360000	光大保德信基金管理有限公司	17	281.76	308.49				17	281.76	308.49	8	196.10	217.33
36	50370000	华富基金管理有限公司	16	102.71	100.64				16	102.71	100.64	4	21.85	17.56
37	50380000	上投摩根基金管理有限公司	37	1040.14	1036.49	1	5.19	5.35	33	900.00	952.55	13	120.80	159.07
38	50390000	东方基金管理有限责任公司	16	86.11	97.09				16	86.11	97.09	3	1.67	2.20
39	50400000	中银基金管理有限公司	44	1557.05	1609.28	5	143.03	152.77	37	1411.85	1454.63	11	98.85	98.79
40	50410000	东吴基金管理有限公司	17	78.80	72.41				17	78.80	72.41	7	37.71	35.68

续表 3

序号	公司代码	基金管理公司全称	混合型			债券型			货币型			QDII		
			只数	份额（亿份）	规模（亿元）	只数	份额（亿份）	规模（亿元）	只数	份额（亿份）	规模（亿元）	只数	份额（亿份）	规模（亿元）
21	50210000	招商基金管理有限公司	10	174. 17	170. 93	11	153. 84	169. 47	4	580. 05	622. 64	3	1. 79	1. 58
22	50220000	华宝兴业基金管理有限公司	4	22. 18	50. 22	3	4. 84	7. 11	3	249. 34	249. 35	3	2. 57	2. 27
23	50230000	摩根士丹利华鑫基金管理有限公司	3	16. 65	24. 67	6	41. 24	43. 62	1	0. 67	0. 67			
24	50240000	国联安基金管理有限公司	7	74. 25	65. 40	5	21. 84	24. 86	1	74. 70	74. 70			
25	50250000	海富通基金管理有限公司	7	132. 11	89. 75	9	14. 19	81. 13	2	42. 03	42. 03	2	1. 55	1. 90
26	50260000	长信基金管理有限责任公司	2	12. 52	17. 78	6	23. 31	30. 76	1	8. 50	8. 50	1	0. 25	0. 25
27	50270000	泰信基金管理有限公司	3	58. 93	43. 33	4	1. 90	2. 02	1	20. 78	20. 78			
28	50280000	天治基金管理有限公司	3	4. 85	4. 89	3	6. 02	8. 17	1	2. 94	2. 94			
29	50290000	景顺长城基金管理有限公司	3	94. 48	82. 04	6	25. 16	28. 15	3	79. 45	79. 45	1	0. 15	0. 20
30	50300000	广发基金管理有限公司	12	227. 48	249. 40	14	46. 68	51. 78	6	616. 92	616. 92	6	8. 32	10. 74
31	50310000	兴业全球基金管理有限公司	4	137. 02	180. 09	1	6. 23	8. 39	2	558. 58	558. 58			
32	50330000	诺安基金管理有限公司	8	136. 93	160. 44	9	72. 03	77. 48	4	195. 82	195. 82	3	11. 04	8. 64
33	50340000	申万菱信基金管理有限公司	3	50. 69	43. 04	4	3. 20	4. 12	1	3. 31	3. 31			
34	50350000	中海基金管理有限公司	9	130. 12	98. 21	8	40. 10	44. 36	1	25. 85	25. 85			
35	50360000	光大保德信基金管理有限公司	1	22. 34	27. 31	6	22. 48	23. 01	2	40. 83	40. 84			
36	50370000	华富基金管理有限公司	6	36. 55	33. 52	5	28. 25	33. 50	1	16. 06	16. 06			
37	50380000	上投摩根基金管理有限公司	8	60. 87	74. 35	9	28. 41	29. 37	4	695. 12	695. 11	3	134. 95	78. 59
38	50390000	东方基金管理有限责任公司	8	61. 83	71. 13	4	13. 37	14. 53	1	9. 23	9. 23			
39	50400000	中银基金管理有限公司	10	133. 71	157. 34	18	327. 63	356. 58	3	994. 68	994. 68	2	2. 17	1. 88
40	50410000	东吴基金管理有限公司	5	29. 68	24. 92	4	9. 31	9. 70	1	2. 11	2. 11			

续表 4

序号	公司代码	基金管理公司全称	公募基金			封闭式			开放式			股票型		
			只数	份额（亿份）	规模（亿元）	只数	份额（亿份）	规模（亿元）	只数	份额（亿份）	规模（亿元）	只数	份额（亿份）	规模（亿元）
41	50420000	国海富兰克林基金管理有限公司	17	98.78	115.80	1	3.64	3.88	15	94.96	111.73	8	61.22	79.64
42	50430000	天弘基金管理有限公司	16	5906.05	5897.97	4	26.83	30.64	12	5879.22	5867.33	3	8.69	9.09
43	50440000	华泰柏瑞基金管理有限公司	21	338.13	600.75	1	1.01	1.07	19	336.82	599.42	10	191.61	439.71
44	50450000	新华基金管理有限公司	23	166.61	197.00	1	9.42	9.83	22	157.19	187.17	8	46.11	60.72
45	50460000	汇添富基金管理股份有限公司	51	1079.80	1150.89	2	8.88	9.55	46	1066.03	1137.38	21	448.68	492.46
46	50470000	工银瑞信基金管理有限公司	53	2543.40	2548.00	5	76.85	83.31	45	2460.71	2457.88	20	396.38	369.53
47	50480000	交银施罗德基金管理有限公司	37	359.47	388.85	2	9.36	9.39	33	349.30	378.13	14	205.19	219.01
48	50490000	信诚基金管理有限公司	32	295.85	313.43	2	7.02	7.53	28	287.85	305.23	15	134.22	147.46
49	50500000	建信基金管理有限责任公司	46	1174.19	1215.97	2	7.74	8.31	41	1164.62	1205.90	19	141.71	150.89
50	50510000	华商基金管理有限公司	21	290.21	424.41				21	290.21	424.41	7	118.72	183.86
51	50520000	汇丰晋信基金管理有限公司	13	68.24	89.36				13	68.24	89.36	8	41.98	55.92
52	50530000	益民基金管理有限公司	6	52.64	44.23				6	52.64	44.23			
53	50540000	中邮创业基金管理有限公司	14	389.69	372.44	1	14.88	15.81	13	374.81	356.63	5	306.81	275.17
54	50550000	信达澳银基金管理有限公司	10	42.98	54.62	1	1.08	1.20	9	41.90	53.42	5	34.47	44.81
55	50560000	诺德基金管理有限公司	9	27.05	28.66				9	27.05	28.66	6	23.88	24.90
56	50570000	中欧基金管理有限公司	17	228.17	254.58	1	26.85	26.83	16	201.32	227.75	6	104.78	119.82
57	50580000	金元惠理基金管理有限公司	10	14.68	16.50				10	14.68	16.50	4	3.61	4.97
58	50590000	浦银安盛基金管理有限公司	17	102.09	113.70	4	21.86	23.67	13	80.22	90.02	4	22.75	31.76
59	50600000	农银汇理基金管理有限公司	22	542.19	569.93				22	542.19	569.93	12	68.40	93.93
60	50610000	民生加银基金管理有限公司	21	364.17	384.67	3	31.18	33.33	18	332.99	351.34	6	30.15	29.28

续表5

序号	公司代码	基金管理公司全称	混合型			债券型			货币型			QDII		
			只数	份额（亿份）	规模（亿元）	只数	份额（亿份）	规模（亿元）	只数	份额（亿份）	规模（亿元）	只数	份额（亿份）	规模（亿元）
41	50420000	国海富兰克林基金管理有限公司	3	10.68	8.17	4	10.17	11.27	1	16.53	16.53	1	0.18	0.19
42	50430000	天弘基金管理有限公司	3	48.72	35.23	8	47.94	52.94	2	5800.70	5800.70			
43	50440000	华泰柏瑞基金管理有限公司	3	45.43	59.22	6	21.52	22.29	1	79.27	79.27	1	0.30	0.26
44	50450000	新华基金管理有限公司	8	50.27	58.84	5	47.12	54.34	2	23.11	23.11			
45	50460000	汇添富基金管理股份有限公司	3	12.12	32.29	18	65.94	74.01	6	548.17	548.17	3	4.89	3.96
46	50470000	工银瑞信基金管理有限公司	6	97.82	71.87	19	643.92	700.35	5	1399.44	1399.44	3	5.84	6.81
47	50480000	交银施罗德基金管理有限公司	8	55.31	68.19	11	44.84	47.00	2	53.32	53.32	2	0.81	1.33
48	50490000	信诚基金管理有限公司	1	18.65	19.52	12	29.85	33.62	2	112.16	112.16	2	0.98	0.67
49	50500000	建信基金管理有限责任公司	6	63.87	73.24	15	172.31	195.61	3	794.47	794.47	3	1.83	1.76
50	50510000	华商基金管理有限公司	9	147.37	210.99	4	18.42	23.85	1	5.71	5.71			
51	50520000	汇丰晋信基金管理有限公司	3	12.71	19.85	1	0.53	0.56	1	13.02	13.02			
52	50530000	益民基金管理有限公司	4	48.52	40.15	1	0.68	0.64	1	3.44	3.44			
53	50540000	中邮创业基金管理有限公司	5	49.77	61.90	2	29.36	31.60	2	3.76	3.76			
54	50550000	信达澳银基金管理有限公司	1	0.91	1.62	3	2.40	2.98	1	5.21	5.21			
55	50560000	诺德基金管理有限公司	1	0.25	0.36	2	2.91	3.40						
56	50570000	中欧基金管理有限公司	4	70.59	79.74	6	16.30	18.51	1	36.50	36.50			
57	50580000	金元惠理基金管理有限公司	4	4.85	5.26	1	0.42	0.47	1	5.80	5.80			
58	50590000	浦银安盛基金管理有限公司	5	4.38	4.75	6	34.94	37.17	2	40.02	40.02			
59	50600000	农银汇理基金管理有限公司	3	6.17	7.39	5	59.31	60.30	2	408.32	408.32			
60	50610000	民生加银基金管理有限公司	5	6.79	8.05	8	115.71	135.82	2	211.52	211.52			

续表 6

序号	公司代码	基金管理公司全称	公募基金			封闭式			开放式			股票型		
			只数	份额（亿份）	规模（亿元）	只数	份额（亿份）	规模（亿元）	只数	份额（亿份）	规模（亿元）	只数	份额（亿份）	规模（亿元）
61	50620000	西部利得基金管理有限公司	4	2.39	2.35				4	2.39	2.35	1	2.01	1.92
62	50630000	浙商基金管理有限公司	4	4.48	5.22				4	4.48	5.22	2	3.57	3.92
63	50640000	平安大华基金管理有限公司	7	123.66	126.00				7	123.66	126.00	2	6.21	7.66
64	50650000	富安达基金管理有限公司	6	5.25	5.81				6	5.25	5.81	1	1.79	2.20
65	50660000	财通基金管理有限公司	6	7.30	10.13				6	7.30	10.13	2	3.15	5.44
66	50670000	方正富邦基金管理有限公司	5	9.17	9.35	1	1.05	1.15	4	8.12	8.20	2	0.42	0.50
67	50680000	长安基金管理有限公司	4	23.90	24.54				4	23.90	24.54	2	0.84	1.21
68	50690000	国金通用基金管理有限公司	6	67.63	68.09				6	67.63	68.09	1	0.43	0.65
69	50700000	安信基金管理有限责任公司	9	41.10	43.90	2	21.58	23.44	7	19.52	20.46	1	0.36	0.47
70	50710000	德邦基金管理有限公司	3	45.14	46.40				3	45.14	46.40	1	6.46	7.67
71	50720000	华宸未来基金管理有限公司	2	0.51	0.62				2	0.51	0.62	1	0.19	0.27
72	50730000	红塔红土基金管理有限公司	1	0.94	0.97				1	0.94	0.97			
73	50740000	英大基金管理有限公司	3	4.21	4.38				3	4.21	4.38			
74	50750000	江信基金管理有限公司	1	8.80	8.93	1	8.80	8.93						
75	50760000	中原英石基金管理有限公司	1	0.76	0.76				1	0.76	0.76			
76	50770000	华润元大基金管理有限公司	5	13.10	13.66				5	13.10	13.66	3	2.11	2.56
77	50780000	前海开源基金管理有限公司	7	19.77	25.32				7	19.77	25.32	2	5.08	7.54
78	50790000	东海基金管理有限责任公司	1	2.06	2.02				1	2.06	2.02			
79	50800000	中加基金管理有限公司	3	41.15	41.40	1	3.16	3.41	2	37.98	38.00			
80	50810000	兴业基金管理有限公司	2	140.47	143.77	1	32.37	35.67	1	108.09	108.09			

续表 7

序号	公司代码	基金管理公司全称	混合型			债券型			货币型			QDII		
			只数	份额（亿份）	规模（亿元）	只数	份额（亿份）	规模（亿元）	只数	份额（亿份）	规模（亿元）	只数	份额（亿份）	规模（亿元）
61	50620000	西部利得基金管理有限公司	1	0.12	0.15	2	0.26	0.28						
62	50630000	浙商基金管理有限公司	1	0.38	0.66	1	0.53	0.63						
63	50640000	平安大华基金管理有限公司	2	3.71	4.53	1	0.50	0.58	2	113.23	113.23			
64	50650000	富安达基金管理有限公司	2	1.50	1.56	2	0.40	0.49	1	1.56	1.56			
65	50660000	财通基金管理有限公司	2	2.03	2.34	2	2.12	2.34						
66	50670000	方正富邦基金管理有限公司				1	1.05	1.15	2	7.70	7.70			
67	50680000	长安基金管理有限公司	1	2.43	2.69				1	20.64	20.64			
68	50690000	国金通用基金管理有限公司	2	14.21	14.24	1	2.23	2.45	2	50.75	50.75			
69	50700000	安信基金管理有限责任公司	3	5.50	6.17	3	24.19	26.21	2	11.05	11.05			
70	50710000	德邦基金管理有限公司				1	0.48	0.52	1	38.20	38.20			
71	50720000	华宸未来基金管理有限公司				1	0.32	0.35						
72	50730000	红塔红土基金管理有限公司	1	0.94	0.97									
73	50740000	英大基金管理有限公司	1	0.99	1.11	1	0.66	0.71	1	2.56	2.56			
74	50750000	江信基金管理有限公司				1	8.80	8.93						
75	50760000	中原英石基金管理有限公司							1	0.76	0.76			
76	50770000	华润元大基金管理有限公司	1	0.50	0.60				1	10.50	10.50			
77	50780000	前海开源基金管理有限公司	4	14.01	16.75	1	0.68	1.03						
78	50790000	东海基金管理有限责任公司	1	2.06	2.02									
79	50800000	中加基金管理有限公司				2	8.90	9.15	1	32.25	32.25			
80	50810000	兴业基金管理有限公司				1	32.37	35.67	1	108.09	108.09			

续表 8

序号	公司代码	基金管理公司全称	公募基金			封闭式			开放式			股票型		
			只数	份额（亿份）	规模（亿元）	只数	份额（亿份）	规模（亿元）	只数	份额（亿份）	规模（亿元）	只数	份额（亿份）	规模（亿元）
81	50820000	中融基金管理有限公司	3	173.80	174.06	1	0.69	0.78	2	173.11	173.28			
82	50830000	国开泰富基金管理有限责任公司	1	4.08	4.21	1	4.08	4.21						
83	50840000	中信建投基金管理有限公司	3	13.05	13.26	1	3.01	3.20	2	10.04	10.06			
84	50850000	上银基金管理有限公司	2	33.09	33.09				2	33.09	33.09	1	1.31	1.30
85	50860000	鑫元基金管理有限公司	7	105.50	107.72	2	8.93	9.42	5	96.57	98.30			
86	50870000	上海东方证券资产管理有限公司	3	24.84	30.62	1	16.10	18.14	2	8.73	12.48			
87	50880000	永赢基金管理有限公司	1	3.65	3.65				1	3.65	3.65			
88	50890000	华福基金管理有限责任公司	1	55.92	55.92				1	55.92	55.92			
89	50900000	国寿安保基金管理有限公司	5	180.52	187.62				5	180.52	187.62	1	12.37	18.82
90	50910000	华融证券股份有限公司	1	2.12	2.12				1	2.12	2.12			
91	50920000	北信瑞丰基金管理有限公司	3	13.77	13.93				3	13.77	13.93			
92	50950000	圆信永丰基金管理有限公司	2	11.09	12.22				2	11.09	12.22			
93	50960000	中金基金管理有限公司	2	9.90	9.98				2	9.90	9.98			
94	51020000	浙江浙商证券资产管理有限公司	1	15.69	15.69				1	15.69	15.69			
95	51010000	山西证券股份有限公司												
96	50970000	红土创新基金管理有限公司												
97	50980000	九泰基金管理有限公司												
98	50940000	嘉合基金管理有限公司												
99	50990000	创金合信基金管理有限公司												
100	暂无	国都证券有限责任公司												
101	暂无	渤海证券股份有限公司												
			1899	42032.70	45374.31	135	1256.72	1366.76	1674	40150.73	43511.95	705	10922.48	13321.70

续表 9

序号	公司代码	基金管理公司全称	混合型			债券型			货币型			QDII		
			只数	份额（亿份）	规模（亿元）	只数	份额（亿份）	规模（亿元）	只数	份额（亿份）	规模（亿元）	只数	份额（亿份）	规模（亿元）
81	50820000	中融基金管理有限公司	1	6.41	6.57	1	0.69	0.78	1	166.70	166.70			
82	50830000	国开泰富基金管理有限责任公司				1	4.08	4.21						
83	50840000	中信建投基金管理有限公司	1	3.80	3.82	1	3.01	3.20	1	6.25	6.25			
84	50850000	上银基金管理有限公司							1	31.79	31.79			
85	50860000	鑫元基金管理有限公司				6	55.98	58.21	1	49.52	49.52			
86	50870000	上海东方证券资产管理有限公司	3	24.84	30.62									
87	50880000	永赢基金管理有限公司							1	3.65	3.65			
88	50890000	华福基金管理有限责任公司							1	55.92	55.92			
89	50900000	国寿安保基金管理有限公司				1	6.48	7.14	3	161.66	161.66			
90	50910000	华融证券股份有限公司							1	2.12	2.12			
91	50920000	北信瑞丰基金管理有限公司	1	6.60	6.53	1	6.53	6.75	1	0.65	0.65			
92	50950000	圆信永丰基金管理有限公司	1	9.02	9.95	1	2.07	2.27						
93	50960000	中金基金管理有限公司				1	7.14	7.22	1	2.76	2.76			
94	51020000	浙江浙商证券资产管理有限公司	1	15.69	15.69									
95	51010000	山西证券股份有限公司												
96	50970000	红土创新基金管理有限公司												
97	50980000	九泰基金管理有限公司												
98	50940000	嘉合基金管理有限公司												
99	50990000	创金合信基金管理有限公司												
100	暂无	国都证券有限责任公司												
101	暂无	渤海证券股份有限公司												
			404	5709.62	6215.95	529	3971.08	4478.66	171	20804.35	20862.39	90	625.26	495.56

注：1. 表中空白表示 0；

2. 获得公募基金管理资格的其他资产管理机构也纳入了经营数据统计范围。

六、2014 年证券投资基金托管服务概况表

序号	托管人名称	类型	注册地域	取得托管资格时间	托管基金只数	托管基金规模（亿份）	托管基金净值（亿元）
1	中国工商银行股份有限公司	银行	北京	1998 年 2 月 24 日	435	10 844.16	11 965.21
2	中国农业银行股份有限公司	银行	北京	1998 年 5 月 29 日	235	3 444.18	3 699.11
3	中国银行股份有限公司	银行	北京	1998 年 7 月 7 日	310	4 564.61	5 265.61
4	中国建设银行股份有限公司	银行	北京	1998 年 3 月 18 日	432	8 756.67	9 603.22
5	交通银行股份有限公司	银行	上海	1998 年 7 月 3 日	115	2 530.21	2 537.27
6	华夏银行股份有限公司	银行	北京	2005 年 2 月 23 日	16	231.58	237.71
7	中国光大银行股份有限公司	银行	北京	2002 年 10 月 23 日	32	412.46	432.84
8	招商银行股份有限公司	银行	深圳	2002 年 11 月 6 日	90	1 276.81	1 382.47
9	中信银行股份有限公司	银行	北京	2004 年 8 月 18 日	52	6 549.64	6 571.55
10	中国民生银行股份有限公司	银行	北京	2004 年 7 月 9 日	33	714.63	765.27
11	平安银行股份有限公司	银行	深圳	2008 年 8 月 6 日	14	159.51	208.78
12	兴业银行股份有限公司	银行	福建	2005 年 4 月 25 日	33	1 185.00	1 292.71
13	上海浦东发展银行股份有限公司	银行	上海	2003 年 9 月 10 日	24	348.18	368.09
14	上海银行股份有限公司	银行	上海	2009 年 8 月 18 日	11	71.99	75.07
15	北京银行股份有限公司	银行	北京	2008 年 6 月 3 日	8	44.65	50.52
16	广东发展银行股份有限公司	银行	广东	2009 年 5 月 4 日	16	315.09	323.06
17	宁波银行股份有限公司	银行	宁波	2012 年 10 月 30 日	4	51.19	55.72
18	中国邮政储蓄银行有限责任公司	银行	北京	2009 年 7 月 16 日	27	160.31	167.01

续表

序号	托管人名称	类型	注册地域	取得托管资格时间	托管基金只数	托管基金规模（亿份）	托管基金净值（亿元）
19	渤海银行股份有限公司	银行	天津	2010 年 6 月 29 日	4	118.67	118.95
20	浙商银行股份有限公司	银行	杭州	2013 年 11 月 13 日	0	0.00	0.00
21	徽商银行股份有限公司	银行	安徽	2014 年 1 月 3 日	0	0.00	0.00
22	海通证券股份有限公司	证券公司	上海	2013 年 12 月 27 日	1	3.58	3.92
23	恒丰银行股份有限公司	银行	烟台	2014 年 2 月 10 日	0	0.00	0.00
24	广州农村商业银行股份有限公司	银行	广东	2014 年 1 月 9 日	1	5.73	5.75
25	包商银行股份有限公司	银行	内蒙古	2014 年 2 月 10 日	0	0.00	0.00
26	杭州银行股份有限公司	银行	杭州	2014 年 3 月 17 日	0	0.00	0.00
27	中国证券登记结算有限责任公司	其他	北京	2014 年 3 月 4 日	0	0.00	0.00
28	南京银行股份有限公司	银行	南京	2014 年 4 月 9 日	1	166.70	166.70
29	国泰君安证券股份有限公司	证券公司	上海	2014 年 5 月 20 日	0	0.00	0.00
30	招商证券股份有限公司	证券公司	深圳	2014 年 1 月 10 日	2	14.08	14.42
31	广发证券股份有限公司	证券公司	广州	2014 年 5 月 20 日	1	4.91	4.98
32	国信证券股份有限公司	证券公司	深圳	2013 年 12 月 31 日	1	6.41	6.57
33	江苏银行股份有限公司	银行	南京	2014 年 6 月 23 日	1	51.76	51.76
34	中国银河证券股份有限公司	证券公司	北京	2014 年 6 月 24 日	0	0.00	0.00
35	中信证券股份有限公司	证券公司	深圳	2014 年 10 月 10 日	0	0.00	0.00
36	华泰证券股份有限公司	证券公司	南京	2014 年 9 月 29 日	0	0.00	0.00
37	兴业证券股份有限公司	证券公司	福州	2014 年 11 月 5 日	0	0.00	0.00
38	中国证券金融股份有限公司	其他	北京	2014 年 11 月 5 日	0	0.00	0.00
合计					1 899	42 032.72	45 374.30

资料来源：中国证监会（CSRC）

七、投资者持流通 A 股结构统计表

持有金额

年份	证券投资基金(亿元)	基金公司专户理财产品(亿元)	社保基金(亿元)	QFII(亿元)	RQFII(亿元)	保险类投资者(亿元)	信托类投资者(亿元)	企业年金(亿元)	证券公司(亿元)		一般机构(亿元)	自然人(亿元)
									自营	集合理财		
2004	1 617.95	-	115.23	69.98	-	0.46	33.15	2.46	50.03		572.29	8 551.98
2005	1 772.65	-	223.72	223.42	-	112.13	26.92	0.18	39.82	2.77	628.09	7 025.10
2006	5 405.50	-	562.82	967.80	-	631.84	113.23	0.97	276.42	36.34	2 228.63	13 821.40
2007	23 358.71	-	735.83	1 503.33	-	2 287.03	527.16	10.43	824.60	232.17	14 824.12	46 649.15
2008	8 894.37	3.69	509.08	810.79	-	982.90	300.22	18.69	165.89	82.52	12 755.18	20 374.67
2009	18 995.90	211.53	1 247.92	2 112.82	-	2 160.40	929.75	138.38	577.20	337.64	76 377.27	47 317.60
2010	17 721.50	349.26	1 430.32	2 358.15	-	6 879.59	1 642.76	202.02	867.13	504.13	105 428.10	56 515.12
2011	12 760.96	184.69	1 366.98	1 772.62	-	6 501.26	1 437.36	143.60	638.74	361.99	96 409.59	43 954.09
2012	13 700.42	238.35	2 121.31	2 472.62	443.51	7 692.41	1 886.81	142.70	733.52	375.75	106 605.16	46 264.95
2013	13 182.18	459.03	2 563.20	3 010.61	437.82	6 602.33	2 454.49	223.13	717.55	569.65	118 624.22	55 793.73
2014	15 563.26	1 992.52	3 786.78	4 468.42	1 086.99	12 556.38	4 461.3	457.8	1 019.83	750.31	197 251.84	81 274.94

续表

持有占比

年份	证券投资基金(%)	基金公司专户理财产品(%)	社保基金(%)	QFII(%)	RQFII(%)	保险类投资者(%)	信托类投资者(%)	企业年金(%)	证券公司(%)		一般机构(%)	自然人(%)
									自营	集合理财		
2004	14.69	0.00	1.05	0.64	0.00	0.00	0.30	0.02	0.45	0.00	5.20	77.65
2005	17.63	0.00	2.22	2.22	0.00	1.12	0.27	0.00	0.40	0.03	6.25	69.87
2006	22.48	0.00	2.34	4.02	0.00	2.63	0.47	0.00	1.15	0.15	9.27	57.48
2007	25.68	0.00	0.81	1.65	0.00	2.51	0.58	0.01	0.91	0.26	16.30	51.29
2008	19.81	0.01	1.13	1.81	0.00	2.19	0.67	0.04	0.37	0.18	28.41	45.38
2009	12.63	0.14	0.83	1.40	0.00	1.44	0.62	0.09	0.38	0.22	50.78	31.46
2010	9.14	0.18	0.74	1.22	0.00	3.55	0.85	0.10	0.45	0.26	54.37	29.15
2011	7.71	0.11	0.83	1.07	0.00	3.93	0.87	0.09	0.39	0.22	58.24	26.55
2012	7.50	0.13	1.16	1.35	0.24	4.21	1.03	0.08	0.40	0.21	58.36	25.33
2013	6.44	0.22	1.25	1.47	0.21	3.23	1.20	0.11	0.35	0.28	57.97	27.26
2014	4.79	0.61	1.17	1.38	0.33	3.87	1.37	0.14	0.31	0.23	60.75	25.03

资料来源：中国证监会（CSRC）

八、各国（地区）共同基金资产净值*

（截至 2013 年第四季度末）（单位：百万美元）

国家/地区	2009 年	2010 年	2011 年	2012 年	2013 年			
					Q1	Q2	Q3	Q4
全球	**22 945 327**	**24 709 854**	**23 795 808**	**26 835 850**	**27 854 629**	**27 448 756**	**28 877 513**	**30 049 934**
美洲	**12 578 297**	**13 597 527**	**13 529 258**	**15 138 443**	**15 874 429**	**15 748 838**	**16 463 572**	**17 156 409**
阿根廷	4 470	5 179	6 808	9 185	11 163	10 651	11 166	11 179
巴西	783 970	980 448	1 008 928	1 070 998	1 135 933	1 047 988	1 071 742	1 018 641
加拿大	565 156	636 947	753 606	856 504	888 003	878 823	912 201	940 580
智利	34 227	38 243	33 425	37 900	36 672	35 375	36 371	39 291
哥斯达黎加	1 309	1 470	1 266	1 484	1 965	2 124	2 202	1 933
墨西哥	70 659	98 094	92 743	112 201	121 544	121 111	118 442	120 518
特立尼达和多巴哥	5 832	5 812	5 989	6 505	6 635	6 598	6 640	6 586
美国	11 112 674	11 831 334	11 626 493	13 043 666	13 672 514	13 646 168	14 304 808	15 017 682
欧洲	**7 545 535**	**7 903 389**	**7 220 298**	**8 230 059**	**8 427 154**	**8 406 890**	**8 944 659**	**9 374 830**
奥地利	99 628	94 670	81 038	89 125	87 476	86 749	90 301	90 633
比利时	106 721	96 288	81 505	81 651	81 775	81 791	87 248	91 528
保加利亚	256	302	291	324	364	413	463	504
捷克	5 436	5 508	4 445	5 001	4 848	4 832	5 171	5 131
丹麦	83 024	89 800	84 891	103 506	103 746	103 472	112 932	118 702

续表 1

国家/地区	2009 年	2010 年	2011 年	2012 年	2013 年			
					Q1	Q2	Q3	Q4
芬兰	66 131	71 210	62 193	73 985	74 315	75 974	83 289	88 462
法国	1 805 641	1 617 176	1 382 068	1 473 085	1 453 347	1 413 807	1 490 589	1 531 500
德国	317 543	333 713	293 011	327 640	332 005	336 101	362 994	382 976
希腊	12 434	8 627	5 213	6 011	5 849	6 480	6 174	6 742
匈牙利	11 052	11 532	7 193	8 570	9 101	10 423	11 109	12 158
爱尔兰	860 515	1 014 104	1 061 051	1 276 601	1 316 755	1 307 262	1 386 511	1 439 867
意大利	279 474	234 313	180 754	181 720	181 307	191 609	204 932	215 553
列支敦士登	30 329	35 387	32 606	31 951	34 839	34 483	35 824	36 235
卢森堡	2 293 973	2 512 874	2 277 465	2 641 964	2 722 342	2 729 299	2 871 949	3 030 665
马耳他			2 132	3 033	2 024	2 060	2 315	3 160
荷兰	95 512	85 924	69 156	76 145	76 662	74 111	78 006	85 304
挪威	71 170	84 505	79 999	98 723	101 949	100 848	105 566	109 325
波兰	23 025	25 595	18 463	25 883	22 817	25 951	25 837	27 858
葡萄牙	15 808	11 004	7 321	7 509	7 897	8 333	8 873	9 625
罗马尼亚	1 134	1 713	2 388	2 613	2 823	3 001	3 377	4 000
俄罗斯	3 182	3 917	3 072					
斯洛伐克	4 222	4 349	3 191	2 951	2 882	2 887	3 085	3 292
斯洛文尼亚	2 610	2 663	2 279	2 370	2 354	2 285	2 394	2 506
西班牙	269 611	216 915	195 220	191 284	194 322	205 674	225 937	248 234

续表 2

国家/地区	2009 年	2010 年	2011 年	2012 年	2013 年			
					Q1	Q2	Q3	Q4
瑞典	170 277	205 449	179 707	205 733	218 232	214 109	235 308	252 878
瑞士	168 260	261 893	273 061	310 686	364 352	362 236	388 744	397 080
土耳其	19 426	19 545	14 048	16 478	17 414	17 110	15 101	14 078
英国	729 141	854 413	816 537	985 517	1 005 357	1 005 590	1 100 630	1 166 834
亚洲和太平洋地区	**2 715 234**	**3 067 323**	**2 921 276**	**3 322 198**	**3 410 976**	**3 153 752**	**3 326 823**	**3 375 828**
澳大利亚	1 198 838	1 455 850	1 440 128	1 667 128	1 737 739	1 552 522	1 647 058	1 624 081
中国大陆	381 207	364 985	339 037	437 449	422 398	378 532	420 453	479 957
印度	130 284	111 421	87 519	114 489	102 826	117 972	94 291	107 895
日本	660 666	785 504	745 383	738 488	777 307	747 624	781 589	774 126
韩国	264 573	266 495	226 716	267 582	269 689	259 215	281 833	285 173
新西兰	17 657	19 562	23 709	31 145	33 043	28 931	32 953	34 185
巴基斯坦	2 224	2 290	2 984	3 159	3 251	3 310	3 205	3 464
菲律宾	1 488	2 184	2 363	3 566	4 591	4 838	4 876	4 662
中国台湾	58 297	59 032	53 437	59 192	60 132	60 808	60 565	62 286
非洲	**106 261**	**141 615**	**124 976**	**145 150**	**142 070**	**139 276**	**142 459**	**142 868**
南非	106 261	141 615	124 976	145 150	142 070	139 276	142 459	142 868

注：由于约数的存在，各部分之和与总计略有误差。

*法国、德国、意大利和卢森堡包括基金的基金。中国香港、新西兰、特立尼达和多巴哥包括本国（地区）注册基金和海外注册基金，其他国家（地区）仅包括本国（地区）注册基金。

资料来源：美国投资公司协会（ICI）

九、2014 年末各国（地区）共同基金资产净值：按基金类型*①

（单位：百万美元）

国家/地区	合计	股票基金	债券基金	平衡/混合基金	货币市场基金	其他基金	备注	
							行业基金②	基金的基金③
全球	**31 381 425**	**13 890 924**	**7 412 996**	**3 978 911**	**4 530 928**	**1 567 666**	**484 625**	**2 969 666**
美洲	**18 012 199**	**8 720 640**	**4 226 878**	**2 070 129**	**2 866 407**	**128 145**	**381 739**	**2 514 695**
阿根廷	15 630	496	7 913	3 036	4 186			
巴西	989 542	69 595	569 635	197 765	44 828	107 718	5 279	507 455
加拿大	981 804	322 031	124 061	495 006	21 270	19 436	11 683	283 894
智利	44 166	2 159	15 916	5 236	19 863	992		
哥斯达黎加	2 092	17	121		1 955			3
墨西哥	119 504	11 978	42 454	16 026	49 046			5 235
特立尼达和多巴哥	7 121	51	5 849	1 221				
美国	15 852 341	8 314 314	3 460 928	1 351 839	2 725 260		364 777	1 718 109
欧洲	**9 576 475**	**3 509 733**	**2 789 707**	**1 673 011**	**1 155 376**	**448 648**	**100 076**	**111 172**
奥地利	83 522	14 872	55 153	12 988	189	319		17 920
比利时	90 211	53 912	12 250	22 524	1 334	191	6 999	36 898
保加利亚	496	132	227	93	41	2	2	3
克罗地亚	2 058	269	148	119	1 455	66		
捷克	5 563	963	2 821	1 723	56		86	1 702
丹麦	121 092	49 642	63 437	7 931	43	39		254

续表 1

国家/地区	合计	股票基金	债券基金	平衡/混合基金	货币市场基金	其他基金	备注	
							行业基金[2]	基金的基金[3]
芬兰	86 621	33 975	25 798	9 987	14 740	2 120		
法国	1 391 271	386 469	290 983	349 594	349 277	14 949		
德国	359 867	176 045	77 723	88 584	3 087	14 428	9 482	
希腊	5 256	1 271	1 378	1 275	925	407		549
匈牙利	11 375	569	4 784	323	5 546	153	0	2 487
爱尔兰	1 547 343	512 661	499 185	77 563	378 957	78 977		
意大利	238 327	23 157	79 706	126 593	8 871		573	
列支敦士登	28 875	7 924	8 584	6 065	4 336	1 965		212
卢森堡[4]	3 208 264	1 039 482	1 096 406	585 405	304 275	182 695		
马耳他	3 522	457	1 060	364	243	1 399		4
荷兰	75 751	32 474	20 658	13 065		9 555		
挪威	112 223	54 539	40 290	6 647	10 127	620	1 429	
波兰	26 098	6 286	6 713	1 888	7 378	3 832	392	257
葡萄牙	8 564	1 218	2 608	1 002	1 583	2 153	83	1 424
罗马尼亚	4 932	63	2 242	116	33	2 477		
俄罗斯[5]								
斯洛伐克	4 183	415	2 035	1 638	95			
斯洛文尼亚	2 553	1 640	118	750	45			49
西班牙	274 049	59 100	121 512	84 670	8 767			
瑞典	279 094	176 304	30 627	49 375	20 316	2 473	10 681	23 133

续表 2

国家/地区	合计	股票基金	债券基金	平衡/混合基金	货币市场基金	其他基金	备注	
							行业基金②	基金的基金③
瑞士	407 890	142 846	123 877	121 538	19 629		11 892	
土耳其	15 292	470	7 401	1 555	5 430	436		22
英国	1 182 184	732 580	211 984	99 634	8 595	129 391	58 457	26 258
亚洲和太平洋地区	**3 646 276**	**1 625 576**	**391 284**	**163 586**	**488 337**	**977 493**	**2 525**	**318 983**
澳大利亚	1 601 132	645 200	84 639			871 293		
中国大陆	708 884	211 780	55 973	97 095	336 193	7 844		
印度	134 630	42 685	53 024	3 885	28 312	6 724		1 383
日本	780 636	643 642	120 499		16 495			298 513
韩国	312 150	56 085	63 053	34 803	76 293	81 916		14 534
新西兰	41 560	5 801	3 496	24 582	4 652	3 031		
巴基斯坦	4 156	1 422	72	167	2 355	141		218
菲律宾	5 078	1 986	2 083	952	57			
中国台湾	58 049	16 974	8 446	2 103	23 981	6 544	2 525	4 335
非洲	**146 474**	**34 975**	**5 127**	**72 185**	**20 808**	**13 380**	**285**	**24 816**
南非	146 474	34 975	5 127	72 185	20 808	13 380	285	24 816

注：由于约数和未分类基金的存在，各项目之和与总计略有误差。显示为零的项目表示该值小于 0. 500 百万美元。

①除新西兰、特多包括了本国注册基金和外国注册基金外，其他均为本国（地区）注册基金。

②包含在股票型基金内。

③除法国、德国、意大利和卢森堡之外，资产净值合计中不包括基金的基金。

④该国其他基金项包括了 UCITS 和 Non – UCITS。

⑤未取得数据。

资料来源：美国投资公司协会（ICI）

十、全球共同基金按基金类别统计表

表 1

按基金类别的资产净值统计表

截至 2014 年第四季度末

（单位：10 亿美元）

项目	2009 年	2010 年	2011 年	2012 年	2013 年	2014 年			
						Q1	Q2	Q3	Q4
所有报告国家[①]	**22 945**	**24 712**	**23 801**	**26 844**	**30 047**	**30 857**	**32 020**	**31 305**	**31 381**
股票基金	8 864	10 479	9 491	10 717	13 268	13 594	14 208	13 786	13 891
债券基金	4 545	5 392	5 800	6 991	7 105	7 338	7 647	7 500	7 413
货币市场基金	5 317	4 995	4 695	4 793	4 760	4 796	4 417	4 429	4 531
平衡/混合基金	2 424	2 817	2 781	3 166	3 703	3 842	4 063	3 998	3 979
其他基金	840	1 029	1 034	1 178	1 211	1 287	1 684	1 593	1 568
各期均报告的国家（地区）[②]	**22 912**	**24 672**	**23 763**	**26 809**	**30 008**	**30 818**	**31 980**	**31 267**	**31 347**
股票基金	8 854	10 471	9 485	10 711	13 261	13 587	14 200	13 777	13 882
债券基金	4 537	5 386	5 793	6 983	7 094	7 329	7 636	7 489	7 403
货币市场基金	5 305	4 993	4 693	4 785	4 753	4 789	4 410	4 423	4 525
平衡/混合基金	2 420	2 812	2 775	3 161	3 698	3 837	4 057	3 992	3 972
其他基金	840	1 010	1 018	1 170	1 202	1 278	1 677	1 587	1 564

①由于约数和未分类基金的存在，各项目之和与总计略有误差。

②包含 42 个国家（地区）的数据，由于约数的存在，各项目之和与总计略有误差。

资料来源：美国投资公司协会（ICI）

表 2

按基金类别的净销售额①统计表

截至 2014 年第四季度末

（单位：10 亿美元）

项目	2009 年	2010 年	2011 年	2012 年	2013 年	2014 年			
						Q1	Q2	Q3	Q4
所有报告国家②	**207**	**105**	**910**	**896**	**254**	**359**	**288**	**322**	**364**
股票基金	146	-97	-67	411	145	126	65	31	55
债券基金	457	227	789	186	-5	99	157	106	79
货币市场基金	-710	-152	2	-67	49	28	-67	89	144
平衡/混合基金	188	100	151	300	63	98	111	95	65
其他基金	34	27	34	67	2	8	21	1	21
各期均报告的国家（地区）③	**72**	**28**	**791**	**822**	**241**	**323**	**239**	**286**	**337**
股票基金	147	-101	-85	364	128	123	61	24	45
债券基金	457	199	715	179	3	88	132	100	81
货币市场基金	-751	-176	1	-37	58	14	-70	76	143
平衡/混合基金	187	92	141	282	58	96	108	94	60
其他基金	33	14	18	34	-6	2	9	-7	8

①净销售额 = 新增销售额 + 分红再投资 - 赎回 + 净转换。

②由于约数和未分类基金的存在，各项目之和与总计略有误差。

③包含 33 个国家（地区）的数据，由于约数的存在，各项目之和与总计略有误差。

资料来源：美国投资公司协会（ICI）

表 3

按基金类别的基金数目统计表

截至 2014 年第四季度末

（单位：只）

项目	2009 年	2010 年	2011 年	2012 年	2013 年	2014 年			
						Q1	Q2	Q3	Q4
所有报告国家[①]	**67 533**	**69 492**	**72 607**	**73 235**	**76 206**	**77 085**	**78 038**	**78 947**	**79 669**
股票基金	27 464	27 684	28 035	27 750	28 354	28 555	28 823	29 177	29 367
债券基金	12 450	12 795	12 953	13 284	14 331	14 769	15 151	15 607	15 813
货币市场基金	3 521	3 344	3 159	2 929	2 796	2 767	2 764	2 781	2 791
平衡/混合基金	14 666	15 912	16 866	17 178	17 847	17 951	18 189	18 546	18 856
其他基金	6 711	6 858	8 014	8 927	9 533	9 683	9 695	9 374	9 380
各期均报告的国家（地区）[②]	**64 860**	**66 824**	**69 421**	**70 620**	**73 547**	**74 562**	**75 502**	**76 345**	**77 167**
股票基金	25 433	25 751	26 157	26 120	26 771	27 101	27 320	27 641	27 863
债券基金	12 176	12 550	12 665	12 897	13 903	14 350	14 742	15 186	15 396
货币市场基金	3 478	3 308	3 126	2 899	2 760	2 731	2 728	2 723	2 731
平衡/混合基金	14 341	15 634	16 591	16 983	17 623	17 727	17 966	18 304	18 614
其他基金	6 711	6 682	7 797	8 554	9 145	9 293	9 330	9 029	9 101

①由于未分类基金的存在，各项目之和与总计略有误差。

②包含 42 个国家（地区）的数据。

资料来源：美国投资公司协会（ICI）

附　录

一、基金行业发展进程

- 1997年11月14日
  《证券投资基金管理暂行办法》
- 1998年3月
  首批基金管理公司国泰、南方基金管理公司成立
- 1998年4月7日
  基金开元、基金金泰上市
- 2000年10月8日
  《开放式证券投资基金试点办法》颁布实施
- 2001年9月21日
  首只开放式基金华安创新设立
- 2002年7月1日
  《外资参股基金管理公司设立规则》实施
- 2002年8月15日
  最后一只封闭式基金银丰设立
- 2002年9月20日
  首只债券型开放式基金南方宝元设立
- 2002年11月8日
  首只指数型开放式基金华安180设立
- 2002年12月26日
  首家合资基金管理公司招商基金管理公司设立
- 2003年4月28日
  首只伞形开放式基金招商安泰系列基金设立
- 2003年6月27日
  首只保本型开放式基金南方避险增值基金设立
- 2003年12月30日
  首只货币市场基金华安现金富利设立
- 2004年3月12日
  首只百亿元以上规模开放式基金海富通收益设立
- 2004年6月
  《证券投资基金信息披露管理办法》实施
  《证券投资基金运作管理办法》实施
  《证券投资基金销售管理办法》实施

2004年7月1日
《中华人民共和国证券投资基金法》实施

2004年7月
上海证券交易所获准推出交易所交易基金

2004年8月
深圳证券交易所获准推出交易所交易基金

2004年8月24日
首只上市开放式基金南方积极配置基金设立

2004年9月
《货币市场基金管理暂行规定》出台
《证券投资基金管理公司管理办法》出台
《证券投资基金行业高级管理人员任职管理办法》出台

2004年12月
《证券投资基金托管资格管理办法》出台

2004年12月30日
首只交易型开放式指数基金华夏上证50基金设立

2005年2月
《商业银行设立基金管理公司试点管理办法》出台

2005年6月
首家银行系基金管理公司工银瑞信基金管理有限公司设立

2005年7月
《开放式基金场内认申购、赎回业务的相关规则指引》出台

2005年8月14日
首只短债开放式基金博时稳定价值债券型基金设立

2005年8月31日
首只银行系开放式基金工银瑞信核心价值基金设立

2006年2月
《证券投资基金募集申请审核指引》出台

2006年3月
《证券投资基金产品创新鼓励措施》实施

2006年5月
《关于规范基金管理公司设立及股权处置有关问题的通知》出台

2006年6月14日
首只封转开封闭式基金基金兴业停牌公告其封转开方案

2006年6月29日
首只复制基金南方稳健2号发行

2006年7月17日
首只进行拆分试点的基金——富国天益基金实施拆分

2006年8月
《关于基金管理公司提取风险准备金有关问题的通知》出台

2006年11月
《基金管理公司投资管理人员管理指导意见》出台

2007年2月
《关于证券投资基金行业开展投资者教育活动的通知》出台

《证券投资基金销售机构内部控制指导意见》出台

《关于完善证券投资基金交易席位制度有关问题的通知》出台

2007年3月
《关于统一规范证券投资基金认(申)购费用及认(申)购份额计算方法有关问题的通知》出台

《证券投资基金销售业务信息管理平台管理规定》出台

《关于2006年度证券投资基金和基金管理公司年度报告编制及审计工作有关事项的通知》出台

2007年4月
监管层出击整顿基金业内利用未公开信息交易违法行为

2007年4月
《关于证券投资基金投资股指期货有关问题的通知》出台

2007年5月
《关于切实加强基金投资风险管理及有关问题的通知》出台

2007年6月
《关于证券投资基金执行〈企业会计准则〉估值业务及份额净值计价有关事项的通知》发出

《关于基金从业人员投资证券投资基金有关事宜的通知》出台

《合伙企业法》为私募投资基金引入有限合伙制的组织形式

2007年7月9日
首只分级基金产品国投瑞银瑞福优先发行

2007年7月
《合格境内机构投资者境外证券投资管理试行办法》施行

2007年7月23日
首只创新封闭式基金大成优选股票型基金正式发行

2007年8月
华宝兴业基金管理有限公司推出面向基金经理的基金份额激励计划

首家第二批银行系基金管理公司浦银安盛基金管理有限公司宣告开业

2007年9月13日
中信证券公司发布公告称华夏基金将吸收合并中信基金，成为国内基金管理公司合并的第一案

2007年10月
《证券投资基金销售机构内部控制指导意见》出台
《证券投资基金销售适用性指导意见》出台

2007年11月
国泰、工银瑞信、广发3家基金管理公司获得第二批企业年金投资管理人资格（获得此资格的基金管理公司达到12家）

2007年11月
《关于进一步做好基金行业风险管理工作有关问题的通知》和《基金管理公司特定客户资产管理业务试点办法》出台

2007年12月26日
博时基金48%的股权拍卖，以每股131元、溢价130倍的价格创下了中国基金管理公司股权转让的最大成交金额和最大增值记录

2008年1月
中国证监会发布《关于证券投资基金宣传推介材料监管事项的补充规定》

2008年3月
中国证监会正式发布实施《特定资产管理合同内容与格式指引》

2008年4月
中国证监会基金监管部发布通知，基金拆分不必再报中国证监会事前审核

2008年4月21日
中国证监会公布首例基金经理利用未公开信息交易违法行为的处罚结果

2008年5月
中国证监会制定并发布《关于证券投资基金管理公司在香港设立机构的规定》

2008年9月
中国证监会发布了《基金信息披露XBRL标引规范》和《基金信息披露XBRL模板第1号〈季度报告〉》

2008年9月15日
中国证监会发布《关于进一步规范证券投资基金估值业务的指导意见》

2008年9月22日
中国证券业协会托管专业委员会、基金销售委员会正式成立

2008年10月17日
中国证监会颁布了《合格境外机构投资者督察员指导意见》

2008年12月
中国证监会基金部向各基金管理公司发布《证券投资基金产品创新的鼓励措施》

2008年12月8日
首只创新型封闭式债券型基金富国天丰在深圳证券交易所上市交易

2008年12月26日
中国证监会正式发布《关于授权派出机构审核基金管理公司设立分支机构的决定》

2009年3月17日
中国证监会发布修订后的《基金管理公司投资管理人员管理指导意见》

2009年5月
融通基金的基金经理张野因涉嫌利用未公开信息交易违法行为被中国证监会调查；11月，长城、景顺长城基金管理公司的基金经理刘海、韩刚和涂强因涉嫌利用未公开信息交易违法行为被稽查

2009年5月
长盛同庆创新可分离交易基金单日募集达147亿元，开启创新基金产品大发展浪潮

2009年9月
中银基金管理公司推出首只“一对多”产品——“中银专户主题1号”

2009年11月6日
中国证监会发布《证券投资基金评价业务管理暂行办法》

2009年12月14日
中国证监会发布《开放式证券投资基金销售费用管理规定》

2010年1月11日
中国证券业协会发布《证券投资基金评价业务自律管理规则（试行）》

2010年11月1日
中国证监会发布《基金管理公司特定客户资产管理业务试点办法》（征求意见稿）

2011年5月4日
《合格境外机构投资者参与股指期货交易指引》发布

2011年6月9日
新《证券投资基金销售管理办法》发布

2011年8月3日
《证券投资基金管理公司公平交易制度指导意见》发布

2011年8月25日
《基金管理公司特定客户资产管理业务试点办法》发布

2011年9月23日
《证券投资基金销售结算资金管理暂行规定》发布

2011年12月16日
《基金管理公司、证券公司人民币合格境外机构投资者境内证券投资试点办法》发布

2012年6月3日
中国证券投资基金业协会党委成立
孙杰同志任协会党委书记，韩康同志任协会党委副书记，曹殿义、钟蓉萨、汤进喜同志任协会党委委员

2012年6月6日
中国证券投资基金业协会成立
经会员大会选举，协会第一届理事会表决，孙杰同志担任会长，韩康同志担任副会长兼秘书长，曹殿义同志担任副会长，于华、刘晓艳、江先周、陈敏、周月秋、林利军、范勇宏、金旭、赵学军等9名同志担任兼职副会长。钟蓉萨、汤进喜同志担任副秘书长

2012年7月27日
关于实施《合格境外机构投资者境内证券投资管理办法》有关问题的规定

2012年9月26日
新《基金管理公司特定客户资产管理业务试点办法》发布

2012年10月29日
《证券投资基金管理公司子公司管理暂行规定》发布

2012年11月15日
《基金管理公司开展投资、研究活动防控内幕交易指导意见》发布

2012年12月13日
《关于深化基金审核制度改革有关问题的通知》发布

2012年12月24日
《托管银行证券资金结算协议（格式文本）》发布

2012年12月28日
新《中华人民共和国证券投资基金法》审议通过

2013年1月3日
《资产管理类特别会员入会工作指引》和首批特别会员名单发布

2013年1月23日
证监会发布《黄金交易型开放式证券投资基金暂行规定》

2013年2月
国内首只四分法基金融通丰利四分法基金成立

2013年2月17日
中国保监会发布《关于保险资产管理公司开展资产管理产品业务试点有关问题的通知》

2013年2月18日
中国证监会发布《资产管理机构开展公募证券投资基金管理业务暂行规定》

2013年3月1日
中国证监会、中国人民银行、国家外汇管理局发布《人民币合格境外机构投资者境内证券投资试点办法》

2013年3月5日
第一只债券ETF国泰上证5年期国债ETF成立

2013年3月14日
中国证监会就《合格境内机构投资者境外证券投资管理试行办法（征求意见稿）》公开征求意见

2013年3月15日
中国证监会发布《关于实施〈证券投资基金销售管理办法〉的规定》《基金销售机构通过第三方电子商务平台开展业务管理暂行规定》《非银行金融机构开展证券投资基金托管业务暂行规定》

2013年3月20日
中国证监会就《私募证券投资基金业务管理暂行办法（征求意见稿）》公开征求意见

2013年4月2日
中国证监会、中国银监会发布《证券投资基金托管业务管理办法》

2013年4月26日
中国证监会就《公开募集证券投资基金运作管理办法（征求意见稿）》公开征求意见

2013年4月26日
基金业协会合规与风险管理专业委员会成立

2013年5月7日
基金业协会发布《证券投资基金产品创新评审规则（试行）》

2013年5月7日
韩康同志因工作调动不再担任中国基金业协会党委副书记、非会员理事、副会长兼秘书长

2013年5月8日
华夏基金行业ETF上市

2013年5月13日
基金业协会发布《短期理财基金产品业务运作规范》

2013年5月17日
中国证监会就《公开募集证券投资基金管理人管理办法》及其配套规则修订草案、《公开募集证券投资基金管理人董事、监事和高级管理人员监督管理办法》《证券投资基金服务机构业务管理办法（征求意见稿）》公开征求意见

2013年5月20日
基金业协会发布中基协（AMAC）基金行业股票估值指数

2013年6月1日
新《证券投资基金法》实施

2013年6月
与天弘增利宝货币基金对接的余额宝产品推出

2013年6月7日
中国证监会、中国保监会发布《保险机构投资设立基金管理公司试点办法》

2013年6月26日
中国证监会公布修订后的《证券公司客户资产管理业务管理办法》《证券公司集合资产管理业务实施细则》

2013年6月27日
中央编办发布《关于私募股权基金管理职责分工的通知》

2013年6月27日
"富国一年期纯债基金"成立，管理费率随基金合同事先约定的业绩考核周期和基金投资收益浮动

2013年7月12日
基金业协会发布《黄金交易型开放式证券投资基金及联接基金会计核算和估值业务指引（试行）》

2013年8月
第一只采用浮动费率的权益类基金"中欧成长优先回报"成立

2013年8月2日
中国证监会发布《基金管理公司固有资金运用管理暂行规定》

2013年8月19日
胡家夫同志任中国基金业协会党委委员，提名为副会长人选

2013年9月3日
中国证监会发布《公开募集证券投资基金参与国债期货交易指引》

2013年9月9日
基金业协会、中国证券业协会、中国期货业协会联合发布《证券期货科学技术奖励管理办法（试行）》

2013年9月23日
钟蓉萨同志任协会党委委员，委派为非会员理事，提名为副会长人选，汤进喜同志任协会党委委员，委派为非会员理事、提名为副会长兼秘书长人选

2013年9月24日
中国证监会发布《公开募集证券投资基金风险准备金监督管理暂行办法》

2013年9月25日
经中国基金业协会第一届理事会表决，胡家夫、钟蓉萨同志担任协会副会长，汤进喜同志担任协会副会长兼秘书长

2013年11月
嘉实新兴市场双币分级债券型基金成立

2013年11月26日
基金业协会发布《关于加强专项资产管理业务风险管理有关事项的通知》

2013年12月5日
基金业协会发布《证券投资基金参与国债预发行交易会计核算和估值业务指引（试行）》

2013年12月6日
第一只对冲型公募基金“嘉实绝对收益策略基金”成立

2013年12月10日
《国务院关于管理公开募集基金的基金管理公司有关问题的批复》公布

2013年12月10日
基金业协会成立投资总监联席会，发布《资产管理行业投资总监倡议书》

2013年12月13日
基金业协会信息技术专业委员会成立

2013年12月20日
基金业协会公司治理专业委员会、投资者教育和公共关系委员会成立

2013年12月25日
《国务院办公厅关于进一步加强资本市场中小投资者合法权益保护工作的意见》发布

2013年12月26日
基金业协会国际业务专业委员会、人力资源与培训委员会成立

2013年12月27日
基金业协会产品与销售委员会、托管与运营委员会成立

2013年12月30日
基金业协会发布《基金从业人员证券投资管理指引（试行）》

2014年1月6日
基金业协会自律监察专业委员会成立

2014年1月7日
基金业协会创新与战略专业委员会成立

2014年1月10日
中国证监会《证券期货业统计指标标准指引（2013年修订）》

2014年1月17日
基金业协会发布《私募投资基金管理人登记和基金备案办法（试行）》

2014年2月7日
《私募投资基金管理人登记和基金备案办法(试行）》施行，基金业协会启动私募投资基金管理人登记、产品备案工作

2014年2月20日
基金业协会私募证券投资基金专业委员会成立

2014年3月10日
中国期货保证金监控中心发布《特殊单位客户统一开户业务操作指引》，在基金业协会备案的私募投资基金产品可在期货市场开立账户

2014年3月10日
基金业协会更新并发布《基金经理证券投资法律知识考试大纲》，自2014年4月3日起开始实施

2014年3月10日
基金业协会发布《关于进一步完善基金管理公司治理相关问题的意见》

2014年3月13日
基金业协会发布《证券投资基金国债期货投资会计核算业务细则（试行）》

2014年3月25日
中国证券登记结算有限责任公司发布《关于私募投资基金开户和结算有关问题的通知》，在基金业协会备案的私募投资基金可申请开立证券交易账户

2014年4月10日
中国证监会《关于进一步加强基金管理公司及其子公司从事特定客户资产管理业务风险管理的通知》

2014年5月9日
国务院《关于进一步促进资本市场健康发展的若干意见》

2014年5月13日
中国证监会《关于进一步推进证券经营机构创新发展的意见》

2014年5月16日
人民银行、银监会、证监会、保监会、外汇局《关于规范金融机构同业业务的通知》

2014年6月10日
中国证监会《关于做好有关私募产品备案管理及风险监测衔接工作的通知》

2014年6月13日
中国证监会《关于大力推进证券投资基金行业创新发展的意见》

2014年6月13日
中国证监会《沪港股票市场交易互联互通机制试点若干规定》

2014年6月13日
中国证监会《关于做好有关私募产品备案管理及风险监测工作的通知》

2014年6月15日
基金业协会国际会员委员会成立

2014年6月18日
基金业协会与另类投资管理协会（AIMA）签署合作谅解备忘录

2014年6月24日
基金业协会发布《基金管理公司风险管理指引（试行）》

2014年6月30日
基金业协会与卢森堡基金业协会（ALFI）签署合作谅解备忘录

2014年7月1日
基金业协会正式承担证券公司、基金管理公司及其子公司私募产品备案管理、风险（统计）监测等职责

2014年7月7日
基金业协会发布《基金管理公司及其子公司特定客户资产管理业务电子签名合同操作指引（试行）》

2014年7月10日
20家基金行业协会在北京共同启动中国基金行业协会联席会机制，签订了《中国基金行业协会联席会多边合作谅解备忘录》

2014年8月13日
孙杰同志因到龄退休，不再担任基金业协会党委书记、非会员理事、会长

2014年8月19日
基金业协会发布《公开募集证券投资基金销售公平竞争行为规范》

2014年8月22日
基金业协会发布《关于基金托管人高级管理人员任职备案的通知》

2014年8月22日
基金业协会与中国证券业协会、中国期货业协会联合发布《中国证券期货市场场外衍生品交易主协议（2014年版）》及补充协议、《中国证券期货市场场外衍生品交易权益类衍生品定义文件（2014年版）》

2014年9月4日
基金业协会发布《基金业协会纪律处分实施办法（试行）》《基金业协会自律检查规则（试行）》《基金业协会投诉处理办法（试行）》《基金业协会投资基金纠纷调解规则（试行）》等四项自律规则

2014年9月12日
证监会张育军主席助理在郑州资产管理行业业务情况通报会上提出，资产管理行业要守住“八条底线”

2014年9月12日
基金业协会成立特定客户资产管理业务子公司联席会

2014年9月19日
基金业协会信息技术专业委员会代表协会在杭州与恒生电子、上海大智慧、胜科金仕达、金证科技及赢时胜公司签署战略合作备忘录

2014年9月25日
基金业协会与英国投资管理协会（IMA）在伦敦签署合作谅解备忘录

2014年10月17日
中国证监会《关于改革完善并严格实施上市公司退市制度的若干意见》

2014年7月7日
中国证监会《公开募集证券投资基金运作管理办法》及其实施规定

2014年8月21日
中国证监会《私募投资基金监督管理暂行办法》

2014年10月14日
基金业协会与欧洲基金与资产管理协会(EFAMA)、法国资产管理协会（AFG）、爱尔兰基金业协会（IFIA）分别在京签署双边合作谅解备忘录

2014年10月15日
洪磊同志任基金业协会党委书记，委派为非会员理事、提名为副会长（主持工作）人选。胡家夫同志任协会党委副书记、纪委书记，不再担任协会非会员理事、副会长

2014年10月20日
经基金业协会第一届理事会表决，洪磊同志担任协会副会长（主持工作）

2014年10月20~22日
基金业协会当选国际基金业协会（IIFA）董事会成员

2014年10月31日
财政部、国家税务总局、证监会《财政部 国家税务总局 证监会关于QFII和RQFII取得中国境内的股票等权益性投资资产转让所得暂免征收企业所得税问题的通知》

2014年11月4日
曹殿义同志因健康原因不再担任基金业协会党委委员、副会长

2014年11月13日
基金业协会发布《基金业协会估值核算工作小组关于2015年1季度固定收益品种的估值处理标准》

2014年11月17日
中国证监会《证券公司及基金管理公司子公司资产证券化业务管理规定》及配套规则

2014年11月21日
张小艾同志任基金业协会党委委员，委派为非会员理事，提名为副会长人选，贾红波同志任协会党委委员，推荐为秘书长人选

2014年11月24日
基金业协会发布《基金业务外包服务指引（试行）》

2014年11月27日
经基金业协会第一届理事会表决，张小艾同志担任协会副会长，贾洪波同志担任协会秘书长，汤进喜同志不再兼秘书长

2014年12月15日
基金业协会发布《基金从业人员执业行为自律准则》

2014年12月15日
基金业协会发布《关于期货公司资产管理计划备案相关事项的通知》

2014年12月15日
中国保监会《中国保监会关于保险资金投资创业投资基金有关事项的通知》

2014年12月16日
中国保监会《公开募集证券投资基金运作指引第1号——商品期货交易型开放式基金指引》

2014年12月24日
基金业协会发布《资产支持专项计划备案管理办法》《资产证券化业务基础资产负面清单指引》《资产证券化业务风险控制指引》等自律规则及相关文件

2014年12月26日
中国证监会《关于证券经营机构参与全国股转系统相关业务有关问题的通知》

2014年12月26日
基金业协会资产证券化业务备案系统试运行

二、中国证券投资基金业协会大事记

2012 年

2012 年 6 月 3 日　中国证券投资基金业协会党委成立。

孙杰同志任协会党委书记，韩康同志任协会党委副书记，曹殿义、钟蓉萨、汤进喜同志任协会党委委员。

2012 年 6 月 6 日　中国证券投资基金业协会成立大会暨第一届年会在北京召开。大会表决通过了中国证券投资基金业协会第一次会员大会工作报告、《中国证券投资基金业协会章程》、《中国证券投资基金业协会会员管理办法》、《中国证券投资基金业协会会费收缴办法》和《中国证券投资基金业协会会员自律公约》，投票选举产生了协会第一届理事会、第一届监事会。

孙杰、韩康、曹殿义、胡家夫等 4 人委派为非会员理事，于华、王立新、邓召明、田仁灿、刘建平、刘晓艳、江先周、许小松、余晓晨、吴晓辉、李勍、李爱华、杨东、杨新丰、陈敏、周月秋、尚健、林传辉、林利军、范勇宏、金旭、赵学军、郭特华、崔伟、韩勇等 25 人选举担任会员理事，共同组成协会第一届理事会。

刘树军、何宝、陈昌宏、周一烽、高良玉、裴长江等 6 人选举担任监事，组成协会第一届监事会。

经选举，孙杰同志担任会长，韩康同志担任副会长兼秘书长，曹殿义同志担任副会长，于华、刘晓艳、江先周、陈敏、周月秋、林利军、范勇宏、金旭、赵学军等 9 名同志担任兼职副会长。钟蓉萨、汤进喜同志担任副秘书长。

2012 年 6 月 25 日　中国证券投资基金业协会发布《证券投资基金管理公司社会责任报告编制指引》（征求意见稿）。

2012 年 7 月 11 日　专业基金销售机构联席会第一次会议在上海召开，会议就联席会运作机制、基金销售资金监管、客户备付金存款模式行业自律和宣传等重点问题进行了讨论研究。

2012 年 7 月 26 日　中国证券投资基金业协会在京举办第一期“专家讲

坛”。论坛特邀耶鲁大学管理学院院长爱德华·斯奈德教授以《由 LIBOR 丑闻引发的思考》为主题发表演讲。

2012 年 8 月 3 日　中国证券投资基金业协会召开《中国资本市场投资词典》（基金篇）词条编写工作会议。

2012 年 8 月 30 日　中国证券投资基金业协会在京举办第二期“专家讲坛”，特邀中国人民银行原副行长马德伦先生以《人民币汇率与资本项下的兑换》为主题发表演讲。

2012 年 9 月 6 日　中国证券投资基金业协会召开第一届第一次会长会议，通报了协会成立以来的工作进展、年内工作部署，新办公场所建设等情况，并广泛听取了各方意见建议。

2012 年 9 月 13 日　中国证券投资基金业协会发布《中国证券投资基金业协会会员登记注册程序》。

2012 年 9 月 18 日　中国证券投资基金业协会在京举办第三期“专家讲坛”，特邀英国里丁大学亨利商学院院长 John Board 以《金融市场：能力与危机》为题发表演讲。

2012 年 10 月 11 日　中国证券投资基金业协会发布《中国证券投资基金业协会会员自律公约》。

2012 年 10 月 12 日　中国证券投资基金业协会在京举办第四期“专家讲坛”，特邀社会科学院学部委员会余永定先生以《全球债务危机和中国的再平衡》为主题发表演讲。

2012 年 10 月 17 日　中国证券投资基金业协会向基金公司会员发布《关于基金管理公司副总经理任职备案事项的通知》（草案）征求意见函。

2012 年 10 月 23 日　中国证券投资基金业协会在京召开部分基金管理公司高管人员座谈会。中国证监会张育军主席助理出席并发表讲话，部分基金管理公司的董事长、总经理和督察长参加了会议。

2012 年 11 月 16 日 ~ 17 日　中国证券投资基金业协会在杭州举办基金管理公司督察长培训班。请有关专家解读《基金管理公司管理办法》、《基金管理公司子公司管理暂行办法》、《特定客户资产管理业务试点办法》等相关法律法规及风险控制等。

2012 年 12 月 2 日　中国证券投资基金业协会、深圳市人民政府、资本市场研究会、中国资本市场学院主办的“第十一届中国证券投资基金国际论坛”在深圳举行，来自基金、合格境外投资者（QFII）、银行、证券、保险、信托、阳光私募等近600人参加了此次论坛，论坛围绕着建设现代财富管理行业、合格境外机构投资者的发展两大专题展开了讨论。

2012年12月11日~12日　中国证券投资基金业协会举办基金管理公司固定收益业务培训班，就债券投资基础、债券发行与承销、债券交易与结算、债券信用评级和信用风险管理等内容进行了培训。

2012年12月13日　中国证券投资基金业协会在京举办第五期“专家讲坛”，特邀 Man Group 亚洲区主席 Pierre Lagrange 先生以《对冲基金发展与实盘操作》为主题发表演讲。

2012年12月24日　中国证券投资基金业协会印发《托管银行证券资金结算协议（格式文本）》。

2012年12月27日　中国证券投资基金业协会发布《基金管理公司代表基金对外行使投票表决权工作指引》、《中国证券投资基金业协会证券投资基金销售人员职业守则》、《证券投资基金投资人权益须知（2012格式文本）》、《中国证券投资基金业协会会员反商业贿赂公约》、《网上基金销售信息系统技术指引》、《基金管理公司反洗钱客户风险等级划分标准指引》、《基金管理公司反洗钱工作指引》、《证券投资基金会计核算业务指引》、《证券投资基金股指期货投资会计核算业务细则（试行）》、《基金经理注册登记规则》10份自律规范性文件。

2012年12月31日　中国证券投资基金业协会发布《股息红利差别化纳税会计核算细则》。

2013 年

2013年1月3日　中国证券投资基金业协会发布《资产管理类特别会员入会工作指引》。

2013年1月15日　中国证券投资基金业协会举办第六期专家讲坛，特邀安耐德合伙人有限公司创始人 Paul E. Viera 以《新兴市场股票投资及风险控制模型》为主题发表演讲。

2013年1月24日~25日　中国证券投资基金业协会在厦门国家会计学院举办基金运营和结算业务培训班，由中国证监会基金部、中国证券登记结算公司、嘉实基金、普华永道会计师事务所、中央国债登记结算公司、道富银行、瑞银投行、Omgeo 等境内外知名机构的专家向学员讲解境内外基金运营和结算业务的相关专题。来自基金管理公司、基金托管银行、保险资产管理公司等其他机构的共 173 名学员参加培训。

2013 年 1 月 30 日　中国证券投资基金业协会在北京召开第一届理事会第二次会议和第一届监事会第二次会议。会议学习了《证券投资基金法》和全国监管工作会议精神，审议通过《中国证券投资基金业协会 2013 年工作报告》及《中国证券投资基金业协会 2012 年财务决算和 2013 年财务预算的报告》，讨论非公募基金及其产品的登记备案事宜。

2013 年 1 月 31 日　中国证券投资基金业协会与新浪、搜狐、腾讯、和讯、金融街、东方财富等 6 家网络媒体建立多层面的沟通和协作关系。

2013 年 3 月 14 日　中国证券投资基金业协会钟蓉萨副秘书长一行参加全球投资业绩标准（GIPS）年会，并与 GIPS 执行委员会就中国加入全球投资业绩标准组织等相关事宜进行深入探讨。

2013 年 3 月 19 日　中国证券投资基金业协会孙杰会长一行参加 2013 年另类投资管理协会（AIMA）全球政策与监管年会，并发表题为《中国资本市场与另类投资》的主题演讲。

2013 年 3 月 19 日　中国证券投资基金业协会在英国伦敦举办 QFII 推介会，参会者就中国市场动态、ETF 产品等话题展开广泛交流。

2013 年 3 月 21 日　中国证券投资基金业协会在北京举办英国投资座谈会。英国贸易投资署（UK Trade & Investment）金融行业专家 Philippe Gautier 先生、英国大使馆商务处、伦敦证券交易所等相关人员以及部分基金管理公司国际业务负责人参加座谈会。

2013 年 3 月 22 日 ~23 日　中国证券投资基金业协会举办公募基金业务培训班。培训内容包括当前基金业改革发展情况、基金信息披露（XBRL）、基金托管业务、资产管理机构申请公募基金业务相关规定解析、公募基金相关监管制度、基金公司管理实践、基金公司风险控制和合规管理、基金持有人保护及投资者教育等。

2013 年 3 月 27 日　中国证券投资基金业协会在京举办第七期专家讲坛，特邀全球最大的被动投资基金管理公司领航集团（Vanguard）董事总经理、国际业务总裁 James M. Norris 先生以《被动投资的未来趋势及领航的成功经验》为主题发表演讲。

2013 年 3 月 28 日 ~29 日　中国证券投资基金业协会与中国证券业协会共同举办金融衍生品业务培训班，介绍金融衍生品监管制度和监管要求，利率衍生产品、汇率衍生产品、信用衍生产品、国债期货、信贷资产证券化的交易、应用和发展趋势，股票收益互换的现状与发展趋势等。

2013 年 3 月 29 日　中国证券投资基金业协会举办基金托管业务培训班。培训内容涉及申请基金托管业务相关规定解析、基金托管业务监管制度介绍、基金托管业务实践和发展、境外资产托管业务发展动态、QFII 托管业务介绍等。

2013 年 4 月 18 日 ~26 日　中国证券投资基金业协会组织全体会员机构在上海、深圳和北京先后开展 6 期新《证券投资基金法》系列培训。全国人大财经委，证监会法律部、基金部有关负责人分别就新《证券投资基金法》立法背景和立法理念、具体法规的理解与适用、配套规则制定的情况以及实施要求等相关问题进行了全面细致的讲解。249 家会员机构的 1 708 名从业人员参加了培训。

2013 年 4 月 22 日　中国证券投资基金业协会正式启用执业证书管理系统，受理基金从业人员执业注册、变更申请和离职备案等。

2013 年 4 月 26 日　中国证券投资基金业协会合规与风险管理专业委员会在北京成立。会议审理了委员会工作规则，研究了委员会阶段性工作任务，确定了制定《基金从业人员证券投资管理指引》、《基金管理公司洗钱和恐怖融资风险评估及客户分类管理指引》、《基金管理公司风险管理指引》的规则。孙杰会长、韩康副会长、汤进喜副秘书长出席了会议。

2013 年 4 月 31 日　中国证券投资基金业协会孙杰会长一行参加美国投资公司协会（ICI）年会，期间先后拜访了美国证监会（SEC）、美国金融业监管局（FINRA）、美国管理基金协会（MFA）等。

2013 年 5 月 4 日 ~24 日　中国证券投资基金业协会举办美国芝加哥期权交易所学院培训班，芝加哥期权交易所的管理层、期权学院的专职讲师以及知名业内专家授课，会员机构中高层管理人员及骨干专业人员参加培训。

2013 年 5 月 7 日　中国证券投资基金业协会发布《证券投资基金产品创新评审规则（试行）》。

2013 年 5 月 7 日　韩康同志因工作调动不再担任中国证券投资基金业

协会党委副书记、非会员理事、副会长兼秘书长。

2013 年 5 月 8 日 中国证券投资基金业协会在京举办第八期专家讲坛，特邀信安环球投资有限公司（Principal Global Inverstors LLC）执行董事兼首席运营官 Barb McKenzie 女士以《小即是大，资产管理的多精品店模式——来自信安环球投资的经验分享》为主题发表演讲。

2013 年 5 月 9 日 ~31 日 中国证券投资基金业协会为进一步推动《证券投资基金法》的宣传工作，在官网设立了新《证券投资基金法》宣传教育专栏。同时，联合《中国证券报》、《上海证券报》和《证券时报》三大报组成宣传专项工作小组。在 65 家会员单位的积极响应下，三大报设立专题刊登相关文章共 80 余篇，展示基金管理人在新《证券投资基金法》实施过程中的思考与建议。

2013 年 5 月 10 日 中国证券投资基金业协会在北京召开第二次合规与风险管理委员会会议，讨论《基金从业人员证券投资管理指引》（草案），并就《证券投资基金管理机构投资管理人员执业手册》进行方向性讨论。

2013 年 5 月 13 日 中国证券投资基金业协会发布《短期理财基金产品业务运作规范》（2013 年 12 月 1 日实施）。

2013 年 5 月 15 日 中国证券投资基金业协会完成协会会员证书的设计和印刷，并为各类会员机构印送会员证书。

2013 年 5 月 20 日 中国证券投资基金业协会发布中基协（AMAC）基金行业股票估值指数。

2013 年 5 月 31 日 中国证券投资基金业协会在京举办 2013 年年会。年会主题为“贯彻落实新《证券投资基金法》，推动行业健康发展”。中国证监会主席助理张育军出席会议并讲话，孙杰会长做了以“认真履行协会职责，促进行业创新发展”为主题的发言。来自基金管理公司、托管银行、私募基金及证券、期货、保险等各类资产管理机构、QFII 等境外资产管理机构、基金销售机构及各类服务机构会员以及证监会系统相关机构共 500 余位代表参会。

2013 年 5 月 31 日 中国证券投资基金业协会在北京召开第一届理事会第三次会议。会议通过了韩康同志因工作原因不再担任协会专职副会长和秘书长的议案，讨论了制订《资产管理行业发展 10 年规划》的相关事宜。中国证监会主席助理张育军出席会议。

2013年6月1日　中国证券投资基金业协会邀《人民日报》等多家媒体在其显著版面对《证券投资基金法》实施进行专题新闻报道，共同见证新《证券投资基金法》正式施行。

2013年6月2日　中国证券投资基金业协会发布《2012年度中国证券投资基金业社会责任报告》和《基金投资者情况调查分析报告（2012年度）》。

2013年6月14日　中国证券投资基金业协会孙杰会长一行会见香港投资基金公会代表团（HKIFA），代表团介绍了香港投资基金公会及香港市场情况，并就私募股权投资、固定收益基金等问题与我会会员进行了深入探讨。

2013年6月17日　中国证券投资基金业协会举办第九期专家讲坛，特邀另类投资管理协会（AIMA）行政总裁 Andrew Baker 先生和副行政总裁 Jiri Krol 先生以《全球对冲基金的发展及主要问题》为主题发表演讲。

2013年6月19日~20日　中国证券投资基金业协会在北京举办信息技术培训班，邀请中国证监会、公安部、工信部、国家版权局、国家信息技术安全研究中心、北京证监局、上海期货交易所及部分基金管理公司等机构和部门的15位专家进行授课。基金管理公司、私募基金、托管银行、基金销售机构、证监会、地方证监局、其他类型资产管理公司等机构及协会相关业务人员共约150名学员参加培训。

2013年7月3日　中国证券投资基金业协会在北京组织召开基金服务外包讨论会，部分基金管理公司、私募基金管理机构、托管银行、证券公司的负责人参加，就外包业务发展问题和制订《证券投资基金业务服务外包指引》进行讨论。

2013年7月5日　中国证券投资基金业协会组织承办的基金管理公司财务工作会议暨培训班在银川举行。培训包含证券投资基金行业相关税收政策解读、新《证券投资基金法》配套规则修订介绍、基金管理公司财务管理及年报分析三方面内容。

2013年7月12日　中国证券投资基金业协会发布《黄金交易型开放式证券投资基金及联接基金会计核算和估值业务指引（试行）》。

2013年7月15日　中国证券投资基金业协会举办第十期专家讲坛，特邀加拿大皇家银行金融集团副总裁王勇先生以《衍生产品的发展趋势》为主题发表演讲。

2013 年 7 月 14 日 ~8 月 3 日　中国证券投资基金业协会组织“美国加州大学伯克利私募业务研修班”，加州大学伯克利分校教授及美国私募行业精英围绕私募股权投资、创业风险投资和对冲基金投资进行授课，来自 35 家会员单位的高中层管理人员及核心投资人员参加培训。

2013 年 7 月 23 日　中国证券投资基金业协会联合中国金融期货交易所、中国证券业协会在北京举办国债期货证券公司、基金管理公司高管培训会，就国债期货的产品制度设计、海外国债期货发展状况等进行介绍。

2013 年 7 月 25 日 ~26 日　中国证券投资基金业协会在京举办基金销售业务培训班，邀请证监会基金部、中国工商银行、中信建投证券、花旗银行、康宏中国理财服务公司等有关专家进行授课。

2013 年 7 月 26 日　中国证券投资基金业协会举办电子商务与基金行业发展培训班，邀请阿里巴巴集团、宏源证券研究所、快钱公司等专家针对电子商务发展与金融产品销售、电子商务大数据分析和网络安全等专题进行授课。

2013 年 7 月 29 日　中国证券投资基金业协会在北京召开“期货市场机构投资者培育”调研会议，进一步推动机构投资者参与期货及衍生品市场，探索场外衍生品市场监管与发展规划。

2013 年 8 月 5 日 ~7 日　中国证券投资基金业协会孙杰会长赴广州、深圳对基金管理公司、私募证券投资机构就行业发展、协会工作、基金管理公司子公司等问题进行实地调研。

2013 年 8 月 7 日 ~8 日　中国证券投资基金业协会在深圳召开《基金从业人员证券投资管理指引》讨论会。

2013 年 8 月 16 日　中国证券投资基金业协会在北京召开基金估值工作小组成立会议，参会人员就《中国证券投资基金业协会基金估值工作小组工作规则》进行了讨论，组织估值小组专家，研究并起草《国债预发行交易会计核算和估值业务指引》、《证券投资基金国债期货投资会计核算业务细则》等自律规则。

2013 年 8 月 19 日　胡家夫同志任中国证券投资基金业协会党委委员，提名为副会长人选。

2013 年 8 月 22 日　中国证券投资基金业协会孙杰会长受邀参加在北京

举办的互联网金融实践应用高层研修会，并发表题为“财富管理与互联网金融”的讲话，深入分析互联网金融发展的“三突破，三没变”。

2013 年 8 月 22 日　中国证券投资基金业协会在北京召开互联网发展对基金业影响讨论会，证监会基金部、中国证券登记结算公司、部分基金管理公司和第三方基金销售机构参加会议，并就互联网对基金行业发展的影响、基金行业如何应用移动互联网服务投资者以及后台系统如何适应和支持移动互联网发展等内容进行了讨论。

2013 年 8 月 27 日　中国证券投资基金业协会启动 2013 年度从业人员年检工作，对 5276 名从业人员进行年检。

2013 年 8 月 30 日　中国证券投资基金业协会在上海召开第三次合规与风险管理委员会会议，会议讨论了《基金从业人员证券投资管理指引》（草案）、《基金公司风险管理指引》（草案），研究起草《基金管理公司章程指引》；介绍了“基金子公司风险管理”、“通道业务风险”、“反商业贿赂”、“软美元”四个课题的进展情况；研究了基金公司子公司业务发展和风险控制的问题。

2013 年 8 月 31 日 ~9 月 27 日　中国证券投资基金业协会组织“赴英风险与管理高级培训班”，来自 23 家会员机构的学员参加。培训由英国里丁大学 ICMA 中心及亨利商学院的教授和资深市场人士授课，深入学习并讨论国际最新风控管理办法，并与境外多家知名金融机构开展深入的同业交流学习活动。

2013 年 9 月 9 日　中国证券投资基金业协会与中国证券业协会和中国期货业协会联合发布《证券期货科学技术奖励管理办法（试行）》。

2013 年 9 月 9 日　中国证券投资基金业协会在北京召开投资基金所得税座谈会，证监会基金部、知名私募股权管理机构及四大会计师事务所代表就如何推进私募基金相关税收的调整开展深入讨论。

2013 年 9 月 11 日 ~13 日　中国证券投资基金业协会孙杰会长受邀参加第十届中美金融研讨会，与中外参会代表就中美金融热点问题开展交流探讨。

2013 年 9 月 11 日 ~13 日　中国证券投资基金业协会在大连召开私募基金交流座谈会，大连证监局、大连商品交易所和部分大连投资企业就大连私募基金现状和未来发展趋势展开深入交流。

2013年9月17日　中国证券投资基金业协会在北京举办基金业务媒体培训班，培训包含新《证券投资基金法》、基金托管业务相关法规、基金销售业务相关法规、基金产品与产品创新发展情况、社会责任下的基金营销与服务等内容，来自44家媒体的相关业务负责人、编辑、记者共79人参加。

2013年9月23日　中国证券投资基金业协会与20－20投资协会（20－20 Investment Association）联合举办专题论坛，向在华进行年度考察活动的20－20会员介绍了我国资本市场的主要情况。

2013年9月23日　钟蓉萨同志任协会党委委员，委派为非会员理事，提名为副会长人选，汤进喜同志任协会党委委员，委派为非会员理事、提名为副会长兼秘书长人选。

2013年9月25日　经中国证券投资基金业协会第一届理事会表决，胡家夫、钟蓉萨同志担任协会副会长，汤进喜同志担任协会副会长兼秘书长。

2013年9月25日~26日　中国证券投资基金业协会分别在深圳、上海两地召开互联网基金销售业务模式研讨会，参会基金管理公司就互联网及移动互联网基金销售业务的潜在风险点及应对措施、监管部门如何进一步优化政策环境、如何完善行业后台基础设施建设等问题进行讨论。

2013年9月26日　中国证券投资基金业协会孙杰会长出席2013中国养老金国际研讨会，并就机构投资者与养老金的长期关系发言。发言指出，专业资产管理机构的参与有助于养老金实现社会价值，应致力于构建机构投资者与养老金良性互动的长期关系。孙杰会长代表行业协会大力呼吁，应给予养老金投资管理税收减免、递延等政策支持。

2013年9月26日　中国证券投资基金业协会举办第十一期专家讲坛，特邀英国剑桥大学Judge商学院院长Christoph Loch先生以《金融行业在中小企业创新与成长中所发挥的作用》为主题发表演讲。

2013年9月29日　中国证券投资基金业协会编辑并印制完成《基金管理公司财务分析报告（2012）》。

2013年10月14日、16日　中国证券投资基金业协会与英国投资贸易总署分别在上海、北京联合主办“英中全球资产管理行业研讨会”。孙杰会长、中国证监会基金监管部徐浩副主任、协会兼职副会长富国基金董事长陈敏女士和英国财政部长萨伊德·贾维德（Sajid Javid）先生、英国金融市场行为监管局主席约翰·格里菲斯－琼斯（John Griffith －Jones）先生出席研讨会。孙杰会长在北京研讨会场致开幕词，陈敏副会长代表我会在上海研讨会场致辞，协会70余家会员代表参加了会议。

2013年10月18日　中国证券投资基金业协会开展第七期新《证券投资基金法》培训班。5月份以来新入会的基金公司及子公司、私募投资管理机构、资产管理公司等152家会员机构约280名学员参加培训。培训会员对新《证券投资基金法》多层次的学习需求，调动行业学法、懂法和宣法的积极性。

2013年10月21日～25日　受国际基金业协会（IIFA）邀请，孙杰会长带队赴美国新奥尔良出席IIFA 2013年年会，并在"建立并维持高标准：投资业协会的作用"讨论会上发表演讲，向各国基金协会组织介绍了中国资本市场的发展现状、中国证券投资基金业协会运行机制及会员架构等情况。

2013年10月28日～11月4日　中国证券投资基金业协会在海口、武汉、成都、大连等地举办证券投资基金业务媒体培训班，对全国215家媒体机构（含171家地方媒体）共394人进行了培训，使媒体更准确地了解《证券投资基金法》的理念及内涵，坚持正确的舆论导向，把握基金行业报道的专业性及客观性，营造健康、有序、稳定的舆论环境。

2013年11月4日　中国证券投资基金业协会孙杰会长受邀出席太平洋养老金协会2013年度执行研讨会。孙杰会长在会上介绍了我国基金行业的发展历程和现状，与参会嘉宾和机构对基金行业的发展经验、政策环境、中国养老金改革与市场化运作等话题展开了热烈讨论。孙杰会长指出，中国证券投资基金业协会一直呼吁中国养老金深化市场化运作水平，基金管理公司在养老金投资管理方面能发挥更大作用。

2013年11月5日　中国证券投资基金业协会与德意志交易所集团联合举办了"德国经济和基金行业"研讨会。国内公募、私募、券商资管等多家公司50多位行业代表现场到会，上海、深圳、广州、武汉等地多家基金公司和券商资管机构通过视频直播参会。孙杰会长为研讨会致辞并发言，介绍了中国资产管理行业尤其是公募基金业的发展概况，以及协会为会员提供服务的情况。

2013年11月6日　中国证券投资基金业协会接待中华股权投资协会代

表团来访。来访的主要私募股权和创投基金高管包括弘毅投资总裁赵令欢、中信资本首席执行官张懿宸、春华资本创始合伙人胡祖六、TPG 大中华区联席主席王兟等。孙杰会长介绍了基金业协会近期私募基金自律管理相关的准备工作。中华股权投资协会针对私募管理工作的开展提出建议和意见。

2013 年 11 月 8 日　中国证券投资基金业协会在北京召开资产管理业务座谈会，部分基金管理公司、证券公司代表出席会议并对国内资产管理业务的发展情况等进行交流和探讨。

2013 年 11 月 11 日　中国证券投资基金业协会接待美国资本集团高级副总裁 Steve Watson 及中国委员会全体员工来访。孙杰会长对新《证券投资基金法》修改后混业经营的资管市场格局进行了介绍，对当前互联网金融、银行理财产品、上海自贸区、境外合资资管的现状等热点问题作出了分析并表达了对三中全会的乐观预期及对 QFII、QDII 政策改革的关注。

2013 年 11 月 18 日　中国证券投资基金业协会接待香港证监会中介机构部高级总监浦伟光来访。浦伟光先生介绍了全球对冲基金行业的概况和监管制度的发展，分析了对冲基金在全球与亚洲的市场前景，比较了国际证监会基金组织（IOSCO）、美国、欧洲及香港的对冲基金监管制度的发展等。

2013 年 11 月 19 日　中国证券投资基金业协会接待耿西岛首相及耿西金融局一行来访。首相林顿·特罗特先生全面介绍耿西岛的金融发展现状及特点。孙杰会长就中国证券投资基金业协会的发展情况、中国资产管理行业的现状与耿西金融局进行了交流。

2013 年 11 月 26 日　中国证券投资基金业协会发布《关于加强专项资产管理业务风险管理有关事项的通知》，要求基金管理公司及其子公司坚持稳健、审慎的经营理念，合理开展专项资产管理业务。

2013 年 11 月 28 日　中国证券投资基金业协会在北京召开投资者热点问题交流会，会上组织动员参会公司对近期热点问题进行梳理，提供答复口径，探讨处理投资者咨询和投诉的联动工作机制，联合开展投资者教育工作，动员行业不断优化客户服务水平、信息技术系统建设，为行业创新发展提供良好环境。

2013 年 11 月 28 日～29 日　中国证券投资基金业协会在湖南长沙举办基金管理公司业务创新及合规培训班。培训针对互联网金融、资产证券化业务、基金管理公司现场检查情况、国债期货业务规则及介绍、货币市场基金监管、基金销售监管等方面。来自 89 家基金管理公司、15 家托管银行、32 家基金管理公司子公司和 5 家证监会派出机构的督察长及合规业务负责人共 259 人参加培训。

2013 年 12 月 5 日　中国证券投资基金业协会发布《证券投资基金参与国债预发行交易会计核算和估值业务指引（试行）》，为行业内产品参与国债预发行交易提供统一的会计核算和估值方法。

2013 年 12 月 5 日　中国证券投资基金业协会邀请卢森堡基金业协会（ALFI）来北京举办全球基金行业研讨会，会上介绍了卢森堡投资基金经营环境的最新发展动态和海外投资基金相关经验，促进国际同业间交流合作。

2013 年 12 月 6 日　中国证券投资基金业协会在北京召开资本市场双向开放内部政策研讨会，会上讨论了中国资本市场进一步扩大双向开放的准备条件、开放步骤、可能面临的挑战及系统性风险防范等议题。

2013 年 12 月 10 日　中国证券投资基金业协会成立投资总监联席会，并在北京召开投资总监联席会成立暨第一次会议。首届投资总监联席会由协会范勇宏副会长任主席，成员包括来自基金管理公司、私募投资管理机构、保险资产管理公司的投资总监。投资总监联席会讨论通过并发布了《资产管理行业投资总监倡议书》，并通过协会合作媒体进行宣传，号召投资管理人员充分发挥买方作用，参与资本市场公司治理，倡导投资管理人员合规经营，树立良好的职业道德和职业操守。

2013 年 12 月 10 日　中国证券投资基金业协会孙杰会长会见新加坡金融管理局黄耀龙署长一行，双方对两地基金互认的进程和未来发展进行交流。新加坡金融管理局希望中国证券投资基金业协会能够进一步与新加坡投资管理机构建立联系，拓展两地资产管理行业合作与交流。

2013 年 12 月 12 日　中国证券投资基金业协会孙杰会长会见 CFA 协会执行董事 Jonathan A. 一行，并对中国推行 GIPS 情况进行交流，肯定了 GIPS 对中国基金行业国际化的推动作用，同时也探讨了基金行业的中国特色及执行 GIPS 的相关问题。

2013 年 12 月 13 日　中国证券投资基金业协会成立信息技术专业委员会，并召开委员会成立暨第一次工作会议。会上讨论通过委员会工作规则和重点工作计划，提出要加强行业信息技术治理，建立统一的信息安全体系，整合行业资源，全面提升行业信息化建设水平。

2013 年 12 月 18 日　中国证券投资基金业协会与大连商品交易所共同举办商品期货机构投资交流研讨会。会议围绕商品市场投资实务、商品期货投资新业务模式、交易所创新发展思路对接机构投资者等三大主题，探索商品衍生品市场服务基金管理公司等机构投资者的发展要求和创新思路。来自 40 家基金管理公司、16 家私募基金及券商资管、15 家期货公司的产品与投研业务负责人共 105 人参加了会议。

2013 年 12 月 20 日　中国证券投资基金业协会成立公司治理专业委员会，并召开委员会成立暨第一次工作会议。会议讨论了行业公司治理的现状，提出要加快提高公司治理水平，建立长效激励约束机制，促进行业持续健康发展。

2013 年 12 月 20 日　中国证券投资基金业协会成立投资者教育和公共关系委员会，并召开委员会成立暨第一次工作会议。会议提出通过专业委员会平台，充分发挥会员机构的主导作用，动员行业各方力量，形成自我运转机制，充分发挥媒体的舆论引导作用，明确行业主体的投资者教育服务的职责，提升中小投资者自我保护和依法行权能力。会议讨论了投资者保护、投资者教育、媒体宣传等工作。

2013 年 12 月 26 日　中国证券投资基金业协会成立国际业务专业委员会，并召开委员会成立暨第一次工作会议。会议讨论了资本市场双向开放对境内机构带来的机遇和挑战，强调基金行业加强自身实力、做好开放准备的紧迫性、现实性与必要性，并对改善国际业务投资环境、提升行业人才素质和资产国际化配置能力、完善行业标准与业务规范、扩大行业国际交流与影响力等进行讨论。

2013 年 12 月 26 日　中国证券投资基金业协会成立人力资源与培训委员会，并召开委员会成立暨第一次工作会议。会议讨论了行业人员管理与培训的现状，提出要建立更加完善的人力资源机制，以人才的有效管理和公平竞争促进行业持续健康发展。

2013 年 12 月 27 日　中国证券投资基金业协会成立产品与销售委员会，并召开委员会成立暨第一次工作会议。会议对进一步加强基金产品与销售业务研究，完善基金产品与销售业务自律管理，有效促进基金行业健康发展等相关问题进行深入研讨。

2013年12月27日　中国证券投资基金业协会成立托管与运营委员会，并召开委员会成立暨第一次工作会议。会议对加强基金托管与运营专项业务研究、保障运营环境、促进行业健康发展进行讨论。

2013年12月29日　国务院发布《关于管理公开募集基金的基金管理公司有关问题的批复》后，中国证券投资基金业协会通过协会网站及合作媒体发布《基金业协会支持基金管理公司专业人士持股》，欢迎放宽基金管理公司股东条件，鼓励基金管理公司探索多元化的公司治理模式、股权结构和组织形式，支持基金管理公司根据自身状况实施专业人士持股等多元化的长效激励约束机制。

2013年12月30日　中国证券投资基金业协会发布《基金从业人员证券投资管理指引（试行）》，为基金管理公司管理从业人员的证券投资行为提供了基本规范。

2013年12月31日　中国证券投资基金业协会编写并印制《中国资产管理行业税收研究报告》。报告梳理总结了国内外行业税收政策现状与经验，分析我国资产管理行业税收体系的优势与局限，提出建设公平、透明、合理的行业税收环境的政策建议。

2014年

2014年1月6日　中国证券投资基金业协会成立自律监察专业委员会，并召开委员会成立暨第一次工作会议。

2014年1月7日　中国证券投资基金业协会在京召开第一届理事会第四次会议暨第一届监事会第三次会议。会议审议了《中国证券投资基金业协会2013年工作总结和2014年工作重点》报告及《中国证券投资基金业协会2013年财务决算和2014年财务预算》，讨论了《章程》修订、调整理事会监事会构成、增设部分专业委员会等多项议案。中国证监会主席助理张育军参加会议。

2014年1月7日　中国证券投资基金业协会成立创新与战略专业委员会，并召开委员会成立暨第一次工作会议。

2014年1月9日　中国证券投资基金业协会举行并购基金发展研究座谈会，深入讨论了当前我国并购基金发展的主要问题。

2014年1月16日　中国证券投资基金业协会在京举办2014年度基金

管理公司年报审计培训班。

2014 年 1 月 17 日　中国证券投资基金业协会发布《私募投资基金管理人登记和基金备案办法（试行)》。

2014 年 1 月 17 日　中国证券投资基金业协会产品与销售专业委员会在京召开会议，并就互联网基金销售业务开展座谈。

2014 年 1 月 22 日　中国证券投资基金业协会举行私募证券投资基金外包业务讨论会，研究了私募证券投资基金外包相关事宜。

2014 年 1 月 23 日　中国证券投资基金业协会发布《关于基金管理公司子公司入会有关事宜的通知》。

2014 年 1 月 28 日　中国证券投资基金业协会在京组织召开养老金业务讨论会，深入探讨养老体系与资本市场发展的关系以及个人退休账户（IRA）在养老体系中的重要作用等问题。

2014 年 2 月 7 日　《私募投资基金管理人登记和基金备案办法（试行)》施行，中国证券投资基金业协会启动私募投资基金管理人登记、产品备案工作。

2014 年 2 月 12 日　中国证券投资基金业协会举办第十二期“专家讲坛”，邀请美国约翰霍普金斯大学高级国际研究学院（SAIS）教授、新兴市场私募股权协会（EMPEA）主席 Roger S. Leeds 先生围绕私募股权投资发展现状及中西方比较等问题进行演讲。

2014 年 2 月 20 日　中国证券投资基金业协会在京成立私募证券投资基金专业委员会，并召开第一次工作会议，中国证监会主席助理张育军出席。

2014 年 2 月 21 日　中国证券投资基金业协会在京召开投资总监联席会 2014 年第一次会议，对 2014 年经济形势及资本市场进行展望。

2014 年 2 月 27 日　中国证券投资基金业协会举办第十三期“专家讲坛”，邀请天达资产管理公司（Investec Asset Management）投资策略师 Michael Power 先生发表题为“金融市场水世界——如何在流动性泛滥的市场中寻找投资机会”的演讲。

2014 年 2 月 28 日　中国证券投资基金业协会合规与风险管理委员会在深圳召开 2014 年第一次会议。

2014 年 3 月 4 日　中国证券投资基金业协会在北京、上海、广州、深圳四地同时举办第十四期“专家讲坛”，邀请 CFA 协会总裁兼首席执行官

John D. Rogers 先生、CFA 董事 Matthew H. Scanlan 先生对资产管理公司如何规范员工职业道德、如何提高企业核心竞争力实现全球化等问题发表演讲。

2014 年 3 月 4 日　中国证券投资基金业协会发布了 2013 年基金业从业人员年检公告，112 家机构共 5 080 人通过年检。

2014 年 3 月 5 日　中国证券投资基金业协会与 MSCI 在京共同举办“中国如何在全球投资组合中占有一席之地”研讨会，就我国基金管理公司如何进入欧洲市场、中国 A 股纳入 MSCI 指数目前面临的挑战等问题进行了热烈讨论。

2014 年 3 月 10 日　根据中国期货保证金监控中心发布的《特殊单位客户统一开户业务操作指引》，在中国证券投资基金业协会登记的私募投资基金管理人，可为其管理的私募投资基金产品在期货市场开立账户。

2014 年 3 月 10 日　根据新《证券投资基金法》及配套法规，中国证券投资基金业协会更新并发布了《基金经理证券投资法律知识考试大纲》，并组织相关专家对基金经理考试试题进行修订。《基金经理证券投资法律知识考试大纲》自 2014 年 4 月 3 日起开始实施。

2014 年 3 月 10 日　中国证券投资基金业协会发布《关于进一步完善基金管理公司治理相关问题的意见》。

2014 年 3 月 13 日　中国证券投资基金业协会发布《证券投资基金国债期货投资会计核算业务细则（试行）》。

2014 年 3 月 13 日　中国证券投资基金业协会在京召开基金从业资格考试教材编写工作会议。

2014 年 3 月 13 日 ~3 月 28 日　中国证券投资基金业协会在北京、上海、杭州等地举办了 4 期《私募投资基金管理人登记和基金备案办法（试行）》培训班，详细解读了《私募投资基金管理人登记和基金备案办法（试行）》。

2014 年 3 月 17 日　中国证券投资基金业协会在京举行私募投资基金管理人颁证仪式，中国证监会主席助理张育军为首批 50 家私募投资基金管理人颁发了登记证书，并与参会代表进行了座谈。

2014 年 3 月 25 日　中国证券投资基金业协会在京举行第二批私募投资基金管理人颁证仪式，50 家私募投资基金管理机构获得私募投资基金管理人登记证书，中国证监会主席助理张育军出席仪式。

2014 年 3 月 25 日　中国证券登记结算有限责任公司发布《关于私募投资基金开户和结算有关问题的通知》，在中国证券投资基金业协会登记的私募投资基金管理人，可为其备案的私募投资基金申请开立证券交易账户。

2014 年 4 月 1 日　中国证券投资基金业协会在北京、上海、广州、深圳四地同时举办第十五期“专家讲坛”，邀请领航集团（Vanguard）主席兼首席执行官 F. William McNabb Ⅲ先生就美国养老金市场的发展和对中国资本市场的借鉴作用进行演讲。

2014 年 4 月 1 日　中国证券投资基金业协会在京举行第三批私募投资基金管理人颁证仪式，50 家机构获得私募投资基金管理人登记证书。中国证监会主席助理张育军出席仪式。

2014 年 4 月 4 日　中国证券投资基金业协会、深圳市投资基金同业公会、深圳市创业投资同业公会、深圳市私募基金协会在深圳共同举办《私募投资基金管理人登记和基金备案办法（试行）》培训班。

2014 年 4 月 9 日　中国证券投资基金业协会在京举办美国《海外账户税收合规法案（FATCA）》专题培训班，对海外账户税收合规法案总体情况、行业影响、实施工作流程及重点、政府间协议及相关法规问题等进行讲解。

2014 年 4 月 9 日　澳大利亚驻华大使馆、中国证券投资基金业协会和澳大利亚金融服务理事会（FSC）共同在京主办“2014 中澳金融领袖对话”。

2014 年 4 月 28 日　中国证券投资基金业协会举办第十六期“专家讲坛”，邀请德勤卢森堡（Deloitte Luxembourg）艺术品金融部门主管 Adriano Picinati di Torcell 先生就艺术品资产的特点、艺术品投资基金的发展等方面进行演讲。

2014 年 4 月 24 日、5 月 8 日　中国证券投资基金业协会分别在北京、上海与中国金融期货交易所联合举办股指期权业务培训班。培训主要内容包括股指期权基础知识、股指期权交易策略、期权交易实务等。

2014 年 5 月 15 日　中国证券投资基金业协会举办第十七期“专家讲坛”，邀请明讯银行（Clearstream）执行董事 Philippe Seyll 先生就基金管理外包机构和全球基金托管事务进行演讲。

2014年5月20日　中国证券投资基金业协会与布朗兄弟哈里曼银行（Brown Brothers Harriman & Co.）在京以“全球跨境投资税务”为主题，共同举办专题研讨会。

2014年5月21日　中国证券投资基金业协会举办第十八期“专家讲坛”，邀请道富环球投资管理（SSgA）总裁兼CEO Scott Powers先生就“从提供解决方案的角度重塑商业模式”进行演讲。

2014年6月3日　中国证券投资基金业协会与芝加哥商品交易所（CME）在北京联合举办利率、汇率专题研讨会。

2014年6月9日　全国人大财经委副主任委员吴晓灵莅临中国证券投资基金业协会调研工作，中国证监会主席助理张育军出席。

2014年6月11日　中国证券投资基金业协会在京举办私募投资基金开展公募业务座谈会，向100余家私募投资基金管理机构介绍了开展公募业务的相关规定。

2014年6月15日　中国证券投资基金业协会国际会员委员会在北京钓鱼台国宾馆召开成立大会和第一次工作会议。委员会委员来自贝莱德（BlackRock）、领航（Vangard）、高盛（Goldman Sachs）、富达（Fidelity）等14家境外知名大型资产管理公司高管人员。

2014年6月16日　中国证券投资基金业协会在京举办主题为“加快建设现代资产管理行业”的第三届年会。来自政府部门、境内外知名资产管理机构、境外行业协会与行业服务机构代表700余人参会。中国证监会副主席庄心一、主席助理张育军出席会议并做重要讲话。分论坛上，来自政府、学术机构和中外行业机构的数十位代表就证券投资基金创新发展、股权创投基金发展实践与展望、服务养老体系三个主题展开观点交流与主题研讨。

2014年6月17日　中国证券投资基金业协会举办第十九期“专家讲坛”，邀请美国著名对冲基金Quadratic Capital Management LLC创始人及首席投资官Nancy Davis就“终结旧式风险管理模式，开启资产组合构建新纪元”进行演讲。

2014年6月18日　中国证券投资基金业协会在京与另类投资管理协会（AIMA）签署合作谅解备忘录（MOU）。

2014年6月19日　中国证券投资基金业协会在京与另类投资管理协会在北京共同举办了“首届国际对冲基金精英论坛”，就国际基金管理人的策略及视角，QFII、R－QFII和“直通车”带来的国际机遇等问题进行了讨论。

2014年6月24日　中国证券投资基金业协会发布《基金管理公司风险管理指引（试行）》。

2014年6月24日　中国证券投资基金业协会联合中国证监会办公厅在京举办了2014年媒体培训班，就协会近期发布的《中国证券投资基金业年报（2013）》《基金投资者情况调查分析报告（2013）》《中国证券投资基金业社会责任调查报告（2013）》中的重点内容进行了分析和讲解。

2014年6月27日　中国证券投资基金业协会发布《关于基金管理公司设立及相关业务资格申请有关事宜的问答》，就设立基金管理公司及申请公募业务资格的重点事项进行了解答。

2014年6月30日　中国证券投资基金业协会在京与卢森堡基金业协会（ALFI）签署合作谅解备忘录。

2014年7月1日　中国证券投资基金业协会与中国证券业协会和中证资本市场发展监测中心签署《私募产品备案职责移交备忘录》，承接二者原承担的证券公司及其子公司资产管理业务、直接投资业务、基金管理公司及其子公司特定客户资产管理业务等有关私募产品的备案管理、风险（统计）监测等职责。

2014年7月2日　中国证券投资基金业协会举办第二十期“专家讲坛”，邀请英仕曼集团旗下AHL/MSS的执行主席Tim Wong、集团旗下的AHL首席科学家Anthony Ledford和集团亚洲区首席运营官Murray Steel就量化投资进行演讲。

2014年7月4日、9日、11日　中国证券投资基金业协会分别在北京、上海、深圳举办合规与风险管理业务培训班，培训内容包括《基金管理公司风险管理指引（试行）》、基金管理公司及子公司内控评价等。

2014年7月7日　中国证券投资基金业协会发布《基金管理公司及其子公司特定客户资产管理业务电子签名合同操作指引（试行）》。

2014年7月10日　经中国证券投资基金业协会提议，来自北京、上海、广东、深圳、天津、浙江、江苏、山西等地的20家基金行业协会在京共同启动了中国基金行业协会联席会机制，并签订了《中国基金行业协会联席会多边合作谅解备忘录》。

2014 年 7 月 18 日　中国证券投资基金业协会在京召开私募投资基金行业工商登记相关问题座谈会。中国证监会私募基金监管部、国家工商总局企业注册局相关领导出席会议。

2014 年 7 月 18 日　中国证券投资基金业协会在西宁举办基金管理公司财务工作会议暨培训班，培训包含 2013 年基金管理公司总体财务情况、基金管理人风险准备金及固有资金法规政策等内容。

2014 年 7 月 29 日　中国证券投资基金业协会举办第二十一期“专家讲坛”，邀请全球最大规模的银行及金融服务机构之一的汇丰集团的基金服务全球主管司徒义安先生就基金中后台外包业务进行演讲。

2014 年 7 月 31 日　中国证券投资基金业协会在郑州与河南省金融办、河南证监局联合举办“河南省资本市场融资培训暨证企项目对接会”。

2014 年 7 月 31 日　中国证券投资基金业协会在京举办了公募基金产品业务培训班，就《公开募集证券投资基金运作管理办法》相关规定进行了解读，并对公募基金产品注册制改革情况、公募基金产品监管情况进行了介绍。

2014 年 8 月 1 日　中国证券投资基金业协会在京与英国贸易投资总署共同举办中英资产管理圆桌论坛。

2014 年 8 月 13 日　孙杰同志因到龄退休，不再担任中国证券投资基金业协会党委书记、非会员理事、会长。

2014 年 8 月 13 ~ 17 日　中国证券投资基金业协会在青岛举办中后台运营管理培训班，邀请美国知名专家对美国加拿大两国金融业结构、产品类型、基金管理公司合规问题等问题进行讲解。

2014 年 8 月 19 日　中国证券投资基金业协会发布《公开募集证券投资基金销售公平竞争行为规范》。

2014 年 8 月 20 日　中国证券投资基金业协会举办《国际动态简报》100 期发布会，并邀请美国著名基金咨询机构 Casey Quirk 负责人 Daniel Celeghin 先生为第二十二期“专家讲坛”发表演讲，介绍了全球资产管理行业的现状、未来面临的主要挑战等。

2014 年 8 月 22 日　中国证券投资基金业协会发布《关于基金托管人高级管理人员任职备案的通知》，接受托管人高管备案，以规范证券投资基金行业基金托管人高级管理人员任职的自律管理。

2014年8月22日 中国证券投资基金业协会与中国证券业协会、中国期货业协会在联合发布了《中国证券期货市场场外衍生品交易主协议(2014年版)》及补充协议、《中国证券期货市场场外衍生品交易权益类衍生品定义文件(2014年版)》。

2014年8月26日 中国证券投资基金业协会与四川证监局、四川证券期货业协会联合举办私募投资基金业务培训班。

2014年8月27日 中国证券投资基金业协会联合中国证监会私募基金监管部在京召开《私募投资基金监督管理暂行办法》座谈会。

2014年9月2~3日 中国证券投资基金业协会在京举办财富管理与基金销售业务培训班，邀请加拿大知名专家就基金销售七步流程、财富管理五大工具、财富管理与基金销售案例分析等问题进行讲解。

2014年9月4日 中国证券投资基金业协会发布《中国证券投资基金业协会纪律处分实施办法(试行)》《中国证券投资基金业协会自律检查规则(试行)》《中国证券投资基金业协会投诉处理办法(试行)》《中国证券投资基金业协会投资基金纠纷调解规则(试行)》等四项自律规则。

2014年9月5日 中国证券投资基金业协会举办第二十三期“专家讲坛”，邀请全球最大规模的投资管理、风险管理及顾问服务公司之一贝莱德集团的董事总经理兼 iShares 安硕亚太区主管梁雪真女士，就在当前和期望利率环境下机构投资人如何利用 ETF 分散风险进行演讲。

2014年9月8日 中国证券投资基金业协会与商务部投资促进事务局在厦门联合主办“第十八届中国国际投资贸易洽谈会私募股权与创业投资论坛”，会议围绕“把握新一轮改革中的投资机遇”主题进行探讨，并邀请行业知名专家进行主题讲演和案例分享。

2014年9月11~12日 中国证券投资基金业协会与中国证券业协会、中国期货业协会在北京联合举办场外衍生品交易主协议培训班，帮助行业了解国内外金融衍生品交易主协议及相关定义文件内容，国内金融衍生品相关监管政策。

2014年9月12日 中国证券投资基金业协会于郑州召开资产管理行业业务情况通报会，通报了资管产品备案整体情况、存在主要问题及自律处理情况。中国证监会主席助理张育军出席并作重要讲话，提出资产管理行业要高度重视风险管理问题，守住“八条底线”。

2014 年 9 月 12 日　中国证券投资基金业协会成立特定客户资产管理业务子公司联席会，并在河南郑州召开联席会成立暨第一次会议。

2014 年 9 月 17 日　中国证券投资基金业协会在京召开国际业务专业委员会 2014 年第三季度工作会议。会议讨论了行业国际标准、国际业务培训等工作。

2014 年 9 月 17 ~ 18 日、24 ~ 25 日　中国证券投资基金业协会在无锡、太原举办两期信息技术培训班，对行业标准化工作、移动终端的安全防护、新技术应用及 2014 年技术趋势等进行讲解。

2014 年 9 月 18 ~ 19 日　中国证券投资基金业协会在京举办“沪港通”业务培训班，介绍“沪港通”业务的制度安排和业务规则。

2014 年 9 月 19 日　中国证券投资基金业协会信息技术专业委员会代表协会在杭州与恒生电子、上海大智慧、胜科金仕达、金证科技及赢时胜公司签署战略合作备忘录。

2014 年 9 月 22 日　中国证券投资基金业协会在京与英仕曼集团共同举办“对冲基金的全球监管环境与发展趋势”研讨会。

2014 年 9 月 22 日　中国证券投资基金业协会在京举行养老金业务座谈会。就美国 401（K）计划、目标日期基金、生命周期基金及中国养老金管理体系及业务概况进行交流。

2014 年 9 月 23 日　中国证券投资基金业协会在京与普华永道（PWC）联合举办“全球 CEO 调查暨资产管理行业展望 2020”圆桌论坛。

2014 年 9 月 23 日　中国证券投资基金业协会举办第二十四期“专家讲坛”，邀请普华永道全球及美国地区资产管理咨询行业负责人 Gary C Meltzer 先生、亚太及新加坡地区资产管理行业负责人 Justin Ong 就“全球 CEO 调查报告暨资产管理行业展望 2020”进行演讲。

2014 年 9 月 25 日　中国证券投资基金业协会在伦敦举行中国资产管理行业推荐会，介绍了中国资产管理行业概况和中国资产管理行业产品特点。会后，协会与英国投资管理协会（IMA）签署了合作谅解备忘录。

2014 年 9 月 25 ~ 26 日　中国证券投资基金业协会在京与中国证监会私募基金监管部联合举办私募投资基金专题培训暨监管座谈会，中国证监会主席助理张育军出席。

2014 年 10 月 14 日　中国证券投资基金业协会在京与欧洲基金与资产

管理协会（EFAMA）、法国资产管理协会（AFG）、爱尔兰基金业协会（IF-IA）分别在京签署双边合作谅解备忘录。

2014 年 10 月 14 日　中国证券投资基金业协会在京举办中欧资产管理圆桌论坛，交流了欧盟基金整合体系以及欧洲基金行业的发展现状，中国资产管理行业的发展趋势、上海自贸区相关政策等相关问题。

2014 年 10 月 14 日　中国证券投资基金业协会在京举办欧盟可转让证券集合投资计划（UCITS）业务培训班，就 UCITS、UCITS 合格资产的要求、UCITS 托管人的地位等进行介绍。

2014 年 10 月 14 日　中国证券投资基金业协会举办第二十五期“专家讲坛”，邀请欧洲基金与资产管理协会秘书长 Peter de Proft 先生就“欧盟—成员国外资准入与投资运作的监管差异及政策协调”进行演讲。

2014 年 10 月 15 日　洪磊同志任中国证券投资基金业协会党委书记，委派为非会员理事、提名为副会长（主持工作）人选。胡家夫同志任协会党委副书记、纪委书记，不再担任协会非会员理事、副会长。

2014 年 10 月 16 日　中国证券投资基金业协会在京与耿西岛金融发展局召开耿西岛离岸金融研讨会。

2014 年 10 月 20 日　经中国证券投资基金业协会第一届理事会表决，洪磊同志担任协会副会长（主持工作）。

2014 年 10 月 20 ~ 22 日　国际基金业协会（IIFA）2014 年年会在澳大利亚堪培拉召开，协会副会长钟蓉萨当选为董事会成员。

2014 年 10 月 21 ~ 24 日　中国证券投资基金业协会党委书记、副会长洪磊，副会长兼秘书长汤进喜同志先后赴银华基金、嘉实基金、工银瑞信等 3 家在京副会长、理事机构进行专题调研。

2014 年 10 月 24 ~ 26 日　中国证券投资基金业协会在京举办养老金业务高级管理培训班。培训内容包含美国个人退休产品的行业结构、发展与监管，当代美国养老金产业使用的投资产品的特点与设计，美国退休储蓄危机等。

2014 年 10 月 29 日　财政部金融司巡视员刘健一行到中国证券投资基金业协会进行私募行业发展调研座谈。

2014 年 10 月 30 日　中国证券投资基金业协会在京召开资产管理业务座谈会，探讨和细化资产管理业务“八条底线”监管。

2014 年 10 月 30 日 ~11 月 2 日　中国证券投资基金业协会在京与中国银行业协会、中国保险行业协会、中国证券业协会、中国金融学会、北京市金融工作局、西城区政府等单位联合主办第十届北京国际金融博览会。

2014 年 10 月 31 日　中国证券投资基金业协会与芝加哥商品交易所、上海对冲基金园区在上海联合举办商品和管理期货研讨会，共同讨论了商品期货、期权与管理期货基金的投资策略和风险管理问题。

2014 年 10 月 31 日　中国证券投资基金业协会召开全体党员大会，党委书记洪磊同志主持并传达十八届四中全会精神以及肖钢主席有关学习贯彻会议的讲话精神，提出协会要结合实际，坚决落实依法治市，将法治思维贯穿工作始终。

2014 年 11 月 3 日　中国证券投资基金业协会与道富银行共同举办“全球税务市场发展动态”专题讲座，分享了道富银行在全球税务服务、税务法律法规及如何管理税务风险等方面的经验。

2014 年 11 月 4 日　中国证券投资基金业协会举办第二十六期“专家讲坛”，邀请威灵顿资产管理公司主席 Traquina 先生就“资产管理行业中的投资人才管理”进行演讲。

2014 年 11 月 4 日　曹殿义同志因健康原因不再担任中国证券投资基金业协会党委委员、副会长。

2014 年 11 月 5 日　中华股权投资协会理事代表团拜访中国证监会和中国证券投资基金业协会，共同探讨私募投资基金税收、退出机制及参与混合所有制改革等问题，中国证监会主席助理张育军参加会谈。

2014 年 11 月 6 日　中国证券投资基金业协会举办资产管理机构风险管理系列培训班（第一期）——风险管理概览及最佳实践，介绍了资产管理行业的风险管理、受托人风险管理和最佳实践、境内外风险管理体系对比等问题。

2014 年 11 月 6 日　中国证券投资基金业协会举办第二十七期“专家讲坛”，邀请 KKR 亚洲太平洋区公共事务董事 Steve R. Okun 先生就“环境、社会和企业治理”进行演讲。

2014 年 11 月 10 ~ 14 日　中国证券投资基金业协会党委书记、副会长（主持工作）洪磊一行在北京、上海、深圳等地先后开展公募基金行业发展调研。

2014 年 11 月 13 日　中国证券投资基金业协会发布《中国证券投资基金业协会估值核算工作小组关于 2015 年 1 季度固定收益品种的估值处理标准》。

2014 年 11 月 13 日　中国证券投资基金业协会举办第二十八期“专家讲坛”，邀请天达资产管理投资策略师 Michael Power 先生就“由构建金砖四国到组成投资模块”进行演讲。

2014 年 11 月 13 ~ 14 日　中国证券投资基金业协会在北京举办基金管理公司公司治理业务高级培训班，邀请卢森堡金融技术转让署（ATTF）Jean - Francois Fortemps 针对卢森堡公司治理原则、行业和监管机构当前面临的挑战、利益相关方的角色和责任等问题进行讲解。

2014 年 11 月 19 日　中国证券投资基金业协会、陕西证监局在西安联合举办《私募投资基金监督管理暂行办法》培训班。

2014 年 11 月 21 日　中国证券投资基金业协会与 MSCI 共同举办“跨境投资新视界研讨会”，讨论了机构投资者面临的资产配置、指数投资和量化权益模型等问题。

2014 年 11 月 21 日　张小艾同志任中国证券投资基金业协会党委委员，委派为非会员理事，提名为副会长人选，贾红波同志任协会党委委员，推荐为秘书长人选。

2014 年 11 月 24 日　中国证券投资基金业协会发布《基金业务外包服务指引（试行）》。该指引于 2015 年 2 月 1 日正式实施。

2014 年 11 月 25 日　中国证券投资基金业协会举行保险资金投资创业投资基金政策座谈会，深入讨论了中国保监会近期拟发布的《保险资金投资创业投资基金等有关事项的通知（讨论稿）》。

2014 年 11 月 27 日　经中国证券投资基金业协会第一届理事会表决，张小艾同志担任协会副会长，贾洪波同志担任协会秘书长，汤进喜同志不再兼秘书长。

2014 年 12 月 2 日　中国证券投资基金业协会对深圳吾思基金管理有限公司涉及万家共赢资产管理有限公司和上海金元百利资产管理有限公司 2 家基金管理公司子公司资金挪用等违规事项进行了检查，并决定对深圳吾思作出撤销管理人登记的纪律处分，对有关责任人员作出公开谴责、加入黑名单的纪律处分。

2014 年 12 月 4 日　中国证券投资基金业协会国际会员委员会 2014 年第三次工作会议召开，来自政府和行业机构的 7 位专家作了专题报告。协会党委书记、副会长（主持工作）洪磊肯定了委员会成立以来的主要工作，对委员会的定位、作用提出了新的理解和期待。

2014 年 12 月 5 日　经前期友好磋商，在民政部召开的全国性行业协会商会服务地方经济发展（赣州）工作交流会上，中国证券投资基金业协会与赣州市人民政府正式签署了合作备忘录。

2014 年 12 月 8 日　中国证券投资基金业协会举办第一期“晚间沙龙”，邀请德勤会计师事务所的专家就公募基金私募业务以及艺术品投资问题两个主题进行介绍。

2014 年 12 月 11 日　中国证券投资基金业协会举办固定收益品种估值处理标准培训班，对新估值处理标准政策解读及实施要点、中证估值模型等内容进行讲解。

2014 年 12 月 15 日　中国证券投资基金业协会发布《基金从业人员执业行为自律准则》。

2014 年 12 月 15 日　中国证券投资基金业协会发布《关于期货公司资产管理计划备案相关事项的通知》。

2014 年 12 月 16 日　中国证券投资基金业协会举办第二十九期“专家讲坛”，邀请领航集团董事总经理兼国际业务总裁 James M. Norris 先生就“2015 年全球资产管理瞭望”进行演讲。现场还赠送了协会新出版图书《逐鹿大资管时代》。

2014 年 12 月 18 日　中国证券投资基金业协会、重庆证监局、重庆市金融办在重庆联合举办《私募投资基金监督管理暂行办法》培训班。

2014 年 12 月 18 日、12 月 23 日　中国证券投资基金业协会分别在北京、上海举办国债期货业务培训班，讲解了国债期货市场发展思路、5 年期国债期货运行情况及产品规则优化方案、10 年期国债期货产品规则等。

2014 年 12 月 22 日　中国证券投资基金业协会举办了第二期“晚间沙龙”，邀请美国安富金融工程集团董事总经理、上海高级金融学院客座教授、约翰霍普金斯大学凯利商学院兼职教授陈剑先生进行主题演讲，内容包括美国房地产金融资产证券化的经验与中国资产证券化的未来。

2014 年 12 月 24 日　中国证券投资基金业协会发布《资产支持专项计

划备案管理办法》《资产证券化业务基础资产负面清单指引》《资产证券化业务风险控制指引》等自律规则及相关文件。

2014 年 12 月 25 日　中国证券投资基金业协会举办第三十期“专家讲坛”，邀请中国社会科学院世界经济与政治研究所国际投资研究室主任、中国社会科学院国际金融研究中心副主任张明博士就“从卢布暴跌看 2015 年市场方向”进行演讲。

2014 年 12 月 26 日　中国证券投资基金业协会资产证券化业务备案系统启动试运行工作。

2014 年 12 月 29 日　中国证券投资基金业协会举办“晚间沙龙”活动，邀请清华大学五道口金融学院家族企业课程主任、中国金融案例中心执行主任、家族办公室课题组组长高皓博士，以“家族办公室：超高净值家族财富管理的顶层设计”为题进行了主题演讲。

2014 年 12 月 31 日　中国证券投资基金业协会发布《改进私募基金管理人登记备案相关工作的通知》，在私募投资基金登记备案系统中开设私募投资基金管理人登记备案电子证明功能，并实行私募投资基金管理人分类公示制度。

2014 年 12 月 31 日　中国证券投资基金业协会针对中和农信公益小额贷款资产支持专项计划等 4 只资产支持专项计划出具备案确认函，正式启动资产证券化业务备案管理工作。

三、社保基金和企业年金管理人概况

公司类别	公司名称	社保基金投资管理资格	企业年金投资管理资格
基金管理公司	南方基金	√	√
	博时基金	√	√
	华夏基金	√	√
	嘉实基金	√	√
	富国基金	√	√
	易方达基金	√	√
	银华基金	√	√
	招商基金	√	√
	海富通基金	√	√
	国泰基金	√	√
	工银瑞信基金	√	√
	广发基金	√	
	长盛基金	√	
	鹏华基金	√	
	大成基金	√	
	汇添富基金	√	
保险公司	中国人寿保险资产管理		√
	华泰保险资产管理		√
	太平养老保险		√
	平安养老保险		√
	中国人保资产管理		√
	长江养老保险		√
	泰康资产管理		√
证券公司	中金公司	√	√
	中信证券	√	√

四、合格境外机构投资者（QFII）概况

合格境外机构投资者（QFII）投资额度审批情况表

截至日期：2014 年 12 月 30 日

单位：亿美元

序号	QFII 中文名称	QFII 英文名称	注册地	托管银行	批准日期	累计批准额度
1	瑞士银行	UBS AG	瑞士	花旗银行	2011. 01. 06	7. 90
2	瑞银环球资产管理（新加坡）有限公司	UBS Global Asset Management（Singapore）Ltd	新加坡	花旗银行	2014. 08. 26	7. 50
3	瑞银环球资产管理（香港）有限公司	UBS Global Asset Management (Hong Kong) Limited	中国香港	花旗银行	2013. 06. 24	1. 00
4	瑞银韩亚资产运用株式会社	UBS Hana Asset Management Co. , Ltd.	韩国	花旗银行	2014. 01. 22	1. 00
5	野村证券株式会社	Nomura Securities Co. , Ltd.	日本	农业银行	2006. 11. 07	3. 50
6	野村资产管理株式会社	Nomura Asset Management Co. , Ltd.	日本	工商银行	2012. 08. 16	3. 50
7	花旗环球金融有限公司	Citigroup Global Markets Limited	英国	德意志银行	2005. 11. 24	5. 50
8	花旗集团基金管理有限公司	Citigroup First Investment Management Limited	中国香港	德意志银行	2014. 10. 30	2. 00
9	摩根士丹利国际股份有限公司	Morgan Stanley & Co. International PLC.	英国	汇丰银行	2012. 12. 24	6. 00
10	摩根士丹利投资管理公司	Morgan Stanley Investment	美国	汇丰银行	2010. 04. 22	4. 50
11	三菱日联摩根士丹利证券股份有限公司	Mitsubishi UFJ Morgan Stanley Securities Co. , Ltd.	日本	中国银行	2009. 03. 25	1. 00
12	高盛公司	Goldman, Sachs & Co.	美国	汇丰银行	2006. 09. 05	3. 00
13	高盛国际资产管理公司	Goldman Sachs Asset Management	英国	汇丰银行	2014. 02. 25	6. 00
14	高盛国际	Goldman Sachs International	英国	汇丰银行	2014. 11. 27	3. 00
15	香港上海汇丰银行有限公司	The Hong Kong and Shanghai HSBC Bank Company Limited	中国香港	建设银行	2012. 11. 21	6. 00

续表 1

序号	QFII 中文名称	QFII 英文名称	注册地	托管银行	批准日期	累计批准额度
16	汇丰环球投资管理（香港）有限公司	HSBC Global Asset Management (Hong Kong) Limited	中国香港	交通银行	2014. 04. 30	4. 12
17	汇丰中华证券投资信托股份有限公司(台湾)	HSBC Global Asset Management (Taiwan) Limited	中国台湾	交通银行	2014. 10. 30	2. 00
18	德意志银行	Deutsche Bank Aktiengesellschaft	德国	花旗银行	2012. 12. 26	6. 00
19	荷兰安智银行股份有限公司	ING Bank N. V.	荷兰	渣打银行	2014. 03. 28	2. 10
20	安智投资管理亚太（香港）有限公司	ING Investment Management Aisa Pacific（Hong Kong）Limited	中国香港	花旗银行	2012. 08. 16	1. 50
21	摩根大通银行	JPMorgan Chase Bank，National	美国	汇丰银行	2014. 10. 30	6. 00
22	JF 资产管理有限公司	JF Asset Management Limited	中国香港	建设银行	2013. 05. 31	5. 25
23	摩根证券投资信托股份有限公司	JP Morgan Asset Management Taiwan	中国台湾	建设银行	2013. 01. 24	1. 50
24	瑞士信贷（香港）有限公司	Credit Suisse（Hong Kong）Limited	中国香港	工商银行	2013. 05. 03	6. 00
25	瑞士信贷银行股份有限公司	Credit Suisse AG	瑞士	工商银行	2012. 03. 09	3. 00
26	日兴资产管理有限公司	Nikko Asset Management Co.，Ltd.	日本	交通银行	2006. 05. 17	4. 50
27	渣打银行（香港）有限公司	Standard Chartered Bank（Hong Kong）	中国香港	中国银行	2012. 09. 19	1. 75
28	恒生银行有限公司	Hang Seng Bank Limited	中国香港	建设银行	2012. 11. 21	1. 50
29	大和证券资本市场株式会社	Daiwa Securities Capital Markets	日本	工商银行	2004. 07. 05	0. 50
30	大和证券投资信托株式会社	DAIWA Asset Management Co.	日本	中国银行	2010. 11. 26	2. 00
31	美林国际	Merrill Lynch International	英国	汇丰银行	2014. 08. 26	8. 00
32	雷曼兄弟（欧洲）公司	Lehman Brothers International	英国	农业银行	2006. 02. 22	2. 00
33	比尔及梅林达盖茨信托基金会	Bill & Melinda Gates Foundation Trust	美国	汇丰银行	2014. 02. 25	4. 00

续表 2

序号	QFII 中文名称	QFII 英文名称	注册地	托管银行	批准日期	累计批准额度
34	喀斯喀特有限责任公司	Cascade Investment, L. L. C.	美国	德意志银行	2014. 05. 30	2. 00
35	英格兰皇家银行有限公司	The Royal Bank of Scotland N. V.	荷兰	汇丰银行	2006. 01. 23	1. 75
36	法国兴业银行	Société Générale	法国	汇丰银行	2014. 07. 30	4. 50
37	巴克莱银行	Barclays Bank PLC	英国	渣打银行	2014. 11. 27	9. 00
38	法国巴黎银行	BNP Paribas	法国	农业银行	2013. 07. 26	3. 50
39	法国巴黎投资管理亚洲有限公司	BNP Paribas Investment Partners	中国香港	中国银行	2014. 11. 27	6. 00
40	新韩法国巴黎资产运用株式会社	Shinhan BNP Paribas Asset Management Co. , Ltd.	韩国	汇丰银行	2014. 10. 30	1. 50
41	德国商业银行股份有限公司	Commerzbank AG	德国	工商银行	2014. 09. 22	6. 25
42	加拿大鲍尔公司	Power Corporation of Canada	加拿大	建设银行	2004. 11. 21	0. 50
43	东方汇理银行	Credit Agrigole Corporate	法国	汇丰银行	2005. 01. 10	0. 75
44	东方汇理资产管理香港有限公司	Amundi Hong Kong Limited	中国香港	建设银行	2012. 01. 20	1. 00
45	景顺资产管理有限公司	INVESCO Asset Management Limited	英国	中国银行	2014. 08. 26	1. 76
46	新加坡政府投资有限公司	GIC Private Limited	新加坡	渣打银行	2014. 03. 28	15. 00
47	马丁可利投资管理有限公司	Martin Currie Investment Management Ltd	英国	花旗银行	2014. 08. 26	2. 26
48	淡马锡富敦投资有限公司	Temasek Fullerton Alpha Pte Ltd	新加坡	汇丰银行	2013. 10. 30	15. 00
49	富敦资金管理有限公司	Fullerton Fund Management	新加坡	工商银行	2012. 10. 30	2. 50
50	柏瑞投资有限责任公司	Pine Bridge Investment LLC	美国	中国银行	2013. 08. 28	3. 00
51	第一生命保险株式会社	The Dai – ichi Life Insurance	日本	中国银行	2012. 05. 04	2. 50
52	星展银行有限公司	DBS Bank Ltd	新加坡	农业银行	2013. 09. 26	2. 00

续表 3

序号	QFII 中文名称	QFII 英文名称	注册地	托管银行	批准日期	累计批准额度
53	比联金融产品英国有限公司	KBC Financial Products UK	英国	花旗银行	2011. 01. 07	0. 20
54	比利时联合资产管理有限公司	KBC Asset Management N. V.	比利时	工商银行	2011. 01. 07	2. 10
55	加拿大丰业银行	The Bank of Nova Scotia	加拿大	中国银行	2006. 06. 09	1. 50
56	法国爱德蒙得洛希尔银行	La Compagnie Financierr Edmond de Rothschild Banque	法国	中国银行	2012. 01. 20	2. 00
57	耶鲁大学	Yale University	美国	汇丰银行	2008. 05. 19	1. 50
58	安保资本投资有限公司	AMP Capital Investors Limited	澳大利亚	建设银行	2012. 10. 30	5. 00
59	瀚亚投资（香港）有限公司	Eastspring Investment（Hong Kong）Limited	中国香港	农业银行	2013. 08. 28	3. 50
60	斯坦福大学	Stanford University	美国	汇丰银行	2013. 11. 27	0. 80
61	大华银行有限公司	United Overseas Bank Limited	新加坡	工商银行	2006. 11. 07	0. 50
62	施罗德投资管理有限公司	Schroder Investment Management Limited	英国	交通银行	2012. 11. 21	4. 25
63	通用电气资产管理公司	GE Asset Management	美国	汇丰银行	2012. 03. 27	3. 00
64	瑞穗证券株式会社	Shinko Securities Co. , Ltd.	日本	建设银行	2007. 02. 13	0. 50
65	新光投信株式会社	Shinko Asset Management Co. , Ltd.	日本	汇丰银行	2012. 02. 26	1. 00
66	瑞穗投信投资顾问有限公司	Mizuho Asset Management Co. , Ltd.	日本	汇丰银行	2012. 09. 19	1. 00
67	三井住友资产管理株式会社	Sumitomo Mitsui Asset Management Company, Limited	日本	花旗银行	2014. 11. 27	3. 04
68	三井住友银行株式会社	Sumitomo Mitsui Banking	日本	中国银行	2012. 05. 04	1. 00
69	挪威中央银行	Norges Bank	挪威	汇丰银行	2013. 09. 26	15. 00
70	百达资产管理有限公司	Pictet Asset Management Limited	英国	汇丰银行	2014. 02. 25	1. 50
71	哥伦比亚大学	The Trustees of Columbia University in the City of New York	美国	汇丰银行	2013. 07. 26	0. 90

续表 4

序号	QFII 中文名称	QFII 英文名称	注册地	托管银行	批准日期	累计批准额度
72	保德信资产运用株式会社	Prudential Asset Management Co., Ltd	韩国		2012.03.15	0.00
73	保德信证券投资信托股份有限公司	Prudential Financial Securities Investment Trust Enterprise	中国台湾	汇丰银行	2014.06.30	1.20
74	荷宝基金管理公司	Robeco Institutional Asset	荷兰	花旗银行	2014.09.22	1.97
75	未来资产基金管理公司	Mirae Asset Global Investments Co., Ltd.	韩国	工商银行	2013.05.03	3.50
76	铂金投资管理有限公司	Platinum Investment Company Limited	澳大利亚	汇丰银行	2014.06.30	3.00
77	道富环球投资管理亚洲有限公司	State Street Global Advisors Asia Limited	中国香港	渣打银行	2008.11.03	0.50
78	魁北克储蓄投资集团	Caisse de dépt et placement du Qué bec	加拿大	汇丰银行	2013.11.27	5.00
79	三星资产运用株式会社	Samsung Investment Trust Management Co., Ltd.	韩国	中国银行	2014.02.25	5.50
80	华侨银行有限公司	Oversea - Chinese Banking Corporation Limited	新加坡	建设银行	2008.11.12	1.50
81	联博有限公司	Alliance Bernstein Limited	美国	汇丰银行	2010.05.31	1.50
82	安达国际控股有限公司	ACE INA International Holdings, Ltd.	美国	工商银行	2008.11.13	1.50
83	哈佛大学	President and Fellows of Harvard College	美国	工商银行	2008.11.14	2.00
84	普信投资公司	T. Rowe Price Associates, Inc.	美国	汇丰银行	2008.12.03	1.10
85	阿布达比投资局	ABU Dhabi Investment Authority	阿联酋	汇丰银行	2014.05.30	15.00
86	德盛安联资产管理卢森堡	Allianz Global Investors Luxembourg S. A.	卢森堡	工商银行	2012.08.16	2.00
87	资本国际公司	Capital International, Inc.	美国	汇丰银行	2009.03.31	1.00
88	安石股票投资管理（美国）有限公司	Ashmore Equities Investment Management (US) LLC	美国	汇丰银行	2013.05.31	0.25
89	安石投资管理有限公司	Ashmore Investment Management Limited	英国	工商银行	2012.08.21	3.50

续表 5

序号	QFII 中文名称	QFII 英文名称	注册地	托管银行	批准日期	累计批准额度
90	首城投资管理（英国）有限公司	First State Investment Management（UK） Limited	英国	花旗银行	2012. 06. 15	2. 20
91	韩华资产运用株式会社	Hanwha Investment Trust Management Co. , Ltd.	韩国	花旗银行	2012. 09. 19	2. 38
92	大华资产管理有限公司	UOB Asset Management Ltd.	新加坡	工商银行	2009. 08. 25	0. 50
93	马来西亚国家银行	Bank Negara Malaysia	马来西亚	汇丰银行	2014. 07. 30	15. 00
94	DWS 投资管理有限公司	DWS Investment S. A.	卢森堡	汇丰银行	2009. 09. 09	2. 00
95	罗祖儒投资管理（香港）有限公司	Lloyd George Management（Hong Kong） Limited	中国香港	汇丰银行	2009. 11. 06	0. 50
96	韩国产业银行	The Korea Development Bank	韩国	建设银行	2013. 08. 28	1. 40
97	邓普顿投资顾问有限公司	Templeton Investment Counsel, LLC	美国	汇丰银行	2012. 07. 17	3. 00
98	壳牌资产管理有限公司	Shell Asset Management Company B. V.	荷兰		2011. 02. 01	0. 00
99	东亚联丰投资管理有限公司	BEA Union Investment Management Limited	中国香港	工商银行	2009. 12. 08	1. 00
100	韩国友利银行股份有限公司	Woori Bank Co. , Ltd.	韩国	工商银行	2009. 12. 30	0. 50
101	韩国投资信托运用株式会社	Korea Investment Trust Management Co. , Ltd.	韩国	工商银行	2014. 10. 30	3. 00
102	三井住友信托银行股份有限公司	The Sumitomo Trust & Banking Co. , Ltd.	日本	花旗银行	2009. 12. 31	0. 50
103	霸菱资产管理有限公司	Baring Asset Management Limited	英国	汇丰银行	2010. 02. 10	2. 00
104	宏利资产管理（香港）有限公司	Manulife Asset Management (Hong Kong) Limited	中国香港	花旗银行	2012. 07. 17	3. 00
105	东洋资产运用（株）	Tongyang Asset Management	韩国	花旗银行	2012. 05. 17	0. 70
106	加拿大皇家银行	Royal Bank of Canada	加拿大	工商银行	2010. 08. 19	1. 00
107	达以安资产管理公司	DIAM Co. , Ltd.	日本	汇丰银行	2010. 09. 01	1. 00
108	常青藤资产管理公司	Ivy Investment Management Company	美国	花旗银行	2010. 09. 01	1. 00

续表 6

序号	QFII 中文名称	QFII 英文名称	注册地	托管银行	批准日期	累计批准额度
109	法国欧菲资产管理公司	OFI Asset Management	法国	渣打银行	2010. 10. 24	1. 50
110	安本亚洲资产管理公司	Aberdeen Asset Management Asia Limited	新加坡	花旗银行	2014. 06. 30	2. 55
111	纽约梅隆资产管理国际有限公司	BNY Mellon Asset Management International Limited	英国	建设银行	2010. 11. 26	1. 50
112	富达基金（香港）有限公司	Fidelity Investments Management (Hong Kong) Limited	中国香港	汇丰银行	2014. 02. 25	4. 00
113	美盛投资（欧洲）有限公司	Legg Mason Investments (Europe) Limited	英国	汇丰银行	2013. 06. 24	2. 00
114	KB 资产运用	KB Asset Management Co. , Ltd.	韩国	花旗银行	2012. 12. 26	2. 00
115	香港金融管理局	Hong Kong Monetary Authority	中国香港	花旗银行	2014. 09. 22	25. 00
116	富邦证券投资信托股份有限公司	Fubon Securities Investment Trust Co. , Ltd.	中国台湾	建设银行	2014. 02. 25	4. 50
117	富邦人寿保险股份有限公司	Fubon Life Insurance Co. , Ltd.	中国台湾	花旗银行	2014. 10. 30	5. 00
118	富邦产物保险股份有限公司	FUBON INSURANCE COMPANY LIMITED	中国台湾	工商银行	2013. 10. 30	0. 50
119	群益证券投资信托股份有限公司	Capital Securities Investment Trust Corporation	中国台湾	汇丰银行	2014. 04. 30	1. 50
120	英杰华投资集团全球服务有限公司	Aviva Investors Global Services Limited	英国	工商银行	2011. 05. 05	1. 00
121	瑞士宝盛银行	Bank Julius Bear & Co. , Ltd.	瑞士	花旗银行	2014. 01. 22	1. 50
122	科提比资产运用株式会社	KTB Asset Management Co. , Ltd.	韩国	建设银行	2011. 10. 19	1. 00
123	领先资产管理	Lyxor Asset Management	法国	建设银行	2011. 11. 28	1. 00
124	元大宝来证券投资信托股份有限公司	Yuanta Securities Investment Trust Co. , Ltd.	中国台湾	花旗银行	2014. 07. 30	4. 00
125	忠利保险有限公司	Assicurazioni Generali S. p. A.	意大利	工商银行	2011. 12. 20	1. 00
126	忠利基金管理有限公司	GENERAIL Fund Management	卢森堡	建设银行	2013. 03. 28	1. 00
127	西班牙对外银行有限公司	Banco Bilbao Vizcaya Argentaria, S. A.	西班牙	中信银行	2011. 12. 20	1. 00

续表 7

序号	QFII 中文名称	QFII 英文名称	注册地	托管银行	批准日期	累计批准额度
128	国泰证券投资信托股份有限公司	Cathay Securities Investment Trust Co., Ltd.	中国台湾	汇丰银行	2014.10.30	4.50
129	国泰人寿保险股份有限公司	Cathay Life Insurance Co., LTD.	中国台湾	中国银行	2014.10.30	5.00
130	国泰世华商业银行股份有限公司	Cathay United Bank Co., Ltd.	中国台湾	工商银行	2013.12.24	1.00
131	复华证券投资信托股份有限公司	Fuh Hwa Securities Investment Trust Co., Ltd.	中国台湾	花旗银行	2013.04.08	2.00
132	蒙特利尔银行投资公司	BMO Investments Inc.	加拿大	工商银行	2012.01.11	1.00
133	亢筒资产管理公司	Comgest S. A.	法国	德意志银行	2012.01.20	1.00
134	GMO 有限责任公司	Grantham, Mayo, Van Otterloo & Co. LLC	美国	汇丰银行	2012.01.20	1.00
135	新加坡金融管理局	Monetary Authority of Singapore	新加坡	汇丰银行	2012.01.20	1.00
136	新光人寿保险股份有限公司	Shin Kong Life Insurance Co., Ltd.	中国台湾	花旗银行	2014.12.28	3.00
137	中国人寿保险股份有限公司（台湾）	China Life Insurance Co., Ltd. (Taiwan)	中国台湾	建设银行	2014.12.28	5.50
138	普林斯顿大学	Princeton University	美国	汇丰银行	2014.12.28	2.10
139	加拿大年金计划投资委员会	Canada Pension Plan Investment Board	加拿大	汇丰银行	2014.09.22	12.00
140	泰国银行	Bank of Thailand	泰国	汇丰银行	2012.03.09	3.00
141	科威特政府投资局	Kuwait Investment Authority	科威特	工商银行	2014.01.22	15.00
142	台湾人寿保险股份有限公司	Taiwan Life Insurance Co., Ltd.	中国台湾	工商银行	2014.11.27	4.00
143	韩国银行	The Bank of Korea	韩国	汇丰银行	2014.01.22	6.00
144	安大略省教师养老金计划委员会	Ontario Teachers' Pension Plan Board	加拿大	汇丰银行	2013.07.26	3.00
145	韩国投资公司	Korea Investment Corporation	韩国	汇丰银行	2013.06.24	4.00
146	家庭医生退休基金	Stichting Pensioenfonds voor Huisartsen	荷兰	汇丰银行	2012.03.09	0.60

续表 8

序号	QFII 中文名称	QFII 英文名称	注册地	托管银行	批准日期	累计批准额度
147	国民年金公团（韩国）	National Pension Service	韩国	花旗银行	2013. 11. 27	4. 00
148	华宜资产运用有限公司	HI Asset Management Co. , Limited.	韩国	工商银行	2012. 04. 10	1. 00
149	医院管理局公积金计划	Hospital Authority Provident Fund Scheme	中国香港	汇丰银行	2012. 04. 10	1. 00
150	纽伯格伯曼欧洲有限公司	Neuberger Berman Europe	英国	工商银行	2014. 06. 30	1. 75
151	马来西亚国库控股公司	KHAZANAH NASIONAL BERHAD	马来西亚	工商银行	2012. 04. 10	2. 50
152	罗素投资爱尔兰有限公司	Russell Investments Ireland Limited	爱尔兰	汇丰银行	2014. 02. 25	2. 00
153	全球人寿保险股份有限公司	Trans Globe Life Insurance Inc.	中国台湾	花旗银行	2012. 05. 04	1. 50
154	全球保险集团美国投资管理有限公司	AEGON USA Investment Management, LLC	美国	花旗银行	2013. 06. 24	1. 00
155	贝莱德机构信托公司	Black Rock Institutional Trust Company, N. A.	美国	花旗银行	2014. 12. 28	2. 50
156	贝莱德资产管理北亚有限公司	Black Rock Asset Management North Asia Limited	中国香港	花旗银行	2014. 08. 26	6. 00
157	北美信托环球投资有限公司	Northern Trust Global Investments Limited	英国	交通银行	2012. 06. 08	1. 00
158	三商美邦人寿保险股份有限公司	Mercuries Life Insurance Co. , Ltd.	中国台湾	汇丰银行	2012. 06. 08	0. 50
159	美国友邦保险有限公司	AIA Company Limited	中国香港	中国银行	2012. 06. 08	1. 50
160	资金研究与管理公司	Capital Research and Management Company	美国	汇丰银行	2012. 06. 08	1. 00
161	伦敦市投资管理有限公司	City of London Investment Management Company Limited	英国	汇丰银行	2013. 11. 27	2. 00
162	冈三资产管理股份有限公司	Okasan Asset Management Co. , Ltd.	日本	汇丰银行	2012. 06. 08	0. 50
163	泛达公司	Van Eck Associates Corporation	美国	工商银行	2012. 07. 17	1. 00
164	威廉博莱公司	William Blair & Company, L. L. C	美国	汇丰银行	2014. 06. 30	2. 00
165	信安环球投资有限公司	Principal Global Investors LLC	美国	建设银行	2012. 08. 21	1. 50

续表 9

序号	QFII 中文名称	QFII 英文名称	注册地	托管银行	批准日期	累计批准额度
166	中银国际英国保诚资产管理有限公司	BOCI – Prudential Asset Management Limited	中国香港	渣打银行	2012. 08. 21	1. 50
167	安耐德合伙人有限公司	EARNEST Partners LLC	美国	建设银行	2012. 09. 19	1. 50
168	预知投资管理公司	Prescient Investment Management PTY LTD	南非	工商银行	2014. 04. 30	1. 50
169	得克萨斯大学体系董事会	Board of Regents of The University of Texas System	美国	汇丰银行	2014. 04. 30	1. 50
170	南山人寿保险股份有限公司	Nan Shan Life Insurance Company, Ltd.	中国台湾	花旗银行	2014. 04. 30	4. 00
171	迈世勒资产管理有限责任公司	Metzler Asset Management GmbH	德国	工商银行	2012. 10. 30	2. 00
172	骏利资产管理有限公司	Janus Capital Management LLC	美国	汇丰银行	2012. 11. 21	1. 00
173	SUVA 瑞士国家工伤保险机构	Suva	瑞士	花旗银行	2012. 11. 21	3. 00
174	安大略退休金管理委员会	Ontario Pension Board	加拿大	中国银行	2012. 11. 21	1. 50
175	麦格理银行有限公司	Macquarie Bank Limited	澳大利亚	花旗银行	2014. 03. 28	4. 00
176	海通资产管理（香港）有限公司	Hai Tong Asset Management（HK）Limited	中国香港	交通银行	2014. 11. 27	3. 00
177	卡塔尔控股有限责任公司	Qatar Holding LLC	卡塔尔	农业银行	2012. 11. 21	10. 00
178	中银集团人寿保险有限公司	BOC Group Life Assurance	中国香港	农业银行	2012. 12. 31	2. 00
179	惠理基金管理香港有限公司	Value Partners Hong Kong	中国香港	汇丰银行	2014. 07. 30	2. 00
180	教会养老基金	The Church Pension Fund	美国	工商银行	2012. 12. 26	0. 50
181	杜克大学	Duke University	美国	工商银行	2014. 12. 28	1. 00
182	瑞士盈丰银行股份有限公司	EFG Bank AG	瑞士	花旗银行	2013. 01. 24	1. 00
183	兴元资产管理有限公司	Genesis Asset Managers, LLP	美国	德意志银行	2014. 09. 22	4. 00
184	鼎晖投资咨询新加坡有限公司	CDH Investment Advisory Private Limited	新加坡	建设银行	2014. 07. 30	3. 50

续表 10

序号	QFII 中文名称	QFII 英文名称	注册地	托管银行	批准日期	累计批准额度
185	高瓴资本管理有限公司	Hillhouse Capital Management Pte. Ltd.	新加坡	建设银行	2014.01.22	6.00
186	毕盛资产管理有限公司	APS Asset Management Pte Ltd	新加坡	建设银行	2013.01.24	3.00
187	大众信托基金有限公司	Public Mutual Berhad	马来西亚	花旗银行	2013.01.24	0.60
188	统一证券投资信托股份有限公司	Uni - President Assets Management Corporation	中国台湾	汇丰银行	2014.08.26	1.50
189	瀚博环球投资公司	Hansberger Global Investors, Inc.	美国	渣打银行	2013.02.28	1.00
190	韩亚大投证券株式会社	Hana Daetoo Securities Co. Ltd.	韩国	花旗银行	2014.10.30	2.00
191	不列颠哥伦比亚省投资管理公司	British Columbia Investment Management Corporation	加拿大	汇丰银行	2014.04.30	3.00
192	奥博医疗顾问有限公司	OrbiMed Advisors LLC	美国	花旗银行	2014.08.26	1.00
193	嘉实国际资产管理有限公司	Harvest Global Investments	中国香港	中国银行	2014.10.30	3.00
194	易方达资产管理（香港）有限公司	E Fund Management（Hong Kong）Co., Limited	中国香港	汇丰银行	2014.07.30	3.00
195	华夏基金（香港）有限公司	China Asset Management（Hong Kong）Limited	中国香港	汇丰银行	2014.11.27	2.00
196	中信证券国际投资管理（香港）有限公司	CITIC Securities International Investment Management（HK）	中国香港	工商银行	2014.04.30	3.00
197	利安资金管理公司	Lion Global Investors Limited	新加坡	花旗银行	2013.03.28	0.50
198	IDG 资本管理（香港）有限公司	IDG CAPITAL MANAGEMENT（HK）LIMITED	中国香港	建设银行	2013.03.28	0.60
199	海拓投资管理公司	Cutwater Investor Services Corporation	美国	中国银行	2013.03.28	1.00
200	永丰证券投资信托股份有限公司	SinoPac Securities Investment Trust Co., Ltd	中国台湾	工商银行	2013.03.28	1.00
201	第一金证券投资信托股份有限公司	First Securities Investment Trust Co., Ltd.	中国台湾	汇丰银行	2013.03.28	0.50
202	南方东英资产管理有限公司	CSOP Asset Management Limited	中国香港	渣打银行	2014.08.26	2.00

续表 11

序号	QFII 中文名称	QFII 英文名称	注册地	托管银行	批准日期	累计批准额度
203	招商证券资产管理（香港）有限公司	CMS Asset Management（HK）Co., Limited	中国香港	交通银行	2013.03.28	1.00
204	新思路投资有限公司	New Silk Road Investment Pte.	新加坡	汇丰银行	2013.03.28	0.50
205	国泰君安资产管理（亚洲）有限公司	Guotai Junan Assets（Asia）Limited	中国香港	交通银行	2014.08.26	2.00
206	泰康资产管理（香港）有限公司	Taikang Asset Management (HK) Company Limited	中国香港	工商银行	2014.09.22	3.00
207	EJS 投资管理有限公司	EJS Investment Management S. A.	瑞士	交通银行	2013.04.28	0.50
208	东部资产运用株式会社	Dongbu Asset Management	韩国	建设银行	2014.12.28	1.20
209	欧利盛资产管理有限公司	Eurizon Capital S. A.	卢森堡	工商银行	2013.05.31	1.00
210	AZ 基金管理股份有限公司	AZ Fund Management S. A.	卢森堡	德意志银行	2013.05.31	1.00
211	瀚森全球投资有限公司	Henderson Global Investors	英国	渣打银行	2013.05.31	0.50
212	瑞典第二国家养老金	Andra AP – Fonden	瑞士	汇丰银行	2013.06.24	2.00
213	工银亚洲投资管理有限公司	ICBC（Asia）Investment	中国香港	建设银行	2013.06.24	1.00
214	中国光大资产管理有限公司	China Everbright Assets Management Limited	中国香港	汇丰银行	2014.11.27	4.00
215	中国国际金融香港资产管理有限公司	China International Capital Corporation Hong Kong Asset	中国香港	建设银行	2014.10.30	3.00
216	博时基金（国际）有限公司	Bosera Asset Management (International) Co., Ltd.	中国香港	汇丰银行	2013.07.26	1.00
217	霍尔资本有限公司	Hall Capital Partners LLC	美国	花旗银行	2014.12.28	2.15
218	圣母大学	University of Notre Dame du Lac	美国	汇丰银行	2013.08.28	0.50
219	景林资产管理香港有限公司	Greenwoods Asset Management Hong Kong Limited	中国香港	汇丰银行	2014.12.28	3.00
220	亚洲资本再保险集团私人有限公司	Asia Capital Reinsurance Group Pte. Ltd.	新加坡	花旗银行	2013.09.26	1.00
221	凯思博投资管理（香港）有限公司	Keywise Capital Management（HK）Limited	中国香港	工商银行	2013.09.26	1.00

续表 12

序号	QFII 中文名称	QFII 英文名称	注册地	托管银行	批准日期	累计批准额度
222	中国信托人寿保险股份有限公司	CTBC Life Insurance Co., Ltd.	中国台湾	中国银行	2013. 09. 26	1. 00
223	中国信托商业银行股份有限公司	CTBC Bank Co., Ltd.	中国台湾	中国银行	2014. 02. 25	0. 50
224	盛树投资管理有限公司	Flowering Tree Investment Management Pte. Ltd.	新加坡	汇丰银行	2013. 10. 30	0. 80
225	纽堡亚洲	Newport Asia LLC	美国	汇丰银行	2013. 10. 30	1. 00
226	欧特咨询有限公司	Alta Advisers Limited	英国	汇丰银行	2013. 10. 30	1. 00
227	宜思投资管理有限责任公司	East Capital AB	瑞典	花旗银行	2013. 10. 30	1. 00
228	太平洋投资策略有限公司	Pacific Alliance Investment Management (HK) Limited	中国香港	建设银行	2013. 10. 30	1. 00
229	太平洋投资管理公司亚洲私营	PIMCO Asia Pte Ltd	新加坡	汇丰银行	2014. 01. 22	1. 00
230	梅奥诊所	Mayo Clinic	美国	汇丰银行	2013. 11. 27	0. 75
231	台新证券投资信托股份有限公司	Taishin Securities Investment Trust Co., Ltd.	中国台湾	建设银行	2013. 12. 24	0. 50
232	台新国际商业银行股份有限公司	Taishin International Bank	中国台湾	建设银行	2014. 06. 30	1. 00
233	政府养老基金（泰国）	Government Pension Fund	泰国	建设银行	2013. 12. 24	1. 00
234	CSAM 资产管理有限公司	CSAM Asset Management Pte Ltd	新加坡	花旗银行	2013. 12. 24	1. 00
235	瑞典北欧斯安银行有限公司	Skandinaviska Enskilda Banken	瑞典	中国银行	2013. 12. 24	1. 00
236	天达资产管理有限公司	Investec Asset Management Limited	英国	花旗银行	2014. 01. 22	1. 00
237	狮诚控股国际私人有限公司	SeaTown Holdings International Pte. Ltd.	新加坡	汇丰银行	2014. 01. 22	1. 00
238	富兰克林华美证券投资信托股份有限公司	Franklin Templeton SinoAM SIM Inc.	中国台湾	农业银行	2014. 01. 22	1. 00
239	中国人寿富兰克林资产管理有限公司	China Life Franklin Asset Management Co., Limited	中国香港	建设银行	2014. 01. 22	1. 00
240	新加坡科技资产管理有限公司	ST Asset Management Ltd	新加坡	渣打银行	2014. 01. 22	0. 50
241	立陶宛银行	Bank of Lithuania	立陶宛	汇丰银行	2014. 02. 25	1. 00
242	兆丰国际证券投资信托股份有限公司	Mega International Investment Trust Co. Ltd.	中国台湾	德意志银行	2014. 03. 28	1. 00

续表 13

序号	QFII 中文名称	QFII 英文名称	注册地	托管银行	批准日期	累计批准额度
243	华南永昌证券投资信托股份有限公司	HUA NAN INVESTMENT TRUST CORPORATION	中国台湾	花旗银行	2014. 03. 28	0. 50
244	澳门金融管理局	Monetary Authority of Macao	中国澳门	中国银行	2014. 03. 28	5. 00
245	苏黎世欧洲再保险股份有限公司	European Reinsurance Company of Zurich Ltd	瑞士	花旗银行	2014. 03. 28	1. 00
246	华盛顿大学	The Washington University	美国	汇丰银行	2014. 04. 30	0. 50
247	灰石投资管理有限公司	Greystone Managed Investments Inc.	加拿大	工商银行	2014. 05. 30	1. 00
248	现代证券株式会社	Hyundai Securities Co. Ltd.	韩国	建设银行	2014. 05. 30	1. 00
249	职总英康保险合作社有限公司	NTUC Income Insurance Cooperative Limited	新加坡	花旗银行	2014. 05. 30	1. 00
250	铭基国际投资公司	Matthews International Capital Management, LLC	美国	汇丰银行	2014. 05. 30	1. 00
251	Nordea 投资管理公司	Nordea Investment Management	瑞典	汇丰银行	2014. 05. 30	1. 00
252	安富通资产管理（香港）有限公司	HFT Investment Management (HK) Limited	中国香港	花旗银行	2014. 05. 30	1. 00
253	奥本海默基金公司	Oppenheimer Funds, Inc.	美国	汇丰银行	2014. 06. 30	2. 00
254	高观投资有限公司	Overlook Investments Limited	中国香港	汇丰银行	2014. 06. 30	1. 00
255	华顿证券投资信托股份有限公司	Paradigm Asset Management Co. , Ltd.	中国台湾	工商银行	2014. 08. 26	1. 00
256	广发国际资产管理有限公司	GF International Investment Management Limited	中国香港	工商银行	2014. 08. 26	1. 00
257	国信证券（香港）资产管理有限公司	Guosen Securities (HK) Asset Management Company Limited	中国香港	花旗银行	2014. 09. 22	2. 00
258	彭博家族基金会	The Bloomberg Family Foundation Inc.	美国	汇丰银行	2014. 09. 22	0. 75
259	安盛基金管理公司	AXA Fund Management S. A.	卢森堡	汇丰银行	2014. 10. 30	1. 00
260	麻省理工学院	Massachusetts Institute of Technology	美国	汇丰银行	2014. 11. 27	2. 00
261	石溪集团	The Rock Creek Group, LP.	美国	汇丰银行	2014. 12. 28	0. 50
	合计					669. 23

资料来源：国家外汇管理局

五、人民币合格境外机构投资者（RQFII）概况

人民币合格境外机构投资者（RQFII）投资额度审批情况表

截至日期：2015 年 4 月 28 日　　（单位：亿元人民币）

序号	机构名称	注册地	批准日期	累计批准额度
1	南方东英资产管理有限公司	中国香港	2014. 09. 22	461. 00
2	嘉实国际资产管理有限公司	中国香港	2014. 09. 22	147. 40
3	华夏基金（香港）有限公司	中国香港	2013. 07. 26	218. 00
4	大成国际资产管理有限公司	中国香港	2014. 04. 30	37. 00
5	汇添富资产管理（香港）有限公司	中国香港	2013. 05. 15	31. 00
6	博时基金（国际）有限公司	中国香港	2014. 08. 26	96. 00
7	海富通资产管理（香港）有限公司	中国香港	2014. 05. 30	44. 00
8	华安资产管理（香港）有限公司	中国香港	2013. 05. 30	39. 00
9	易方达资产管理（香港）有限公司	中国香港	2014. 05. 30	272. 00
10	工银瑞信资产管理（国际）有限公司	中国香港	2014. 06. 30	28. 00
11	上投摩根资产管理（香港）有限公司	中国香港	2012. 12. 26	8. 00
12	广发国际资产管理有限公司	中国香港	2014. 05. 30	39. 00
13	国投瑞银资产管理（香港）有限公司	中国香港	2014. 06. 30	28. 00
14	富国资产管理（香港）有限公司	中国香港	2014. 07. 30	38. 00
15	诺安基金（香港）有限公司	中国香港	2014. 05. 30	10. 00
16	工银亚洲投资管理有限公司	中国香港	2014. 03. 28	23. 00
17	申银万国（香港）有限公司	中国香港	2014. 04. 30	39. 00
18	安信国际金融控股有限公司	中国香港	2014. 07. 30	24. 00
19	中国国际金融（香港）有限公司	中国香港	2013. 06. 24	17. 00
20	国信证券（香港）金融控股有限公司	中国香港	2013. 06. 24	17. 00
21	光大证券金融控股有限公司	中国香港	2014. 05. 30	35. 00
22	华泰金融控股（香港）有限公司	中国香港	2014. 03. 28	29. 50
23	国泰君安金融控股有限公司	中国香港	2014. 05. 30	69. 00
24	海通国际控股有限公司	中国香港	2014. 08. 26	107. 00
25	广发控股（香港）有限公司	中国香港	2014. 04. 30	27. 00
26	招商证券国际有限公司	中国香港	2014. 03. 28	27. 00
27	中信证券国际有限公司	中国香港	2014. 06. 30	14. 00
28	国元证券（香港）有限公司	中国香港	2014. 08. 26	73. 00
29	中投证券（香港）金融控股有限公司	中国香港	2014. 05. 30	11. 00

续表 1

序号	机构名称	注册地	批准日期	累计批准额度
30	长江证券控股（香港）有限公司	中国香港	2013. 11. 27	2. 00
31	粤海证券有限公司	中国香港	2014. 01. 22	10. 00
32	建银国际资产管理有限公司	中国香港	2014. 08. 26	43. 00
33	泰康资产管理（香港）有限公司	中国香港	2014. 08. 26	74. 00
34	中国人寿富兰克林资产管理有限公司	中国香港	2014. 08. 26	65. 00
35	农银国际资产管理有限公司	中国香港	2014. 07. 30	53. 00
36	恒生投资管理有限公司	中国香港	2013. 07. 26	10. 00
37	信达国际资产管理有限公司	中国香港	2013. 08. 28	8. 00
38	兴证（香港）金融控股有限公司	中国香港	2014. 04. 30	13. 00
39	太平资产管理（香港）有限公司	中国香港	2014. 03. 28	13. 00
40	中银香港资产管理有限公司	中国香港	2013. 08. 28	8. 00
41	中国平安资产管理（香港）有限公司	中国香港	2013. 08. 28	10. 00
42	汇丰环球投资管理（香港）有限公司	中国香港	2013. 09. 26	8. 00
43	丰收投资管理（香港）有限公司	中国香港	2013. 09. 26	8. 00
44	交银国际资产管理有限公司	中国香港	2013. 09. 26	8. 00
45	惠理基金管理香港有限公司	中国香港	2014. 04. 30	13. 00
46	南华资产管理（香港）有限公司	中国香港	2014. 09. 22	8. 00
47	中国东方国际资产管理有限公司	中国香港	2014. 06. 30	25. 00
48	东亚银行有限公司	中国香港	2013. 10. 30	10. 00
49	东方金融控股（香港）有限公司	中国香港	2013. 10. 30	5. 00
50	柏瑞投资香港有限公司	中国香港	2013. 11. 27	8. 00
51	永丰金资产管理（亚洲）有限公司	中国香港	2014. 06. 30	10. 00
52	未来资产环球投资（香港）有限公司	中国香港	2014. 04. 30	13. 00
53	中信建投（国际）金融控股有限公司	中国香港	2014. 06. 30	20. 00
54	中国光大资产管理有限公司	中国香港	2014. 05. 30	19. 00
55	香港沪光国际投资管理有限公司	中国香港	2014. 01. 22	8. 00
56	JF 资产管理有限公司	中国香港	2014. 01. 22	10. 00
57	创兴银行有限公司	中国香港	2014. 09. 22	13. 00
58	中国银河国际金融控股有限公司	中国香港	2014. 09. 22	11. 00
59	瑞银环球资产管理（香港）有限公司	中国香港	2014. 03. 28	10. 00
60	景林资产管理香港有限公司	中国香港	2014. 08. 26	20. 00
61	华宝兴业资产管理（香港）有限公司	中国香港	2014. 03. 28	10. 00
62	润晖投资管理香港有限公司	中国香港	2014. 05. 30	13. 00

续表 2

序号	机构名称	注册地	批准日期	累计批准额度
63	贝莱德资产管理北亚有限公司	中国香港	2014.05.30	20.00
64	施罗德投资管理（香港）有限公司	中国香港	2014.05.30	10.00
65	麦格理基金管理（香港）有限公司	中国香港	2014.09.22	15.00
66	招商资产管理（香港）有限公司	中国香港	2014.06.30	10.00
67	越秀资产管理有限公司	中国香港	2014.06.30	10.00
68	赤子之心资本亚洲有限公司	中国香港	2014.09.22	4.50
69	易亚投资管理有限公司	中国香港	2014.07.30	3.00
70	交银施罗德资产管理（香港）有限公司	中国香港	2014.08.26	10.00
71	道富环球投资管理亚洲有限公司	中国香港	2014.08.26	10.00
72	新华资产管理（香港）有限公司	中国香港	2014.08.26	10.00
73	齐鲁国际控股有限公司	中国香港	2014.08.26	8.00
74	辉立资本管理（香港）有限公司	中国香港	2014.08.26	1.00
75	联博香港有限公司	中国香港	2014.09.22	5.00
76	嘉理资产管理有限公司	中国香港	2014.09.22	5.00
77	国泰君安基金管理有限公司	中国香港	2014.09.22	4.00
78	元富证券（香港）有限公司	中国香港	2014.09.22	1.60
79	高泰盆景资产管理（香港）有限公司	中国香港	2014.09.22	5.00
中国香港地区共计				2 700.00
80	富敦资金管理有限公司	新加坡	2014.06.30	12.00
81	日兴资产管理亚洲有限公司	新加坡	2014.06.30	10.00
82	毕盛资产管理有限公司	新加坡	2014.08.26	15.00
83	新思路投资有限公司	新加坡	2014.08.26	15.00
84	安本亚洲资产管理有限公司	新加坡	2014.10.30	6.00
85	星展银行有限公司	新加坡	2014.10.30	30.00
86	利安资金管理公司	新加坡	2014.11.27	10.00
87	加拿大丰业（亚洲）银行	新加坡	2015.01.30	15.00
88	施罗德投资管理（新加坡）有限公司	新加坡	2015.01.30	10.00
89	KKR 新加坡有限公司	新加坡	2015.03.26	35.00
90	摩根资产管理（新加坡）有限公司	新加坡	2015.03.26	20.00
91	纽伯格伯曼新加坡	新加坡	2015.03.26	8.00
92	英杰华投资亚洲私人有限公司	新加坡	2015.04.28	10.00
93	达杰资金管理有限公司	新加坡	2015.04.28	2.00
94	大华资产管理有限公司	新加坡	2015.04.28	12.00

续表 3

序号	机构名称	注册地	批准日期	累计批准额度
95	新加坡政府投资有限公司	新加坡	2015. 04. 28	50. 00
新加坡共计				260. 00
96	安石投资管理有限公司	英国	2014. 02. 25	30. 00
97	贝莱德顾问（英国）有限公司	英国	2014. 08. 26	21. 00
98	汇丰环球投资管理（英国）有限公司	英国	2014. 08. 26	30. 00
99	天达资产管理有限公司	英国	2014. 10. 30	15. 00
100	赛德堡资本（英国）有限公司	英国	2014. 12. 28	3. 00
101	百达资产管理有限公司	英国	2014. 12. 28	10. 00
102	威灵顿投资管理国际有限公司	英国	2015. 01. 30	13. 00
103	兴元投资管理有限公司	英国	2015. 04. 28	30. 00
英国共计				152. 00
104	凯敏雅克资产管理公司	法国	2014. 10. 30	30. 00
105	法国巴黎资产管理	法国	2014. 10. 30	30. 00
法国共计				60. 00
106	新韩法国巴黎资产运用株式会社	韩国	2015. 04. 28	80. 00
107	未来资产环球投资有限公司	韩国	2015. 01. 30	10. 00
108	东部资产运用株式会社	韩国	2015. 02. 13	20. 00
109	NH - CA 资产管理有限公司	韩国	2015. 02. 13	15. 00
110	韩国投资信托运用株式会社	韩国	2015. 02. 13	15. 00
111	东洋资产运用（株）	韩国	2015. 02. 13	20. 00
112	MY - Asset 投资管理有限公司	韩国	2015. 03. 26	15. 00
113	瑞银韩亚资产运用株式会社	韩国	2015. 03. 26	15. 00
114	Truston 资产管理有限公司	韩国	2015. 03. 26	10. 00
115	大信资产运用株式会社	韩国	2015. 03. 26	20. 00
116	三星资产运用株式会社	韩国	2015. 04. 28	25. 00
117	兴国资产管理	韩国	2015. 04. 28	30. 00
118	新韩金融投资	韩国	2015. 04. 28	20. 00
119	韩亚大投证券株式会社	韩国	2015. 04. 28	10. 00
韩国共计				305. 00
120	德意志资产及财富管理投资有限公司	德国	2015. 03. 26	60. 00
德国共计				60. 00
121	领航投资澳洲有限公司	澳大利亚	2015. 04. 28	100. 00
澳大利亚共计				100. 00
合计				3 637. 00

资料来源：国家外汇管理局

六、合格境外机构投资者（QDII）概况

合格境内机构投资者（QDII）投资额度审批情况表

截至日期：2015 年 4 月 28 日　　单位：亿美元

序号	机构名称	投资额度获批时间	获批额度
1	中国银行股份有限公司	2014. 12. 28	3. 00
2	中国工商银行股份有限公司	2014. 12. 28	3. 00
3	东亚银行（中国）有限公司	2014. 12. 28	2. 00
4	交通银行股份有限公司	2006. 07. 27	5. 00
5	中国建设银行股份有限公司	2014. 12. 28	5. 00
6	汇丰银行（中国）有限公司	2015. 03. 26	34. 00
7	招商银行股份有限公司	2014. 12. 28	2. 00
8	中信银行	2006. 09. 18	1. 00
9	恒生银行（中国）有限公司	2006. 09. 27	0. 30
10	花旗银行（中国）有限公司	2006. 09. 27	34. 00
11	兴业银行	2014. 12. 28	1. 00
12	渣打银行（中国）有限公司	2015. 01. 30	20. 00
13	民生银行	2006. 11. 08	1. 00
14	中国光大银行	2014. 12. 28	1. 00
15	北京银行	2006. 12. 11	0. 50
16	中国银行（香港）有限公司内地分行	2007. 01. 11	0. 30
17	瑞士信贷银行股份有限公司上海分行	2007. 01. 30	0. 30
18	中国农业银行	2014. 12. 28	2. 00
19	南洋商业银行（中国）有限公司	2015. 02. 13	1. 80
20	德意志银行（中国）有限公司	2007. 08. 17	0. 30
21	上海浦东发展银行	2007. 08. 31	0. 30
22	上海银行	2008. 01. 24	0. 30
23	星展银行（中国）有限公司	2010. 07. 28	8. 00
24	法国巴黎银行（中国）有限公司	2010. 07. 28	1. 00
25	法国兴业银行（中国）有限公司	2010. 09. 01	1. 00
26	华侨银行（中国）有限公司	2011. 01. 06	1. 00
27	澳大利亚和新西兰银行（中国）有限公司	2014. 10. 30	4. 00
28	大华银行（中国）有限公司	2012. 10. 25	3. 00
29	瑞士银行（中国）有限公司	2013. 06. 24	0. 30
30	平安银行股份有限公司	2014. 09. 22	2. 00
银行类合计			138. 40

续表 1

序号	机构名称	投资额度获批时间	获批额度
31	华安基金管理公司	2015. 02. 13	12. 00
32	南方基金管理公司	2015. 03. 26	26. 00
33	华夏基金管理公司	2015. 02. 13	35. 00
34	嘉实基金管理公司	2015. 03. 26	34. 00
35	上投摩根基金管理公司	2015. 01. 30	27. 00
36	工银瑞信基金管理公司	2014. 12. 28	3. 00
37	华宝兴业基金管理有限公司	2015. 01. 30	10. 50
38	中国国际金融有限公司	2014. 12. 28	22. 00
39	海富通基金管理公司	2015. 01. 30	5. 00
40	银华基金管理公司	2008. 04. 03	3. 00
41	招商证券股份有限公司	2014. 11. 27	4. 00
42	交银施罗德基金管理有限公司	2015. 02. 13	6. 00
43	易方达基金管理有限公司	2015. 02. 13	19. 00
44	招商基金管理有限公司	2009. 10. 19	5. 00
45	博时基金管理有限公司	2009. 11. 06	6. 00
46	汇添富基金管理有限公司	2009. 11. 09	4. 00
47	广发基金管理有限公司	2015. 02. 13	6. 00
48	鹏华基金管理有限公司	2015. 01. 30	6. 00
49	长盛基金管理有限公司	2009. 12. 11	3. 00
50	国泰基金管理有限公司	2015. 03. 26	4. 00
51	国投瑞银基金管理有限公司	2015. 03. 26	18. 00
52	建信基金管理有限公司	2014. 12. 28	1. 00
53	信诚基金管理有限公司	2015. 02. 13	6. 00
54	诺安基金管理有限公司	2014. 12. 28	3. 00
55	光大保德信基金管理有限公司	2014. 12. 28	5. 50
56	富国基金管理有限公司	2014. 12. 28	2. 00
57	大成基金管理有限公司	2014. 12. 28	3. 50
58	中银基金管理有限公司	2010. 03. 12	7. 00
59	泰达宏利基金管理有限公司	2014. 12. 28	1. 00
60	华泰证券股份有限公司	2010. 04. 14	1. 00
61	上海国泰君安证券资产管理有限公司	2014. 12. 28	4. 50
62	长信基金管理有限责任公司	2014. 12. 28	4. 50
63	华泰柏瑞基金管理有限公司	2014. 12. 28	1. 00
64	上海光大证券资产管理有限公司	2015. 01. 30	3. 00
65	景顺长城基金管理有限公司	2015. 03. 26	2. 00

续表2

序号	机构名称	投资额度获批时间	获批额度
66	国海富兰克林基金管理有限公司	2015.02.13	7.00
67	上海东方证券资产管理有限公司	2010.11.26	1.00
68	国信证券股份有限公司	2015.01.30	10.00
69	融通基金管理有限公司	2015.01.30	9.00
70	广发证券资产管理（广东）有限公司	2015.02.13	12.00
71	中信证券股份有限公司	2014.12.28	4.00
72	安信证券股份有限公司	2012.08.16	5.00
73	申万宏源证券有限公司	2015.01.30	4.00
74	中银国际证券有限责任公司	2014.12.28	3.00
75	中国银河证券股份有限公司	2013.01.24	4.00
76	泰康资产管理有限责任公司	2015.01.30	3.00
77	上海海通证券资产管理有限公司	2015.01.30	8.00
78	太平洋证券股份有限公司	2014.04.30	2.00
证券类合计			375.50
79	平安保险（集团）股份有限公司	2015.01.30	71.90
80	中国人寿保险集团公司	2006.12.14	1.00
81	中国人民财产保险公司	2014.12.28	8.00
82	中国人寿保险股份有限公司	2015.02.13	35.50
83	泰康人寿保险股份有限公司	2007.06.22	18.85
84	中意人寿保险有限公司	2014.12.28	4.15
85	中国人民保险集团股份有限公司	2015.01.30	3.15
86	生命人寿保险股份有限公司	2007.08.16	44.09
87	中国再保险（集团）公司	2007.10.18	5.00
88	中国太平洋保险（集团）公司	2014.12.28	2.37
89	中国太平洋人寿保险股份有限公司	2014.12.28	1.50
90	中国人民健康保险股份有限公司	2007.09.24	0.15
91	中国人民人寿保险股份有限公司	2007.09.26	0.34
92	安邦保险集团股份有限公司	2014.12.28	7.10
93	太平人寿保险有限公司	2015.03.26	3.20
94	华安财产保险股份有限公司	2007.11.15	0.20
95	华泰财产保险股份有限公司	2007.11.15	0.30
96	华泰资产管理有限公司	2007.04.23	0.30
97	友邦保险境内分公司	2007.12.24	1.68
98	渤海财产保险股份有限公司	2007.12.18	0.05
99	金盛人寿保险有限公司	2007.12.28	0.08

续表 3

序号	机构名称	投资额度获批时间	获批额度
100	都邦财产保险股份有限公司	2008. 01. 23	0. 25
101	太平财产保险有限公司	2009. 12. 30	0. 79
102	民安保险（中国）有限公司	2010. 04. 14	0. 25
103	中国财产再保险股份有限公司	2010. 05. 31	1. 92
104	中国出口信用保险公司	2011. 09. 30	10. 00
105	新华人寿保险股份有限公司	2015. 01. 30	22. 00
106	永诚财产保险股份有限公司	2012. 12. 26	0. 30
107	天安财产保险股份有限公司	2015. 03. 26	8. 00
108	阳光人寿保险股份有限公司	2014. 12. 28	17. 00
109	中国人寿再保险股份有限公司	2013. 12. 09	10. 00
110	复星保德信人寿保险有限公司	2014. 01. 22	0. 11
111	太平再保险有限公司北京分公司	2014. 02. 25	0. 50
112	华夏人寿保险股份有限公司	2015. 01. 30	7. 00
113	合众人寿保险股份有限公司	2014. 02. 25	2. 00
114	安邦财产保险股份有限公司	2015. 01. 30	11. 00
115	中国人寿资产管理有限公司	2014. 10. 30	1. 30
116	中邮人寿保险股份有限公司	2014. 10. 30	2. 00
117	泰山财产保险股份有限公司	2015. 01. 30	0. 20
118	前海人寿保险股份有限公司	2015. 01. 30	5. 00
保险类合计			308. 53
119	中诚信托有限责任公司	2014. 11. 27	16. 00
120	上海国际信托有限公司	2014. 12. 28	9. 50
121	中海信托股份有限公司	2009. 12. 30	1. 00
122	平安信托有限责任公司	2011. 09. 30	1. 00
123	大连华信信托股份有限公司	2011. 12. 20	1. 00
124	华宝信托有限责任公司	2014. 12. 28	19. 00
125	中信信托有限责任公司	2014. 12. 28	9. 50
126	新华信托股份有限公司	2015. 01. 30	1. 50
127	中国对外经济贸易信托有限公司	2014. 09. 22	5. 00
128	建信信托有限责任公司	2014. 11. 27	4. 00
129	中融国际信托有限公司	2014. 11. 27	3. 00
130	兴业国际信托有限公司	2015. 02. 13	2. 00
131	北京国际信托有限公司	2015. 02. 13	3. 00
132	交银国际信托有限公司	2015. 03. 26	2. 00
信托类合计			77. 50
总　　计			899. 93

资料来源：国家外汇管理局

后　记

《中国证券投资基金业年报（2014）》在编写过程中，得到了中国证监会证券基金机构监管部、市场监管部、会计部的指导和大力支持。王宇浩、吕娟、谢星、田畅达、张浩舵等多位同志做了大量基础性工作，为年报内容的丰富与完善奠定了坚实基础。

在具体内容方面，上海证券基金评价研究中心、海通证券研究所、天相投顾证券研究二部为公募基金分析提供了专业而深入的数据支持，《证券时报》、华宝证券提供了行业创新分析，信业股权投资管理有限公司提供了行业国际环境分析，在此表示感谢！

最后，感谢中国财政经济出版社的大力支持，在其努力下，本报告才得以更完美地呈现给大家。